O plano de MARKETING

O plano de MARKETING

3ª edição

John Westwood

M. BOOKS

M. Books do Brasil Editora Ltda.

Rua Jorge Americano, 61 - Alto da Lapa
05083-130 - São Paulo - SP - Telefones: (11) 3645-0409/(11) 3645-0410
Fax: (11) 3832-0335 - e-mail: vendas@mbooks.com.br

2007

Dados de Catalogação na Publicação

Westwood, John
O Plano de Marketing – 3ª. edição/John Westwood

1. Marketing 2. Administração mercadológica 3. Planejamento estratégico

ISBN: 978-85-7680-034-7

Do original: The Marketing Plan. Original em inglês publicado pela Kogan Page Limited.

EDITOR: MILTON MIRA DE ASSUMPÇÃO FILHO

Revisão Técnica: Sabine Alexandra Holler
Professora de Empreendedorismo e Marketing Global para os cursos de Pós- Graduação da FAAP.
Tradução: Claudia Mello Belhassof
Copidesque: Renatha Prado
Revisão de Texto: Cristina Moratto
Coordenação Gráfica: Silas Camargo
Editoração e Capa: RevisArt

Sumário

Introdução

Nenhuma empresa pode sobreviver no mundo moderno a menos que planeje seu futuro. O planejamento de marketing é a técnica que permite a uma empresa decidir qual é o melhor uso de seus escassos recursos para atingir seus objetivos empresariais. O plano de marketing é o passaporte para esse futuro.

Este livro é um guia prático, passo a passo, para o processo de planejamento de marketing e para a preparação de todos os tipos de planos de marketing. Sea intenção for preparar um plano de marketing completo para a empresa ou um específico para um produto ou mercado, isso poderá ser realizado seguindo os procedimentos aqui detalhados.

Utilizando linguagem simples, esta obra explica o que significa um plano de marketing e por que *toda* empresa precisa de um. Os aspectos fundamentais do planejamento de marketing são descritos em linhas gerais e as estruturas básicas de diferentes tipos de planos de marketing são detalhadas. O leitor é conduzido gradualmente por entre os passos envolvidos na elaboração de um plano de marketing.

As fontes de informação do mercado são examinadas de dentro e de fora da empresa. Exemplos de formulários, questionários e *layouts* de documentos estão incluídos. São explicados os métodos de coleta, análise e apresentação de informações.

O processo de planejamento envolve uma análise completa dos pontos fortes e fracos da empresa, sua organização e seus produtos.

Algumas diretrizes para o estabelecimento de objetivos de marketing exeqüíveis são fornecidas, como também, são explicados métodos para determinar as estratégias de marketing para atingir esses objetivos. Os planos de ação são programas importantíssimos para executar essas estratégias.

As diferentes abordagens necessárias a diversas áreas e aplicações são explicadas: os bens de produção são comparados a bens de consumo e serviços; o novo produto é especialmente difícil porque não tem nenhum registro histórico ou de desenvolvimento. São fornecidas orientações sobre as diferentes abordagens necessárias em diferentes mercados, nacionais e internacionais.

O processo de elaboração do orçamento é apresentado e os custos da implementação de um plano são comparados com o retorno para a empresa no caso de o plano ser bem-sucedido.

Por fim, é dada uma orientação sobre como o plano escrito deve ser elaborado, apresentado e implementado.

O Plano de Marketing é um livro prático destinado ao profissional de marketing e de vendas em qualquer etapa de sua carreira. Pretende desmistificar a preparação dos planos de marketing, pois ensina como captar os aspectos fundamentais do planejamento de marketing e como preparar planos de marketing profissionais.

Capítulo 1

O que é um plano de marketing e por que você precisa dele?

A administração de uma empresa exerce muitos papéis importantes. Estabelece objetivos e desenvolve planos, políticas, procedimentos, estratégias e táticas. Organiza e coordena, dirige e controla, motiva e comunica. Planejar é apenas um de seus papéis, mas é bastante importante: o plano de negócios ou corporativo da empresa orienta o empreendimento.

O plano de marketing é uma parte importante desse plano. O processo de planejamento de marketing, por conseguinte, precisa ser executado como uma parte do planejamento global da empresa e do processo de elaboração do orçamento.

Há uma série de diferentes abordagens que uma organização pode adotar ao planejar seu futuro. No planejamento tradicional, os planos podem ser diferenciados de acordo com os períodos que abrangem, ou seja:

- planos de longo prazo;
- planos de médio prazo;
- planos de curto prazo.

Não há uma definição universal de quanto tempo cada um desses planos abrange. Os planos de longo e médio prazos são, muitas vezes, definidos como "estratégicos" porque estabelecem estratégias de longo prazo para os negócios, e os de curto prazo são, em geral, definidos como "corporativos" ou "de negócios" porque orientam o desenvolvimento das ações da empresa no dia-a-dia. A utilização desses planos depende do tipo de negócio da empresa, dos mercados que ela atende, da necessidade de planejamento futuro dos seus produtos e da sua expansão.

O planejamento de longo prazo visa avaliar as tendências econômicas e empresariais futuras. Permite que uma empresa determine as estratégias que sustentarão o crescimento e atingirão os objetivos corporativos de longo prazo. É de grande importância em áreas como defesa, pesquisa aeroespacial e produtos farmacêuticos, nas quais o período de desenvolvimento de novos produtos pode chegar a cinco ou dez anos. Também no longo prazo, pode abranger um período de até dez ou vinte anos

– ou mais. A maioria das organizações, no entanto, não tem períodos de desenvolvimento de produtos tão longos; nesse caso, o planejamento de longo prazo não vai além de três ou cinco anos.

O planejamento de médio prazo é mais prático e normalmente abrange um período de cerca de três anos. É um exercício mais prático porque os planejadores estão mais próximos do presente. Poucas pressuposições precisam ser feitas, e o plano tem mais probabilidade de refletir aquilo que realmente acontecerá. O plano "estratégico" de médio prazo refletirá as estratégias desenvolvidas no plano de longo prazo, mas abordará as principais decisões que serão necessárias em um prazo mais curto. Essas decisões incluirão a introdução de novos produtos, a necessidade de investimentos de capital e a disponibilidade e a utilização de recursos materiais e humanos.

O planejamento (e a elaboração do orçamento) de curto prazo normalmente cobre o período de um ano e produz o plano "de negócios" ou "corporativo" com seus orçamentos associados. Este plano abrange o futuro imediato e detalha o que a empresa pretende fazer em um período de doze meses (ligado ao exercício financeiro da organização). Os planos de curto prazo são produzidos com muito mais detalhes que os outros tipos de plano. Se necessário, podem ser revistos ao longo do ano.

Planejamentos tradicional e estratégico

Antes da década de 70, o planejamento estratégico e corporativo tradicional funcionava bem. Os ciclos comerciais normalmente eram previsíveis, o ambiente era estável, os concorrentes eram conhecidos, as taxas de câmbio das principais moedas eram fixas, os preços da indústria eram estáveis e o comportamento dos clientes era previsível.

No final do século XX, e mais especificamente no início do século XXI, as empresas tiveram de enfrentar um ambiente radicalmente diferente e em rápida transformação. Novas tecnologias, novos concorrentes, grandes mudanças nos custos e outras mudanças irreversíveis exigiram um diferente processo de planejamento estratégico. Isso envolveu a formulação de uma visão do negócio e de seu ambiente competitivo no futuro, e a decisão sobre providências imediatas que deviam ser tomadas em curto prazo. Portanto, o foco mudou do planejamento de longo prazo para a implementação de planos de ação que produzissem resultados visíveis em curto prazo e cujos resultados fizessem que o plano estratégico de longo prazo pudesse ser ainda mais apurado. O horizonte do planejamento reduziu-se a não mais do que alguns anos.

A diferença fundamental entre as duas abordagens é que, no planejamento tradicional, presume-se que todas as informações relevantes estejam disponíveis no início do processo, ao passo que a nova abordagem do planejamento "estratégico" é projetada para reagir e explorar as novas informações à medida que se apresentam. A abordagem do planejamento "estratégico" é adotada atualmente pelos planejadores de marketing.

Qual é a diferença entre um plano de marketing e o plano corporativo de uma empresa?

Os diretores e a alta administração de uma empresa estabelecem seus objetivos corporativos. Normalmente, são expressos em termos financeiros e definem o que a empresa pretende se tornar em algum ponto do futuro – digamos, dentro de três anos. Os objetivos corporativos incluirão, por exemplo, o resultado das vendas, os lucros antes dos impostos, o retorno sobre o capital etc. Para produzir um plano corporativo exeqüível, a empresa primeiro deve reunir informações sobre suas operações atuais. Isso é chamado de auditoria. Cada setor da organização executará sua própria auditoria. As auditorias sugerirão certos objetivos e estratégias. Isso resultará em um plano para que cada área operacional da empresa atinja seu próprio conjunto de objetivos e implemente suas estratégias específicas. Os planos individuais incluirão os valores aproximados de custos e receitas e serão detalhadamente elaborados para o primeiro ano do plano.

O plano de marketing estabelece os objetivos de marketing da organização e sugere estratégias para atingi-los. Não inclui todos os objetivos e as estratégias corporativas da empresa. Também terão os objetivos de produção, os financeiros e os de recursos humanos. Nenhum deles pode ser estabelecido isoladamente.

O plano de negócios ou corporativo completo da organização incluirá uma série de subplanos, *inclusive* o plano global de marketing da empresa. Todos os planos individuais precisam estar de acordo com o plano corporativo e ser inseridos nele. A estrutura do plano corporativo é mostrada na Figura 1.1.

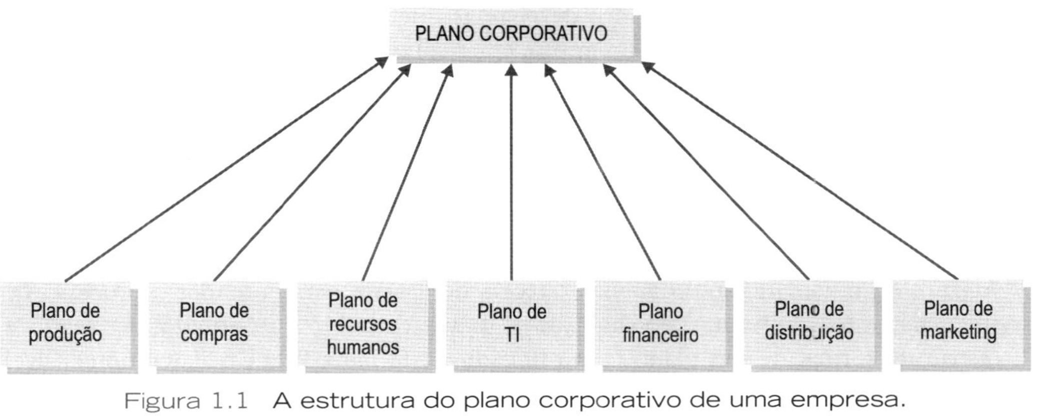

Figura 1.1 A estrutura do plano corporativo de uma empresa.

Neste livro, estaremos concentrados em apenas uma parte do plano corporativo – o plano de marketing –, mas precisamos pensar nas dificuldades encontradas quando produzimos objetivos e estratégias dentro de toda a organização.

O recebimento de pedidos e os orçamentos de vendas que farão parte do plano de marketing guiarão o plano corporativo. Nenhum dos outros planos pode ser concluído sem essas informações. Elas determinarão o resultado das vendas para o plano de produção, com implicações também para o setor de compras, para os níveis e o giro de estoque. Isso, por sua vez, afetará o faturamento, o fluxo de caixa e o capital de giro no plano financeiro.

Há outras questões que, se incluídas no plano de marketing, teriam implicações para os demais planos. As questões sobre estabelecimento de preços afetariam o plano financeiro, e o plano de marketing recomendaria políticas e estratégias de estabelecimento de preços. A introdução de um novo produto teria grandes implicações para o plano de produção. Poderia envolver, também, o financiamento de estoques estratégicos. Os estoques poderiam ser abastecidos por consignação para ajudar a conquistar novos mercados estratégicos. Decisões seriam tomadas nos planos de produção e de compras para saber se seria interessante fabricar certos componentes na própria empresa ou comprá-los de fora. Se o plano de marketing fosse para um produto melhorado ou substituto e o preço fosse um fator fundamental para o seu sucesso, talvez fosse mais barato ter o produto "finalizado" por outro fabricante. Qual seria o custo de oportunidade para a produção (e seu plano) da capacidade de produção excedente e quais seriam, para o plano financeiro, as implicações de financiar a compra e a manutenção de estoques se a compra de lotes econômicos fosse apropriada?

Todos esses fatores (e muitos outros) precisam ser discutidos e negociados com outros líderes operacionais e com a alta administração logo no início do processo de planejamento de marketing, uma vez que fornecem os parâmetros básicos para o planejador de marketing.

Um plano de marketing é como um mapa – mostra à empresa aonde está indo e como chegar lá. É um plano de ação e um documento escrito. Um plano de marketing deve identificar as oportunidades de negócios mais promissoras para a empresa e descrever em linhas gerais como entrar, conquistar e manter posições em mercados identificados. É uma ferramenta de comunicação que combina todos os elementos do mix de marketing em um plano de ação coordenado. Estabelece quem fará o quê, quando, onde e como, com o objetivo de atingir suas finalidades.

A maioria dos livros sobre planejamento de marketing concentra-se na teoria. Essa abordagem é boa para estudantes de administração, mas torna todo o processo muito complicado para a compreensão do típico gerente de vendas. Minha abordagem é prática, incluindo apenas a teoria necessária para entender o processo de planejamento. Do ponto de vista pessoal, talvez descubra que, ao adotar e seguir a estrutura formal de um plano como traçado neste livro, ficará mais compreensível ordenar logicamente os seus pensamentos e os fatos.

Será mais fácil para:

- as pessoas que lerem o plano, acompanhar os seus argumentos e ver como você chegou a determinadas conclusões;
- você apresentar um documento completo, elaborado num formato profissional, mesmo com uma quantidade relativamente pequena de informações.

O que é marketing e como se difere das vendas?

O marketing bem-sucedido envolve ter o produto *certo* disponível no lugar *certo* e no momento *certo*, e assegurar-se de que o consumidor perceba o produto.

Vender é um conceito direcionado, que envolve convencer um consumidor a comprar determinado produto. No entanto, vender é apenas um aspecto do processo de marketing.

A maioria das pessoas na área de vendas já esteve em um ou mais cursos de treinamento em vendas. Esses cursos são orientados para o processo de vendas, e são realizados por instituições de ensino, empresas de treinamento empresarial e consultorias.

Assim como os cursos gerais que as pessoas da área de vendas podem freqüentar, há também muitas organizações que realizam excelentes cursos internos de treinamento em vendas, podendo ser personalizados para a empresa-cliente. São ótimos para ensinar os princípios básicos e simular situações de vendas, pois abrangem todas as técnicas de fechamento de uma venda, da mais simples até a mais complexa. Mas não ensinam praticamente nada sobre marketing, porque não é função deles.

Mesmo nos dias de hoje, em grandes empresas, as funções de vendas e de marketing são, com freqüência, completamente separadas, às vezes com diretores diferentes para "vendas" e "marketing". Em algumas organizações, as vendas são uma função local e o marketing é tratado isoladamente pelo escritório central ou por um "executivo de marketing". Isso não é necessário. As funções de vendas e de marketing precisam ser combinadas com as metas da empresa ou, pelo menos, estar de acordo com elas. Deve haver um contínuo intercâmbio de informação entre a função de vendas e a função de marketing, sob pena de se obter um efeito adverso sobre o plano de marketing.

A separação dessas duas funções pode criar dificuldades para o pessoal da área de vendas quando eles precisarem se envolver no marketing e no planejamento de marketing. Mesmo agora é possível encontrar diretores de vendas, especialmente em pequenas empresas, que não têm nenhum treinamento formal em marketing. Com os gerentes de vendas, a situação é pior e os técnicos em vendas, mesmo de grandes empresas, provavelmente não tiveram nenhum treinamento em marketing. Como, então, os técnicos em vendas de hoje se transformarão nos gerentes de vendas de amanhã e nos diretores de vendas e de marketing das próximas décadas? Só aprendendo, por si mesmos, os "macetes" do negócio. Eles podem conseguir isso, em parte, aprendendo com outros que já tenham experiência, mas o treinamento formal também é necessário.

Supõe-se que as grandes empresas, especialmente as multinacionais, podem pagar o treinamento de pessoal especificamente para as funções de marketing ou podem "recrutar" especialistas se não os tiver dentro da organização. Houve um tempo em que o treinamento em marketing era difícil de se obter; isso não acontece mais. Os mesmos institutos que ministram cursos orientados para vendas também ministram cursos de marketing em vários níveis. Procure em sua cidade um curso reconhecido de especialização ou de pós-graduação que atenda suas expectativas e permita a você alavancar seus conhecimentos em sua área de atuação.

O pessoal da área de vendas e de marketing dirá que não tem tempo de participar ou de freqüentar cursos. Talvez a empresa não possa se dar ao luxo de permitir que seu pessoal freqüente os cursos! Seminários externos, de curta duração, muitas vezes são a solução para o pessoal de nível sênior. A vantagem é que, por serem externos, os gerentes não podem ser contatados e, assim, podem concentrar-se no curso em isolamento.

A definição de marketing, segundo o dicionário Aurélio, é: "Conjunto de estudos e medidas que provêem estrategicamente o lançamento e a sustentação de um produto ou serviço no mercado consumidor, garantindo o bom êxito comercial da iniciativa". Em outras palavras, o marketing envolve descobrir o que o cliente deseja e adaptar os produtos da empresa para que satisfaçam essas necessidades; e, nesse processo, gerar lucro para a empresa. Foi-se o tempo em que uma empresa desenvolvia um produto e depois procurava compradores para ele.

Os clientes só compram aquilo que querem. As propagandas poderosas normalmente são criticadas por serem ferramentas que permitem que as empresas convençam os clientes a comprar o que ela quer vender. Isso não é bem verdade – veja a tentativa da Coca-Cola de introduzir uma Coca-Cola com uma nova fórmula, ou a extinção dos varejistas do setor de vestuário que perderam o contato com seus consumidores.

Dois terços dos novos produtos fracassam no mercado. As empresas precisam ouvir os clientes e o mercado, e adaptar seus produtos para atender as necessidades deles. Precisam se tornar "orientadas para o mercado". Uma empresa fabricante de aparelhos de rádio nas décadas de 60 e 70 deveria ter mudado para aparelhos de rádio/cassete na década de 80 e para *walkmans* ou aparelhos de CD portáteis na década de 90. Um fabricante de TV que produzia televisores em preto-e-branco na década de 50 passou a fabricar televisores coloridos na década de 70, televisores *widescreen*, *surround* e digitais em 2000, TVs de tela plana e de plasma, seguindo os avanços da tecnologia. Cada um desses produtos satisfaz a mesma necessidade básica do cliente, mas em épocas diferentes. Se essas empresas não tivessem alterado seus produtos, já estariam fora do mercado. Esse é o princípio fundamental do marketing – "no final, os clientes sempre terão o que desejam", e os fabricantes que não tiverem essa flexibilidade de se adaptar ao mercado acabarão fora dele.

Marketing é o processo que concilia as capacidades de uma empresa e as necessidades dos clientes:

- Os clientes recebem os benefícios que satisfazem suas necessidades.
- A empresa recebe o pagamento pelas mercadorias e obtém o lucro.

As empresas precisam ser flexíveis para atingir esse equilíbrio no mercado. Precisam estar preparadas para alterar seus produtos, introduzir novos produtos ou entrar em novos mercados. Precisam entender o que seus clientes e o mercado desejam. Esse processo de equilíbrio acontece no "ambiente de marketing". Há uma série de fatores importantes que afetam o ambiente de marketing e a maneira como o equilíbrio de marketing é atingido na prática.

Preferências locais e culturais

Alguns consumidores demonstram preferência por determinados produtos, de acordo com as tradições e condições locais, ou por causa da cultura nacional.

Assim como a carne de vaca é tabu na Índia, a carne de porco é proibida aos muçulmanos. Comer feijão no café-da-manhã é hábito em uma parte do Reino Unido, o que é um hábito pouco provável de ser assimilado no Brasil. Nosso território é imenso e nossa diversidade cultural riquíssima. Os produtos vindos de fora precisam ser adaptados em seu aroma, apresentação e tamanho da embalagem e cor, a fim de garantir uma maior aceitação dos consumidores. Uma multinacional de bens de consumo adaptou seu sabão em pó para a realidade econômica e cultural do Nordeste e tornou-se um caso de sucesso.

Portanto, cabe às empresas estudar seus mercados-alvo, hábitos de consumo e comportamentos, e constatar se seus produtos devem passar por adaptações ou até mesmo modificações em sua estrutura, para serem aceitos em mercados distintos.

Políticas governamentais

Os programas econômicos, políticos, legais ou ambientais dos países onde você deseja vender seus produtos podem afetar seus planos. As taxas cambiais flutuantes podem inviabilizar a entrada de seu produto em comparação com os produtos fabricados no próprio país e podem influenciar na decisão de se fabricar localmente. A política ambiental pode afetar a fabricação de carros e também de sabão e detergentes, por exemplo. A legislação governamental regula a venda de medicamentos e produtos farmacêuticos e certos tipos de fertilizantes e pesticidas podem ser controlados ou proibidos em determinados países.

Concorrência

O que sua empresa faz afeta seus concorrentes, e o que seu concorrente faz afeta o que sua empresa fará e fabricará. Os produtos, os preços e muitos outros fatores também são influenciados pelo que o concorrente faz. Mesmo a empresa líder de mercado não pode se acomodar e deve monitorar o que seus concorrentes estão fazendo.

Novas tecnologias

A tecnologia muda muito rapidamente nos dias de hoje, e as exigências dos clientes mudam de acordo com ela. Os relógios digitais tiveram um efeito profundo sobre o mercado de relógios de pulso. Os *CD players* e os aparelhos de ar-condicionado costumavam ser acessórios caros no mercado automobilístico; agora, eles são considerados padrão nos modelos mais sofisticados de todos os fabricantes. Os PCs e *laptops* ficam praticamente obsoletos seis meses depois de serem lançados. Uma empresa não pode presumir que sempre haverá demanda por sua linha de produtos atual. Os produtos têm de ser melhorados, modificados ou substituídos, conforme os avanços e as mudanças tecnológicas.

Mudanças nos padrões de distribuição

O surgimento dos hipermercados e dos shopping centers fora da cidade, nas décadas de 70 e 80, transformou o padrão da distribuição de todos os artigos – de produtos alimentícios até produtos do tipo "faça-você-mesmo". O aumento do número de proprietários de veículos facilitou tal mudança. O Brasil conta com mais de 250 shopping centers atualmente, segundo dados do ano de 2006 da Associação Brasileira de Shopping Centers. Os shopping centers tornaram-se um ponto de encontro, um local seguro para as pessoas desfrutarem de lazer, alimentação, fazer compras, exercícios físicos – enfim, resolver necessidades do dia-a-dia de modo prático e mais seguro.

Então, torna-se claro que o ambiente de marketing no qual trabalhamos não é controlado por pessoas ou empresas. Está em constante mudança e deve ser constantemente monitorado.

Portanto, o marketing envolve:

- as competências da empresa;
- as necessidades do consumidor;
- o ambiente do marketing.

As competências da empresa podem ser gerenciadas pelo departamento de marketing, que pode controlar os quatro elementos principais da operação de uma empresa, freqüentemente chamados de "mix de marketing". São eles:

- produto vendido (Produto);
- política de estabelecimento de preços (Preço);
- como o produto é promovido (Promoção);
- métodos de distribuição (Praça).

A "promoção" e a "praça" dizem respeito a atingir seus clientes potenciais em primeiro lugar, e o "produto" e o "preço" permitem que você satisfaça as necessidades deles.

O "mix de marketing" é, com freqüência, conhecido como os "quatro Ps". São quatro variáveis controláveis que permitem que uma empresa crie uma política que seja lucrativa e que satisfaça seus clientes.

Os mercados geralmente consistem em uma variedade de submercados com diferentes necessidades dos clientes. Uma empresa deve criar um mix de marketing apropriado para cada um de seus submercados. Como exemplo, o mercado de venda de carros consiste em carros de corrida, ou carros para a frota de empresas, ou carros para o consumidor final – cada um com suas próprias necessidades especiais.

Cada elemento do mix de marketing é uma oportunidade contínua para o departamento de marketing – deve ser considerado separadamente e em relação aos demais elementos do "mix de marketing". Pode ser necessário revisar um mix que seja satisfatório em determinado momento porque:

- os produtos ou serviços se tornarão obsoletos ou serão aperfeiçoados;
- novos produtos ou serviços serão criados;
- os preços podem ser reduzidos por causa da concorrência e isso pode reduzir a margem de lucro;
- a promoção pode não ser tão eficiente quanto a da concorrência;
- o local de venda ou o método de distribuição pode se tornar menos satisfatório quando surgirem alternativas ou o negócio mudar.

O controle do mix de marketing é a chave para o marketing bem-sucedido; e é essa a essência do planejamento de marketing.

O que é planejamento de marketing?

O termo "planejamento de marketing" é utilizado para descrever os métodos de aplicação dos recursos de marketing para atingir objetivos de marketing. Isso pode parecer simples, mas, na verdade, é um processo muito complexo. Os recursos e os objetivos variarão de empresa para empresa e também mudarão com o tempo. O planejamento de marketing é utilizado para segmentar mercados, identificar o posicionamento no mercado, prever o tamanho do mercado e planejar uma viável participação de mercado dentro de cada segmento.

O processo envolve:

- realizar pesquisa de marketing dentro e fora da empresa;
- analisar os pontos fortes e fracos da empresa;
- fazer suposições;
- fazer previsões;
- estabelecer objetivos de marketing;
- gerar estratégias de marketing;

- definir programas;
- determinar orçamentos;
- rever os resultados e revisar os objetivos, as estratégias ou os programas.

O processo de planejamento:

- fará um uso melhor dos recursos da empresa para identificar as oportunidades de marketing;
- estimulará o espírito de equipe e a identidade da empresa;
- ajudará a empresa a ir em direção às suas metas corporativas.

Além disso, a pesquisa de marketing realizada como parte do processo de planejamento proporcionará uma base sólida de informação para os projetos presentes e futuros.

O que é um plano de marketing?

Um plano de marketing é o documento que idealiza um plano para o marketing de produtos e serviços. Embora mencionemos "produto" neste capítulo, ele quase sempre inclui algum componente de "serviço", como o pós-venda, a orientação técnica prestada por vendedores treinados e, no caso de produtos de consumo, o merchandising na própria loja. Um plano de marketing tem uma estrutura formal, mas pode ser utilizado como um documento formal ou informal com grande flexibilidade para:

- preparar um argumento para introduzir um novo produto;
- renovar a abordagem de marketing para os produtos existentes;
- criar um plano de marketing departamental, divisional ou empresarial a ser incluído no plano de negócios ou corporativo da empresa.

Pode referir-se a um mercado regional, nacional ou mundial.

Em uma empresa centralizada que opera fora de sua base, a divisão dos produtos e áreas pode ser representada como mostra a Figura 1.2. Então, é possível que tal empresa prepare não só um plano global de marketing para todos os produtos em todas as áreas, mas também planos individuais para produtos ou áreas de vendas individuais, os quais estão representados na Figura 1.3 e na Figura 1.4, respectivamente.

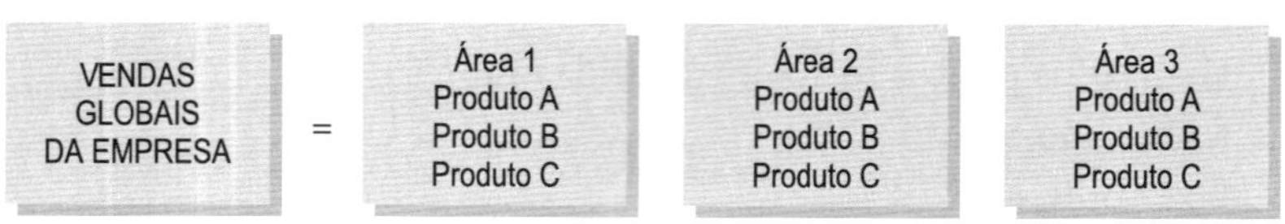

Figura 1.2 Vendas da empresa por área.

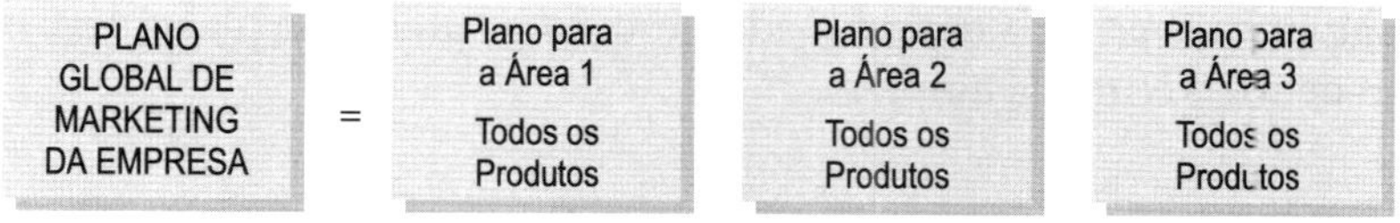

Figura 1.3 Planos de marketing preparados por área.

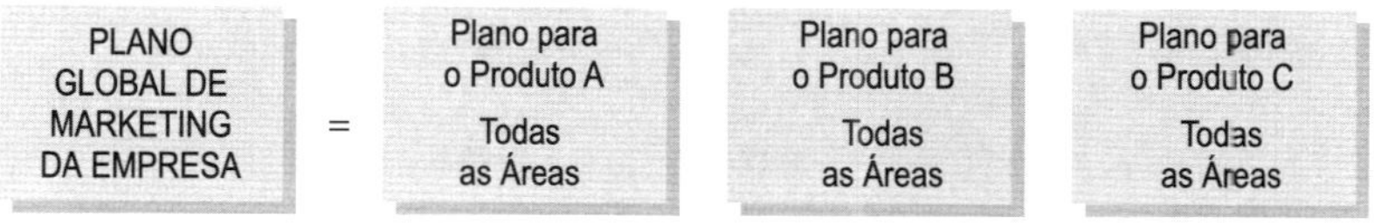

Figura 1.4 Planos de marketing preparados por produto.

De modo geral, é possível preparar planos para produtos únicos em áreas individuais. Na prática, alguns planos individuais serão preparados, mas os planos de maior abrangência são mais comuns.

À medida que avançarmos neste livro, vamos nos deparar freqüentemente com exemplos de diferentes setores econômicos. Esses exemplos serão tirados dos setores de bens de produção e de consumo, como dos setores de serviços. A despeito daquilo que poderia ser visto como diferenças fundamentais entre esses tipos de produtos, os princípios básicos do marketing se aplicam igualmente a todos eles. A maneira como os princípios são aplicados assume formas diferentes nos setores de serviço e de bens de produção e de consumo. Todavia, a abordagem fundamental à preparação de um plano de marketing é a mesma.

As Figuras 1.5, 1.6 e 1.7 mostram de que maneira os planos de marketing poderiam ser preparados em empresas que fazem parte dos setores de serviços, bens de produção e de consumo. Os exemplos relacionam-se a uma empresa fabricante de aparelhos de TV e de DVD (bens de consumo) (Figura 1.5); uma empresa que vende bens de produção para as indústrias de laticínios e de cervejas (bens de produção) (Figura 1.6); e uma companhia de seguros (serviços) (Figura 1.7).

Nada é pequeno demais ou grande demais para ser coberto por um plano de marketing. Você pode traçar um plano para equipamentos da indústria de laticínios de Belo Horizonte, válvulas de diafragma na Argentina ou equipamentos para banheiros de hotéis no Oriente Médio. Da mesma forma, você pode traçar um plano para seu produto do setor químico ou de *fast-food.* Até isso pode ser dividido regional, nacional ou internacionalmente.

Em uma empresa que possui um grande número de subsidiárias, haverá planos de marketing para cada uma delas, feitos pelo pessoal das empresas subsidiárias ou pelo pessoal do escritório central. Cada um desses planos de marketing das subsidiárias pode ser composto de pequenos planos de marketing individuais.

O fator-chave é que cada um dos planos menores deve estar em harmonia com o plano global da empresa. Isso não significa que você precise preparar um plano para cada produto ou para cada área de vendas. Contudo, se preparar um plano de marketing individual para determinado produto ou área, esse plano deve encaixar-se no plano de marketing da empresa.

Figura 1.5 Exemplo de planos para uma empresa que fabrica aparelhos de TV e de DVD (bens de consumo).

Figura 1.6 Exemplos de planos para uma empresa que fabrica bens de produção para indústrias de laticínios e de cerveja (bens de produção).

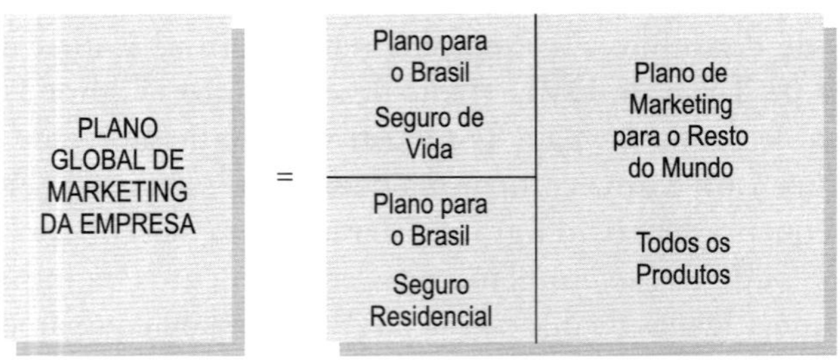

Figura 1.7 Exemplo de planos para uma companhia de seguros (setor de serviços).

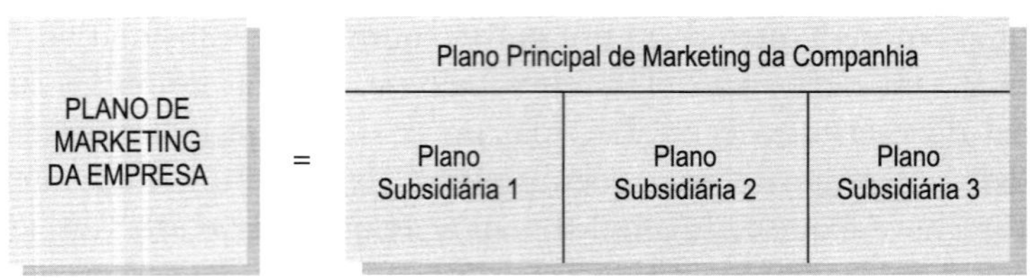

Figura 1.8 Plano de marketing da empresa com subsidiárias.

Um plano de marketing não está completo a menos que inclua dados históricos, previsões para o futuro, objetivos e métodos ou estratégias a serem utilizados para alcançar esses objetivos. Se o plano for para um produto novo, não terão dados históricos relativos a esse produto, mas terão dados históricos relativos ao produto que está sendo substituído ou dados estimados relativos a produtos equivalentes do concorrente no mercado.

Em sua forma mais simples, um plano de marketing pode começar como uma coleta e avaliação de dados históricos. Deve conter detalhes dos concorrentes, inclusive suas vantagens e desvantagens, pontos fortes e fracos. Deve incluir, também, os pontos fortes e fracos, os sucessos e os fracassos de sua própria empresa. Nesse formato, ele não é um plano de verdade, mas o *começo* de um plano. Pode ser desenvolvido para oferecer uma projeção para o futuro, mas essa projeção não pode ficar isolada, sem detalhes das estratégias que serão utilizadas para concretizar as previsões.

Em sua forma mais completa, o plano de marketing estima os recursos necessários para sua execução e inclui detalhes do impacto que terá sobre os lucros e os prejuízos ou sobre a demonstração de resultados, que serão incluídos no plano de negócios ou corporativo da empresa.

Por que você e sua empresa precisam de um plano de marketing?

Algumas empresas evitam o planejamento de marketing por causa do tempo e do esforço necessários para expressar sua política por escrito. Alguns altos executivos acham que o tempo de que dispõem é muito precioso para ser gasto em outra coisa que não seja resolver problemas operacionais do dia-a-dia. É quase certo que o gerente que dedica seu tempo para lidar apenas com detalhes administrativos atuais não fez um planejamento adequado no passado.

Talvez você pense que não precisa de um plano de marketing formal. Muitas pessoas sobrevivem toda a vida profissional na área de vendas e de marketing sem jamais escrever um plano de marketing – ou será que o fazem?

Não é possível dirigir uma organização de vendas, ainda que pequena, ou mesmo preparar uma previsão de vendas, sem gerar alguma forma rudimentar de plano de marketing. Muitas vezes, entretanto, os números são amontoados e prepara-se uma narrativa que se encaixe nos números. Esse é o jeito errado de planejar e demonstra falta de entendimento do processo de planejamento de marketing.

Em tempos de alta competição, é necessário ser capaz de utilizar o "marketing" para canalizar as "vendas" na direção certa. O plano de marketing é um dos instrumentos que lhe permite isso. Por ser um documento com estrutura formal, o plano de marketing disciplina o planejador a colocar suas idéias, fatos e conclusões de uma maneira lógica, que possa ser compreendida por outros.

Se for adequadamente preparado, um plano de marketing deverá conter detalhes suficientes das políticas e estratégias da empresa para sua implementação diária, a ser executada pelos níveis operacionais da empresa, deixando os gerentes seniores livres para administrar. Somente situações difíceis ou incomuns precisariam chegar à alta administração.

As equipes de vendas de todos os níveis devem esforçar-se para entender o marketing e os planos de marketing. Isso é importante para você e também para sua empresa. Pode estar certo de que seus principais concorrentes se tornarão cada vez mais profissionais em seus esforços de marketing a cada ano. Sua empresa precisa estar à frente da concorrência.

Resumo

Planejar é um dos papéis mais importantes da administração. O plano de negócios ou corporativo da empresa orienta o empreendimento. O plano de marketing é apenas uma parte do plano corporativo e o processo de planejamento de marketing precisa, portanto, ser executado como parte do planejamento global da empresa e do processo de elaboração do orçamento.

Em razão das grandes mudanças ocorridas no ambiente empresarial nas últimas décadas, o foco desviou-se do planejamento de longo prazo para a implementação de planos de ação que produzam resultados visíveis em curto prazo e, a partir desses resultados, os planos estratégicos de longo prazo possam ser ainda mais apurados. Esse novo planejamento "estratégico" é projetado para reagir e explorar as novas informações à medida que se apresentam. Essa é a abordagem adotada pelos planejadores de marketing.

Para preparar seu plano corporativo, uma empresa deve estabelecer objetivos corporativos, realizar auditorias e preparar planos individuais para cada área funcional. Todos os planos precisam estar de acordo com o plano corporativo e ser inseridos nele – o plano de marketing é um desses planos.

Vender envolve convencer o consumidor a comprar seu produto, mas esse é apenas um dos aspectos do processo de marketing. O marketing envolve descobrir o que o cliente deseja e adaptar os produtos e serviços de sua empresa para que satisfaçam essas necessidades e, no processo, gerar lucro.

Isso envolve entender:

- as competências da sua empresa;
- as necessidades de seus consumidores;
- o ambiente de marketing no qual você atua.

As competências podem ser administradas por meio do controle dos quatro principais elementos da operação de uma empresa, freqüentemente chamados de "mix de marketing". São eles:

- produto vendido (Produto);
- política de estabelecimento de preços (Preço);
- como o produto é promovido (Promoção);
- métodos de distribuição (Praça).

O planejamento de marketing envolve a aplicação de recursos de marketing para atingir objetivos de marketing. É utilizado para segmentar mercados, identificar o posicionamento no mercado, prever o tamanho do mercado e planejar uma viável participação de mercado dentro de cada segmento.

Os princípios básicos do marketing aplicam-se igualmente à comercialização de serviços, bens de produção e bens de consumo.

Um plano de marketing é um documento que formula um plano para fazer o marketing de produtos e/ou serviços. O plano global de marketing da empresa pode ser composto de uma série de pequenos planos de marketing para produtos ou áreas individuais.

O plano de marketing de uma empresa estabelece seus objetivos de marketing e sugere estratégias para alcançá-los.

Questões

1. Qual é a finalidade de um plano de marketing?
2. Os planos de marketing podem ser de curto, médio e longo prazo. Quais são as diferenças entre um plano estratégico e um plano tático? Dê um exemplo contextualizando os dois tipos de plano – o que englobam, a quem se destinam, que informações contêm.
3. Os planos de marketing podem ser diferentes conforme os vários níveis da organização? Explique.
4. Imagine que a equipe de vendas de uma determinada empresa elaborou uma projeção de vendas baseada em suas estimativas. Quais são os erros e os acertos que podem advir da adoção dos dados dessa projeção no plano de marketing?

Exercício

Sua carreira e seu desenvolvimento são seus ativos. Faça um plano de marketing estratégico e tático para sua vida.

Estudo de caso

Natura escolhe o Pará para receber sua segunda fábrica

"Com investimentos de R$ 13 milhões, a segunda fábrica da Natura ficará em Benevides, no Estado do Pará. Ela processará matéria-prima para a fabricação de sabonetes vegetais. O projeto conta com a parceria de 2,5 mil famílias da região para extração de óleos, e terá capacidade de produção de 18 mil toneladas de sabão-base ou nudo — produto que representa 95% de um sabonete acabado. Os outros 5% são compostos pela adição de essências e corantes.

A Natura eliminou em 2005 a gordura animal de toda sua linha de produção. No seu lugar entrou o óleo de palma — o mais abundante da região e que ainda representará 80% do fornecimento total de oleaginosas. Serão usados também óleo de semente de maracujá, babaçu, cupuaçu e buriti.

Depois que decidiu mudar a composição dos sabonetes para 100% vegetal, a Natura passou a comprar o óleo beneficiado da Agropalma, empresa de Belém. O frigorífico Bertin, o mesmo que antes fornecia a gordura animal, continua responsável pela fabricação do sabão-base a partir do óleo vegetal até a inauguração da nova fábrica. A Agropalma continuará fornecendo entre 10% e 20% dos óleos vegetais usados pela Natura.

A nova unidade faz parte da política de sustentabilidade amplamente pregada pela Natura. Os 2,5 mil pequenos agricultores que cultivarão as essências estão espalhados em 21 municípios da região. Será a primeira vez que a Natura compra direto dos produtores. A empresa já tem parcerias com comunidades produtoras de ativos, como as de piprioca, em Belém; castanha, no Amapá; e andiroba, no médio Juruá, no Amazonas."

Fonte: Extraído e adaptado de *Valor Econômico on-line* – 17/08/2006. http://www.valoronline.com.br/valoronline. Acessado em 20/08/2006

Perguntas

1. Que elementos do planejamento estratégico e tático da Natura você destaca em sua análise?
2. Qual é o papel da escolha da região e das comunidades locais para a estratégia da Natura?

Capítulo 2

A estrutura do plano

É comum pensar no plano de marketing como o plano global de marketing da empresa. Há, entretanto, muitos tipos de planos. Nem todos precisam ou querem preparar um plano global de marketing para a empresa. Haverá ocasiões em que você pode querer preparar um plano para um produto ou para uma área específica. Além disso, pode querer analisar dados históricos para entender o mercado potencial para o produto ou o potencial do produto em si. Os princípios do planejamento de marketing podem ser igualmente bem aplicados tanto a um único ou a um setor de mercado como à empresa como um todo. Você pode estar em um nível da empresa no qual a preparação desse plano não seja uma de suas atribuições, mas deverá ser capaz de preparar planos de marketing para suas áreas de responsabilidade.

As exigências também variam de empresa para empresa. Uma empresa de pequeno porte talvez não deseje entrar em tantos detalhes como uma empresa maior, pois naturalmente não terá os mesmos recursos. Um plano curto, talvez de apenas algumas páginas, pode ser suficiente para uma empresa de pequeno porte. Por outro lado, para uma empresa maior pode ser necessário um documento muito maior e mais abrangente.

Independentemente do escopo do plano ou dos detalhes necessários, o procedimento a ser adotado e a estrutura do plano escrito final sempre serão muito similares.

É útil, quando se avança em direção a novas áreas de atividade, ser capaz de compilar regras básicas e formatos padronizados. Quer se refira a documentos, cotações ou planos de marketing, não há dúvida de que é mais fácil para você e para aqueles que lerão seus documentos, adotar sempre a mesma estrutura básica.

Etapas da preparação de um plano de marketing

Antes de preparar um plano de marketing, é necessário entender os princípios do planejamento de marketing. É tão importante detalhar esse processo de planejamento como pensar na maneira de organizar o documento escrito.

As etapas do processo de planejamento de marketing são mostradas na Figura 2.1.

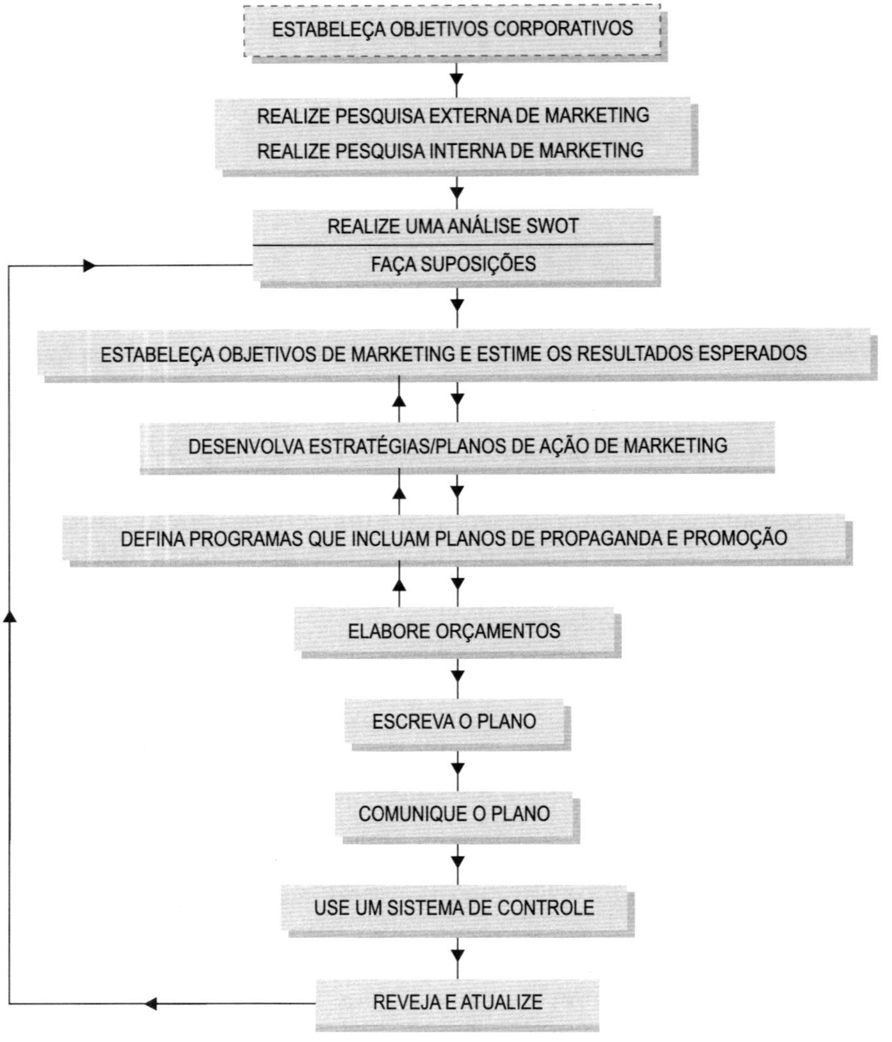

Figura 2.1 O processo de planejamento de marketing.

Estabeleça objetivos corporativos

Os objetivos corporativos são estabelecidos pela alta administração e, portanto, talvez essa não seja sua função. Mesmo assim, você deve conhecer os objetivos corporativos de sua empresa e o plano final, em geral, deve estar alinhado com eles. Esses, normalmente, são expressos em termos financeiros e definem o que a empresa pretende ser em determinado momento no futuro. Relacionam-se ao capital de giro, ao lucro antes dos impostos, ao retorno sobre o capital, ao retorno do investimento etc.

O objetivo corporativo relativo ao capital de giro poderia ser "aumentar o capital de giro em 10% ao ano em termos reais durante os próximos três anos. Isso deve ser conseguido com 2% de crescimento orgânico e 8% por aquisições". O planejador de marketing saberia, então, que seus planos deveriam mostrar como os 2% de crescimento orgânico serão alcançados. Como se trata de um crescimento real, significa que, se a taxa de inflação for de 5% ao ano, deve ser atingida uma taxa de crescimento de 7% ao ano no capital de giro para que se atinjam os 2% de crescimento real.

Realize uma pesquisa externa de marketing

Uma vez que as empresas existem e operam no ambiente de marketing, o primeiro passo de qualquer plano é fazer uma pesquisa nesse ambiente. A pesquisa é realizada nos próprios mercados e a informação coletada é analisada no contexto de marketing dos produtos. Antes de olhar para os dados internos, é importante coletar e analisar os dados externos relativos aos mercados que o plano cobrirá. Isso é fundamental para empresas, indústrias e países/áreas onde o produto é vendido, bem como a informação sobre clientes e concorrentes. Essa informação em si não será incluída no plano escrito, mas será utilizada – particularmente na análise SWOT, que será explicada adiante.

Além da informação sobre o ambiente de marketing, também devem ser coletadas informações sobre os ambientes econômico e de negócios, uma vez que elas afetarão a sua empresa. Isso incluiria fatores econômicos, como taxas de inflação e de câmbio passadas, presentes e previstas das áreas ou países cobertos pelo plano. Também pode incluir fatores políticos, fiscais, ambientais, sociais ou culturais que possam afetar sua empresa.

Realize uma pesquisa interna de marketing

Talvez ainda mais importante que a informação geral do mercado seja a informação histórica disponível dentro da empresa. Essa informação abrange os dados de vendas/pedidos e margem/lucros relativos especificamente aos produtos e áreas cobertos pelo plano. Também haverá outros dados de natureza mais específica ou técnica. Isso poderia incluir os códigos técnicos e os dados de vendas do setor do cliente separados por aplicação ou segmento industrial. Essa informação precisa ser contextualizada sob a forma de participação de mercado por área geográfica e tipo de indústria para cada produto e para o total deles.

A pesquisa de marketing interna também incluirá um estudo detalhado do mix de marketing da empresa – seus produtos/serviços, preços, promoção (inclusive propaganda, relações públicas e promoção de vendas) e distribuição –, além de uma avaliação do departamento de marketing da empresa, serviço de pré e pós-venda, sistemas de pesquisa de marketing, objetivos e estratégias de marketing atuais, sistemas de planejamento e controle.

Realize uma análise SWOT

Quando todas as informações e opiniões tiverem sido coletadas pela pesquisa de marketing, o material precisa ser analisado e apresentado de maneira que ajude a tomar as melhores decisões. Isso pode ser feito escolhendo-se as informações principais e realizando-se uma análise SWOT.

A análise SWOT significa:

> **S**trengths (Pontos Fortes) e **W**eaknesses (Pontos Fracos) relacionados às nossas **O**pportunities (Oportunidades) e **T**hreats (Ameaças) no mercado.

Os pontos fortes e fracos relacionam-se à empresa, suas estratégias e como ela se compara com a concorrência. As oportunidades e as ameaças são apresentadas pelo ambiente de marketing e concorrência. A análise SWOT leva em consideração a organização da empresa, o desempenho da empresa, os produtos principais e os mercados estratégicos.

A análise SWOT se executada adequadamente, permite que você concentre atenção nas áreas fundamentais de seu negócio, na qual tem conhecimento específico, e faça suposições sobre áreas em que seu conhecimento é falho. O método para realizar a análise SWOT é explicado em detalhes no Capítulo 5.

Faça suposições

O plano em si deve se basear em um conjunto de suposições claramente entendidas. Essas suposições dizem respeito a fatores econômicos externos, assim como a fatores tecnológicos e competitivos. Elas podem se referir a taxas de inflação, de câmbio ou de crescimento do mercado, ou, ainda, ao efeito da concorrência de preços sobre os níveis de preço do setor. Devem ser poucas e referir-se apenas às questões fundamentais. Se o plano puder ser implementado independentemente de uma determinada suposição, significa que ela não é necessária e deve ser removida do plano.

Estabeleça objetivos de marketing e estime os resultados esperados

O próximo passo é a chave para todo o processo de marketing: estabelecer objetivos de marketing. Aquilo que você quer alcançar – os alvos fundamentais do plano. Um objetivo de marketing diz respeito ao equilíbrio entre produtos e seus mercados. Refere-se a *quais produtos* quer vender em *quais mercados*. É importante não confundir objetivos com estratégias. Um objetivo é algo que você quer alcançar; uma estratégia é a maneira de alcançá-lo. Portanto, objetivos incluem, por exemplo, o recebimento previsto de pedidos, o giro de vendas, a participação de mercado e os níveis de lucro. O Capítulo 6 explica como estabelecer objetivos.

Desenvolva estratégias e planos de ação de marketing

As estratégias de marketing são os métodos que lhe permitem atingir os objetivos de marketing. Referem-se aos elementos do mix de marketing – produto, preço, promoção e praça. Para cada objetivo, é necessário desenvolver estratégias relativas a cada um desses elementos. Depois, a exeqüibilidade do objetivo e de suas estratégias é conferida novamente em termos da participação de mercado, giro de vendas, margens de lucro etc.

Primeiro, traça-se a estratégia de marketing; depois, preparam-se os planos de ação. São os planos de ação que lhe permitem executar a estratégia de marketing definida e atingir seus objetivos. O Capítulo 7 explica como idealizar estratégias de marketing e preparar planos de ação.

Defina programas

Definir programas significa determinar quem faz o quê, quando, onde e como. Inclui traçar programas para pessoal, propaganda e promoção de vendas, assim como programas para o estabelecimento de preços, distribuição, serviços e desenvolvimento do produto. A orientação sobre este assunto é dada nos Capítulos 7 e 8.

Elabore orçamentos

Podem-se estabelecer objetivos e desenvolver estratégias e planos de ação, mas eles precisam ter uma boa relação custo-benefício. Se o custo da implementação de suas estratégias e da execução de seus planos de ação for maior que a contribuição aos lucros da empresa resultante das vendas adicionais previstas, não há sentido em mantê-los. É necessário estimar o custo das estratégias e dos planos de ação e elaborar orçamentos. A elaboração de orçamentos define os recursos necessários para executar o plano, além de quantificar o custo e os riscos financeiros envolvidos. A elaboração de orçamentos é explicada no Capítulo 10.

Escreva o plano

Depois que todos os passos anteriores forem executados, você estará pronto para colocar o plano no papel. O plano escrito deve ser claro e conciso e conter a informação principal a ser comunicada. Os detalhes excessivos ou irrelevantes devem ser excluídos.

Comunique o plano

Se o plano não for adequadamente comunicado àqueles que devem implementá-lo, ele fracassará. Certifique-se de que todos entendam o plano. Apresente o plano em vez de apenas enviar uma cópia por e-mail. Um plano entendido de maneira inadequada é pior do que não ter um plano, porque ele será implementado incorretamente – ou nem o será.

O sistema de controle

É preciso controlar a implementação e avaliar o desempenho do plano. Ele deve ser monitorado à medida que avança e devem ser recomendadas atitudes corretivas quando o desempenho se desviar do padrão. Esse sistema de monitoração e controle deve ser incluído no plano escrito. O sistema de controle deve ser de fácil operação e permitir desvios razoáveis no padrão antes de ser implementado.

Reveja e atualize

Condições e situações se modificarão, portanto, o plano deverá ser regularmente revisto à luz das circunstâncias alteradas. Toda a implementação do plano será um processo interativo. Se ocorrerem grandes desvios, talvez seja necessário modificar objetivos, alterar estratégias ou rever prazos e orçamentos. Um processo de atualização deve ser incluído no plano escrito. Todos os planos de marketing devem ser atualizados e revistos regularmente, o que deve acontecer pelo menos a cada ano.

O Capítulo 11 explica como escrever, comunicar e atualizar o plano.

O plano escrito

Para que se possa comunicar um plano de marketing, ele deve estar na forma de um documento escrito. É importante que seja claro e conciso, redigido de maneira simples e de fácil compreensão. Não deve ser um emaranhado de detalhes excessivos ou irrelevantes, mas deve ser sucinto, resumindo a informação.

Certos planos serão muito curtos e outros longos, mas um formato semelhante, com seções principais, deve ser adotado para cada um, embora nem todos os planos tenham todas essas seções.

A estrutura dos diferentes tipos de planos

Nesta seção, as estruturas dos diferentes tipos de plano de marketing são detalhadas.

Ainda que haja certa repetição entre os diferentes tipos, é importante detalhá-los todos para mostrar que *há* tipos de planos diferentes para propósitos diferentes, e não apenas um plano de marketing da "empresa".

O plano completo

A estrutura completa seria apropriada para o plano global de marketing da empresa e para outros grandes planos de marketing. A Figura 2.2 mostra o sumário de um plano de marketing completo.

- Sumário
- Introdução
- Resumo
- Análise da Situação, incluindo:
    - Suposições
    - Vendas (Histórico e Orçamento)
    - Análise dos Mercados Estratégicos
    - Análise dos Produtos Principais
    - Análise das Principais Áreas de Vendas
- Objetivos de Marketing
- Estratégias de Marketing
- Cronograma
- Promoção de Vendas
- Orçamentos
- Demonstrativo de Resultados
- Controles
- Procedimentos de Atualização

Figura 2.2 Um plano de marketing completo.

O plano básico

É raro incluir a informação sobre orçamentos e o demonstrativo de resultados consolidado em planos muito pequenos. Nesse caso, seria empregada uma estrutura mais básica, como a da Figura 2.3.

O plano de marketing básico certamente seria mais apropriado ao lidar-se com um único mercado e poderia ser mais útil ao abranger um único produto.

- Sumário
- Introdução
- Resumo
- Análise da Situação, incluindo:
  - Suposições
  - Vendas (Histórico e Orçamento)
  - Análise dos Mercados Estratégicos
  - Análise dos Produtos Principais
  - Análise das Principais Áreas de Vendas
- Objetivos de Marketing
- Estratégias de Marketing
- Cronograma
- Promoção de Vendas
- Controles
- Procedimentos de Atualização

Figura 2.3 Um plano de marketing básico.

O plano histórico

Este plano é uma avaliação da posição atual. Pode ser utilizado como a primeira etapa na preparação de um plano de marketing ou pode ser preparado para uma série de produtos diferentes, para, então, decidir qual deles tem o maior potencial de crescimento. Sua estrutura seria como a mostrada na Figura 2.4.

- Sumário
- Introdução
- Resumo
- Análise da Situação, incluindo:
  - Suposições
  - Vendas (Histórico e Orçamento)
  - Análise dos Mercados Estratégicos
  - Análise dos Produtos Principais
  - Análise das Principais Áreas de Vendas

Figura 2.4 Um plano de marketing histórico.

O plano para um produto novo

Para um produto novo, não existem dados históricos de venda, mas haverá certos dados relativos ao produto que ele substituirá ou aos produtos dos concorrentes. Se esse não fosse o caso, não haveria justificativas para a sua introdução. Para um produto completamente novo, deve ser feita uma pesquisa de marketing sobre o tamanho do mercado, a concorrência etc. Para novos produtos, é ainda mais importante que a informação sobre orçamentos seja mostrada e, quer seja em uma seção separada ou não, uma justificativa completa das razões para a introdução do novo produto deve ser incluída em algum lugar do plano. Isso normalmente deveria ser brevemente incluído no resumo e de forma mais completa nas seções "Análise da Situação" e "Orçamento".

A estrutura deste tipo de plano seria como a mostrada na Figura 2.5.

- Sumário
- Introdução
- Resumo (incluindo uma breve justificativa)
- Análise da Situação, incluindo:
  - Suposições
  - Orçamento de Vendas
  - Análise dos Mercados Estratégicos
  - Análise de:
    - Produto Substituído
    - Produtos dos Concorrentes
    - Produto Novo
  - Análise das Principais Áreas de Vendas
- Objetivos de Marketing
- Estratégias de Marketing
- Cronograma
- Promoção de Vendas
- Orçamentos (incluindo justificativa financeira)
- Demonstrativo de Resultados
- Controles
- Procedimentos de Atualização

Figura 2.5 Um plano para um produto novo.

Resumo

Há um determinado procedimento para executar o processo de planejamento de marketing para que você possa preparar um plano de marketing.

Quer você esteja preparando um plano de marketing para um produto específico em um mercado específico ou um plano global de marketing para a empresa, o processo de planejamento é o mesmo; a diferença estará no escopo de cada parte do processo de planejamento. O processo de planejamento é um procedimento interativo.

O plano de marketing escrito deve ser claro e conciso, redigido de maneira simples e de fácil entendimento. Não deve ser um emaranhado de detalhes excessivos ou irrelevantes, mas deve ser sucinto, resumindo as informações. Todo plano deve ter procedimentos de controle e de atualização e ser revisado a cada ano.

Seguir o mesmo formato básico na preparação dos seus planos de marketing, facilitará as coisas para você e para todos que vão ler seus documentos.

Há uma série de diferentes tipos de plano, incluindo "plano histórico", "plano básico", "plano completo" e "plano para um produto novo".

Questões

1. Os planos de marketing possuem propósitos diversos. Cite os vários tipos de planos, descreva as suas respectivas estruturas e aponte quais são seus objetivos.
2. Levando-se em conta os passos para se elaborar um plano de marketing, que atividades e informações são essenciais para a construção de um plano eficaz e exeqüível?
3. Considerando-se ainda as etapas de elaboração de um plano de marketing, cite alguns exemplos de decisões que possivelmente são tomadas em cada um de seus estágios.
4. Qual é o fundamento da análise SWOT e quais são seus quatro elementos?

Exercício

Siga os passos sugeridos neste capítulo e elabore um plano de marketing e uma análise SWOT para a empresa em que trabalha.

Estudo de caso

Ambev aumenta participação na cervejaria argentina Quilmes para 91,18%

"A AmBev aumentou sua participação no capital da cervejaria argentina Quilmes. Na operação, anunciada em abril de 2006, a Beverage Associates vendeu a totalidade de suas ações na Quilmes para a AmBev por US$ 1,25 bilhão. Com o fechamento do negócio, a participação da AmBev no capital da empresa passou de 56,72% para 91,18%.

A AmBev espera que a transação aumente as sinergias entre as operações das duas empresas no Cone Sul. A operação faz parte da estratégia adotada pela AmBev, que pretende aumentar suas fatias nos mercados argentino, uruguaio, paraguaio, boliviano e chileno.

A Quilmes é a cervejaria líder na Argentina, Uruguai, Paraguai e Bolívia, com participação também no mercado chileno. Além disso, a empresa é a única engarrafadora da Pepsi na Argentina e no Uruguai."

Fonte: Extraído e adaptado de *Valor Econômico online* - 08/08/2006
http://www.valoronline.com.br

Pergunta

Quais, possivelmente, foram os objetivos e as estratégias da AmBev para o mercado latino? Quais os riscos que a empresa pode enfrentar nessa operação?

Capítulo 3

A base - inteligência de mercado

Ao mesmo tempo em que a posição histórica das vendas da empresa é considerada, é necessário coletar as informações que lhe permitirão colocá-las em perspectiva. Para fazer isso, é preciso realizar uma pesquisa de mercado e uma de marketing. A pesquisa de mercado é sobre os mercados, mas é preciso aprofundar no assunto e, além de coletar informações, deve-se analisá-las no contexto do marketing dos produtos. Isso se chama pesquisa de marketing, que é a pesquisa dos processos de marketing e dos mercados em si.

Por que a pesquisa de marketing é necessária?

No ambiente de negócios altamente competitivo de hoje não há substituto para o contato constante com o mercado. Os mercados estão sempre se modificando e o mesmo acontece com as necessidades dos clientes. É muito fácil uma empresa ficar tão envolvida em um mercado ou um setor específico que não seja capaz de considerar todo o mercado para os seus produtos e pode perder oportunidades potenciais em outros mercados ou setores.

O conhecimento adquirido dentro da empresa é importante, como o são o *feedback* e a inteligência de mercado obtidos por meio da equipe de vendas, mas eles precisam ser complementados pela pesquisa de marketing obtida de fontes externas. No setor dos bens de consumo, os contatos dos vendedores com os comerciantes provavelmente não dirão o bastante sobre as atitudes dos "consumidores". O que descobrirem se limitará aos contatos que fizerem com os varejistas e não retratará todos eles. A visão do vendedor e a interpretação daquilo que é importante inevitavelmente serão afetadas pelo fato de que a coleta de informações é secundária a seu propósito principal: vender. Embora as informações dos vendedores e de outras fontes tenham um valor qualitativo, é preciso assegurar-se de que as informações sobre as quais as decisões se baseiam sejam as mais completas possíveis, além de representativas e objetivas. Dessa forma, é necessário obter informação adicional, e esta seria a informação fundamental relativa às empresas para as quais você vende, e os setores e os países onde produto ou serviço é comercializado.

Além da informação sobre os consumidores, também é preciso de informações sobre os concorrentes e seus produtos. Você deve obter informações sobre como o mercado e seus clientes percebem *sua empresa e seus produtos*. Isso poderia incluir a imagem da empresa e do produto, o serviço de pré e pós-venda, o preço e a qualidade. Você deve pesquisar a propaganda e as promoções de vendas para descobrir quais métodos são os mais eficazes para o seu tipo de produto ou de serviço.

Em sua forma mais simples, este processo é mostrado na Figura 3.1.

Figura 3.1 O processo de coleta e avaliação.

A pesquisa de mercado é utilizada para:

- proporcionar uma descrição do mercado;
- monitorar como o mercado se altera; e
- decidir sobre as atitudes que serão tomadas por uma empresa e avaliar seus resultados.

Descreve o mercado

Este é o propósito principal da pesquisa. Tem mais utilidade ainda para a empresa que entra em um mercado ou lança um produto ou serviço. Para elaborar a estratégia global, formular o produto ou serviço corretamente e decidir como comercializá-lo, é importante tomar conhecimento de todas as informações relevantes que sejam conhecidas sobre os produtos ou serviços que já estão no mercado (se houver algum), sua participação de mercado, como são distribuídos, quem são os consumidores, com que freqüência utilizam esses produtos, se utilizam apenas uma marca ou várias, e por que fazem suas escolhas. Uma empresa que entra em um mercado tem de saber isso, mas é importante que as empresas com produtos estabelecidos mantenham-se informadas sobre como e por que seus produtos são comprados.

Monitora como o mercado se altera

Significa uma verificação periódica das mudanças ocorridas na participação ou distribuição, uso ou imagem de um produto ou marca. É perigoso montar planos baseados em informações desatualizadas, caso tenham ocorrido mudanças significativas desde a coleta da informação original.

Decide ou avalia potenciais cursos de ação

"Descrição" e "monitoração" referem-se a obter informações sobre o "ambiente de marketing". "Decidir sobre atitudes" refere-se às maneiras pelas quais a informação da pesquisa de mercado pode ajudar uma empresa a determinar como vai operar no ambiente de marketing. Pode incluir as seguintes áreas:

- teste de marketing;
- lançamentos (e desenvolvimento) de produtos;
- teste de aceitação de produtos modificados;
- promoção da imagem da empresa; e
- desenvolvimento e avaliação de campanhas de propaganda e promoção, bem como de campanhas por correspondência.

Métodos para obter dados para a pesquisa de mercado

Os dados da pesquisa de mercado consistem em dados primários e secundários. Dados primários são aqueles obtidos de fontes primárias, isto é, diretamente do mercado, por meio da realização de pesquisa de campo ou pela contratação de um consultor ou empresa de pesquisa de mercado para executar o trabalho de campo. Os dados secundários não são obtidos diretamente do trabalho de campo, e a pesquisa de mercado baseada em fontes de dados secundários muitas vezes é chamada de pesquisa de gabinete.

Embora muitas empresas grandes que estão na área dos bens de consumo utilizem parte de seu próprio pessoal na pesquisa de mercado, a maior parte do trabalho é executada por institutos especializados em pesquisa de mercado. Esse setor cresceu rapidamente nos últimos anos. Estima-se que no Brasil a pesquisa de mercado envolva cerca de 60 mil profissionais, de acordo com a Associação Brasileira de Empresas de Pesquisa (Abep). O setor de pesquisa de mercado tem apresentado forte crescimento na Ásia e no Pacífico, na América Latina e na Europa Central e Oriental. Os maiores mercados para pesquisa de mercado atualmente são os Estados Unidos, seguidos por Reino Unido, Alemanha, França e Japão.

Segundo a associação de profissionais de pesquisa de mercado (Esomar), o setor movimentou, em 2006, $ 23.3 bilhões de dólares. Já no Brasil, o faturamento do setor de pesquisa, de acordo com a Associação Nacional de Pesquisa de Mercado (Anep), configurou-se da seguinte forma entre 1997 e 2003:

	1997	1998	1999	2000	2001
R$ (Milhões)	234	307	327	443	521
US$ (Milhões)	235	250	180	242	221

Fonte: Anep/MM 03/02/2003.

	1999	2000	2001	2002	2003
US$ (Milhões)	200	222	241	212	230

Fonte: Anep/MM 04/10/2004.

Figura 3.2 Faturamento do setor de pesquisa no Brasil.

A Esomar realizou um levantamento sobre o preço das pesquisas de mercado no mundo. Nos Estados Unidos são realizadas as pesquisas mais caras do mundo. Como exemplo, o preço médio de uma pesquisa típica nos Estados Unidos ou no Japão chega a ser 30% superior ao preço cobrado no Reino Unido, na França e na Alemanha. Os resultados do estudo mostram o preço médio de uma pesquisa nos países participantes.

Observa-se na Figura 3.3 que os índices variam entre 242, nos Estados Unidos, onde a pesquisa é mais cara, e 29 na Bulgária, onde os custos são mais baixos.

País	Índice Geral	País	Índice Geral
Estados Unidos	242	Itália	92
Japão	230	Brasil	88
Suécia	180	México	84
Reino Unido	170	Grécia	81
Austrália	166	Portugal	77
França	158	República Tcheca	76
África do Sul	157	China	70
Alemanha	152	Turquia	70
Bélgica	138	Polônia	52
Holanda	137	Rússia	50
Hong Kong	123	Ucrânia	48
Finlândia	118	Argentina	47
Espanha	115	Índia	37
Áustria	105	Bulgária	29
Coréia do Sul	96		

Fonte: Estudo de Preços Esomar 2003.

Figura 3.3 Índice geral dos preços de pesquisa.

Pesquisa de campo

Na pesquisa de campo, as informações são coletadas por meio de respostas a um conjunto de perguntas feitas a uma série de entrevistados. A amostragem utilizada precisa ser representativa e objetiva. Quando se executa este tipo de pesquisa em relação a bens de produção para empresas industriais, é possível ser muito específico, tanto em relação às perguntas quanto à seleção de entrevistados. No setor de produtos de consumo, isso parece ser muito mais difícil, mas não é. Tal fato acontece porque grande parte do trabalho é executada no processo de amostragem e porque foram desenvolvidas teorias matemáticas relativamente simples que funcionam na prática.

Se uma amostra for selecionada pelos métodos corretos, cada membro da população terá uma probabilidade igual (ou conhecida) de ser escolhido. A teoria da amostragem baseia-se no conceito do erro padrão. Em uma população grande, haverá um grande número de maneiras diferentes de selecionar amostras. Se um grande número de diferentes amostras de determinado tamanho fosse selecionado, deveríamos esperar certa variação nos resultados dessas diferentes amostras. Ainda que as diferentes amostras não dessem exatamente os mesmos resultados, esperaríamos que a maioria delas desse *aproximadamente* o mesmo resultado; caso contrário, a amostragem não seria de muito valor.

A teoria da amostragem nos diz que os resultados fornecidos por um número muito grande de amostras encaixam-se em um padrão chamado "distribuição normal", que gera uma curva "em forma de sino" com a maioria dos resultados agrupados no centro e alguns dispersando-se em diferentes direções. É possível calcular como os resultados da amostra se organizarão em uma distribuição normal e, por conseguinte, é possível calcular a probabilidade de que o resultado médio de uma série de amostras fique dentro de certo limite da estimativa dada por uma amostra.

É um fato importante, mas muitas vezes mal entendido, que a probabilidade de erro calculada para uma amostra depende apenas do tamanho da amostra em si, e não da relação entre o tamanho da amostra e a população total. Entretanto, também é verdadeiro que valores para populações de muitos milhões de pessoas podem ser estimados com base em amostras de apenas 500 ou mil pessoas, *se a amostra for adequadamente selecionada.*

Se com base em uma amostra de mil pessoas, você calcular que 55% da população é do sexo feminino, haverá 95% de chance de que a quantidade real esteja entre 3% a mais ou a menos desse valor (isto é, apenas uma chance em 20 de que qualquer amostra semelhante produzisse um resultado inferior a 52% ou superior a 58%). Se o tamanho da amostra fosse aumentado para 4 mil, o limite de erro seria reduzido para 1,5% a mais ou a menos, isto é, entre 53,5% e 56,5%. A regra geral é que, quando se aumenta o tamanho da amostra em quatro vezes, reduz-se pela metade o erro padrão.

A teoria da amostragem oferece um método seguro e econômico para estimar os resultados acuradamente para grandes populações e, na prática, a maioria das organizações, exceto as grandes empresas de bens de consumo (que têm seus próprios departamentos de pesquisa de mercado), consulta empresas de pesquisa de mercado para saber como selecionar as amostras. A teoria freqüentemente tem de ser modificada porque é caro pesquisar uma amostra pequena dispersa por todo o país. As empresas de pesquisa de mercado modificaram a teoria básica da amostragem para unir a validade estatística a entrevistas que tenham boa relação custo-benefício. Elas utilizam técnicas como o *clustering* (selecionar amostras em uma área geográfica menor) e a estratificação (as áreas são dispostas de tal maneira que a proporção correta de características relevantes é mantida – por exemplo, áreas rurais e urbanas, Norte e Sul). Atualmente, existem certos métodos muito sofisticados de classificar as áreas geográficas conforme o modo de vida e há até mesmo programas de computador para selecionar pontos de amostragem estratificados.

Métodos para executar a pesquisa de campo

A pesquisa de campo pode ser executada pessoalmente, por telefone ou por e-mail, e pode ser executada por seu próprio pessoal ou por uma empresa contratada. Trata-se de um processo dispendioso e seu melhor uso é obter informações específicas ou responder a perguntas específicas sobre o mercado. Há outros métodos para obter informações no mercado de consumo, os quais estão a meio caminho entre executar sua própria pesquisa de campo e a pesquisa de gabinete. Por exemplo, as auditorias de vendas no varejo e as auditorias de consumidores.

Auditorias de vendas no varejo

As auditorias de vendas no varejo foram iniciadas pela A. C. Nielsen nos Estados Unidos. Podem oferecer informações muito precisas sobre amplas fatias de mercado, tamanho do mercado e tendências de vendas. O princípio é muito simples. Uma amostra representativa de varejistas é selecionada em um campo específico (tipicamente mercearias, supermercados, adegas, farmácias etc.). Um auditor visita os varejistas com certa periodicidade (normalmente duas vezes por mês). Em sua primeira visita, o auditor anota o estoque dos itens submetidos à auditoria que estão em exposição e no depósito. Na próxima visita, anota a quantidade de estoque entregue desde a visita anterior. O produto vendido entre as visitas é calculado com a seguinte fórmula:

$$\text{vendas} = \text{estoque inicial} + \text{entregas} - \text{estoque final}$$

A auditoria é mantida durante um período e constrói um quadro das vendas dos produtos e dos produtos concorrentes durante esse tempo. A organização de uma auditoria de vendas no varejo é dispendiosa e normalmente é realizada por um grupo de empresas (isto é, a informação obtida na auditoria é vendida para uma série de clientes, a maioria com produtos diferentes). A organização em grupos é economicamente viável porque, depois que foi feito o investimento inicial na seleção e na realização das visitas iniciais aos varejistas, torna-se menos dispendioso coletar dados para um grande número de produtos. Os clientes pagam subscrições combinadas por lotes de marcas escolhidas dentro de uma área de produto definida. A informação é reportada e apresentada da maneira que o cliente quiser.

Auditorias de consumidores

As auditorias de consumidores utilizam um grupo de consumidores para medir as mudanças de atitudes ou de comportamento. Têm o mesmo efeito de entrevistar a mesma amostra repetidas vezes. Ou se trata de uma amostra que concordou em estar à disposição para ser contatada sobre todos os tipos de assuntos ou, mais comumente, é recrutado um grupo de pessoas para fornecer informações continuamente durante certo tempo. A informação teria de ser registrada diariamente, caso contrário não seria lembrada. Desse modo, é utilizado um diário para registrar as compras e o consumo de determinados produtos. Em alguns casos, são fornecidos contêineres específicos para a coleta das latas ou embalagens utilizadas do produto que está sendo avaliado (a chamada "verificação da lata de lixo"). As auditorias de consumidores podem ser utilizadas para analisar o efeito das várias campanhas de propaganda veiculadas para o produto. Freqüentemente são feitas por grupos de empresas por causa de seu custo.

Pesquisa de mercado com questionários

Isto é o que a maioria das pessoas associa com pesquisa de mercado – o entrevistador com uma prancheta na rua. Ainda é a espinha dorsal do setor de pesquisa de mercado e provavelmente continuará sendo por muito tempo, embora as técnicas computadorizadas sejam cada vez mais utilizadas. Há, de fato, muitas maneiras de se preencherem questionários. Assim como as entrevistas pessoais, eles também podem ser preenchidos por entrevistas por telefone ou pelo correio. Atualmente, é muito comum encontrar questionários em revistas, deixados em quartos de hotéis ou distribuídos em lanchonetes. É um método comum de coletar dados, pois é uma técnica flexível, não necessariamente muito cara e, além disso, os questionários podem ser elaborados para análises estatísticas computadorizadas. Torna-se uma técnica muito cara se o questionário for mal-elaborado, isto é, se coletar dados ambíguos ou inadequados.

Os questionários precisam ser específicos para a área pesquisada e a lista de perguntas deve ser elaborada de maneira que forneça o máximo possível de informação sem ambigüidade. Os resultados podem ser influenciados pela quantidade de perguntas, e mesmo a ordem das perguntas pode ter efeito sobre as respostas. Um questionário precisa ser elaborado e organizado com habilidade por profissional que tenha conhecimento das técnicas. Mesmo assim, antes de ser utilizado na amostra selecionada, deve passar por um teste-piloto em uma pequena parte da amostra. Isso evidenciará quaisquer problemas, como perguntas ambíguas ou omissões, e o questionário poderá ser modificado antes de ser utililizado na amostra selecionada. Uma orientação mais detalhada sobre a elaboração de questionários será dada posteriormente neste capítulo.

Os métodos para obter as respostas dos entrevistados para o questionário são comparados a seguir.

Entrevistas pessoais: Pode ser o método mais abrangente de realizar uma pesquisa de campo. Permite que o entrevistado tenha tempo suficiente para refletir e responder às perguntas e permite que o entrevistador faça perguntas adicionais ou peça o esclarecimento de uma resposta específica. Entretanto, é muito dispendioso, tanto em termos de tempo como de dinheiro. Envolve tempo e despesas para viajar, assim como o tempo gasto na entrevista e na sua organização

Na área de consumo, o custo aumenta. Os entrevistadores precisam realizar as entrevistas em horários pouco usuais, pois, com mais mulheres trabalhando fora de casa e com a exigência de entrevistar homens e mulheres empregados, e não apenas os desempregados, as entrevistas precisam ser realizadas à noite e nos finais de semana, além dos horários diurnos normais.

Contudo, para muitos propósitos, as entrevistas pessoais são consideradas uma necessidade absoluta. Um bom entrevistador pode estabelecer uma comunicação com os entrevistados de forma que mantenham o foco no assunto em discussão de maneira descontraída e concentrada. Ele pode guiar o entrevistado pelas perguntas e estimulá-lo com gravuras, fotografias ou com o próprio produto; isso não é possível com os outros métodos, como as entrevistas telefônicas ou pelo correio.

Entrevistas telefônicas: As entrevistas telefônicas são menos dispendiosas que as entrevistas pessoais porque não acarretam os custos de enviar os entrevistadores às casas das pessoas para fazer o contato. As pessoas tendem a ser mais receptivas a esse tipo de entrevista, uma vez que são mais rápidas. Isso pode ser importante nos setores de serviços e de bens de produção, nos quais os entrevistados são homens de negócios ou engenheiros em horário de trabalho. Tais pessoas talvez se recusem a realizar uma entrevista pessoal por causa do tempo envolvido, mas raramente se recusam a responder a um questionário telefônico *contanto que não seja muito longo.* O entrevistado conclui inicialmente que, devido ao custo das chamadas telefônicas, a chamada não será longa. Uma vez que são exigidas respostas instantâneas, muitas vezes é mais fácil obter um conjunto completo de respostas por meio de uma entrevista telefônica do que por meio de outras técnicas. Por outro lado, as respostas instantâneas nem sempre são as respostas que a pessoa daria depois da devida reflexão.

Na entrevista telefônica, a voz do entrevistador é muito importante, mas outros aspectos de sua personalidade são menos importantes do que na entrevista pessoal. É possível obter uma produtividade muito maior com a entrevista telefônica porque não há tempo perdido com viagens e, dessa forma, mais entrevistas podem ser realizadas em um dia. Também existe a facilidade da supervisão imediata e da correção de erros do entrevistador. Outra vantagem deste tipo de entrevista é que as respostas podem ser digitadas diretamente em um computador para processamento imediato.

Atualmente, muitas empresas realizam entrevistas telefônicas quando os consumidores ligam para fazer reclamações ou apresentar problemas. (Para incentivar as ligações, muitas empresas têm números para ligação gratuita em suas embalagens.) Para complementar a solução do problema ou resolvê-lo, uma lista de perguntas padronizadas é feita e as respostas são anotadas. Isso fornece à empresa um valioso *feedback*, que pode ser analisado no caso de problemas recorrentes ou tendências.

Questionários postais: Este é um método de custo relativamente baixo, em que o questionário é enviado pelo correio, por fax ou por e-mail e o entrevistado pode preenchê-lo quando tiver tempo. Tem a vantagem, assim como as entrevistas telefônicas, de não apresentar os custos elevados da ida dos entrevistadores às casas das pessoas.

Também tem uma série de desvantagens. Não existe contato pessoal. Por causa disso, é provável que um número considerável de questionários seja jogado no lixo. Não existe maneira de verificar se a pessoa a quem foi remetido o questionário era realmente a pessoa certa. O entrevistado pode ver o questionário todo de uma só vez. Pode levar o tempo que quiser para formular respostas para as perguntas, portanto, as pesquisas postais só são adequadas para se obter opiniões formadas, e não para reações imediatas. Os índices de resposta freqüentemente são baixos e as respostas podem demorar muito, dificultando a coleta e a análise dos resultados. A maioria dos questionários postais é enviada com um envelope de resposta com porte pago, e normalmente enviam-se um lembrete e um questionário adicional cerca de duas semanas depois.

Em virtude dos baixos índices de resposta, é importante saber se os desvios provocados por aqueles que não responderam afetariam os resultados da pesquisa. Por esse motivo, é comum verificar o desvio dos não respondentes por meio de chamadas telefônicas para uma subamostra.

Questionários típicos

Você terá de montar seus próprios questionários com base em suas exigências específicas, mas as informações fornecidas aqui lhe darão algumas diretrizes em relação ao tipo de pergunta e de formato do questionário.

Embora as necessidades nos setores de serviço, de bens de produção e de consumo sejam diferentes, há muitos fatores no projeto do questionário que são universais. O conteúdo, a ordem e o formato dos questionários também variam se forem projetados para entrevistas pessoais ou telefônicas ou para questionários postais.

Os seguintes aspectos são importantes:

- O questionário deve ser específico para a área pesquisada e não deve conter perguntas irrelevantes.
- A lista de perguntas deve ser projetada para fornecer o maior número possível de informações sem ambigüidades.
- Cada pergunta deve ser simples e relativamente curta.
- A maioria das perguntas deve exigir um simples sim/não como resposta ou uma opção dentre uma série de respostas.
- Não use perguntas que induzam a determinada resposta, pois elas tendem a influenciar o resultado .
- Pense cuidadosamente na seqüência das perguntas, uma vez que as primeiras perguntas do questionário podem influenciar as últimas respostas.
- Projete o questionário de tal maneira que as respostas possam ser facilmente analisadas por meio de métodos estatísticos.
- Evite questionários amplos, com 100 perguntas ou mais – a maioria das pessoas não está preparada para responder a mais que 20 perguntas.

O questionário da Figura 3.4 foi feito para uma empresa de chocolates, que está pensando em lançar um chocolate em barra aerado, semelhante ao "Suflair" da Nestlé. Ela precisa estabelecer diversos aspectos relacionados ao mercado. Já obteve informações sobre os níveis de venda do Suflair no Brasil em dados publicados em relatórios preparados pela Associação Brasileira de Engenheiros de Alimentos e pela A.C. Nielsen. A empresa precisa descobrir detalhes sobre o consumidor típico desses produtos: são homens ou mulheres, jovens ou velhos, com que freqüência compram e de quem compram? Isso influirá no tipo de campanha de propaganda e promoção que a empresa utilizará.

O questionário começa com as perguntas mais gerais, relativas à idade e ao sexo, e depois muda para tipos de chocolate, os tipos de barra e, por fim, as perguntas fundamentais sobre as barras aeradas. Se uma pergunta como: "Você gosta de chocolate aerado?" tivesse sido incluída, poderia ter obtido a resposta errada. A resposta poderia ter sido "Não", mas uma investigação adicional poderia mostrar que a pessoa já comprou chocolate aerado, porém com pouca freqüência ou para outra pessoa. A maioria dos questionários tem uma ou duas páginas de extensão. Em muitos casos, algumas perguntas são colocadas na segunda página para que a resposta não afete as perguntas anteriores.

No setor de serviços, a ênfase dos questionários normalmente está na forma como a qualidade do serviço é percebida pelos clientes. A Figura 3.5 foi extraída de um questionário de hotel. Esse tipo, normalmente, tem uma página somente, que pode ser dobrada, lacrada e o "envelope" resultante deixado na recepção ou enviado pelo correio.

No setor dos bens de produção, freqüentemente, são preparados tipos semelhantes de questionários, mas às vezes existe uma necessidade de obter informações

Código de área: Data: Entrevista nº:

Por favor, preencha as seguintes informações:

Sexo: Masculino ☐ Feminino ☐

Idade: 10-15 anos ☐ 16-20 anos ☐ 21-25 anos ☐
26-30 anos ☐ 31-35 anos ☐ 36-40 anos ☐
41-50 anos ☐ 51-64 anos ☐ mais de 65 anos ☐

Você prefere:	chocolate ao leite ☐	chocolate puro ☐
Você compra chocolate em barra:	diariamente ☐	duas vezes por semana ☐
	uma vez por semana ☐	duas vezes por mês ☐
	uma vez por mês ☐	com uma freqüência menor ☐
Você os compra em:	confeitarias ☐	bancas de jornais ☐
	supermercados ☐	postos de gasolina ☐
	cinemas ☐	outros ☐
Você prefere:	barras simples ☐	barras recheadas ☐
Quando compra barras, você prefere:		sólidas ☐
		aeradas ☐
Com que freqüência você compra a marca?	diariamente ☐	duas vezes por semana ☐
	uma vez por semana ☐	duas vezes por mês ☐
	uma vez por mês ☐	com uma freqüência menor ☐
Você compra esse chocolate para:	si mesmo ☐	crianças ☐
	esposa/marido ☐	outros ☐

Figura 3.4 Questionário para empresa de chocolates.

mais específicas que vão além de uma simples resposta sim/não. Também, muitas empresas envolvidas na comercialização de bens de produção operam em mercados em que há apenas um pequeno número de fornecedores e, muitas vezes, um pequeno número de consumidores. Um fornecedor de bens de consumo tem potencial para ter muitos milhões de consumidores finais. Muitas empresas de bens de produção têm menos de mil clientes ativos em seus arquivos. Por esse motivo, é comum que as empresas de bens de produção estruturem questionários de maneira mais geral, combinando perguntas qualitativas e quantitativas. Alguns dos principais aspectos em relação aos quais essas empresas freqüentemente querem obter os pontos de vista de seus clientes atuais ou potenciais são:

- fatores de compra que os influenciam;
- como eles vêem a empresa e seus concorrentes;
- como descobrem novos produtos; e
- qual a abordagem deles aos novos produtos.

Data da estadia:				
Duração da estadia:____ dias				
Sexo: masculino ☐	feminino ☐			
Como foi o serviço de recepção na chegada?				
muito bom ☐	bom ☐	regular ☐	ruim ☐	muito ruim ☐
O serviço de bar foi:				
muito bom ☐	bom ☐	regular ☐	ruim ☐	muito ruim ☐
Você achou o serviço de restaurante:				
muito bom ☐	bom ☐	regular ☐	ruim ☐	muito ruim ☐
A qualidade da comida no restaurante foi:				
muito boa ☐	boa ☐	regular ☐	ruim ☐	muito ruim ☐
Você achou o serviço de quarto:				
muito bom ☐	bom ☐	regular ☐	ruim ☐	muito ruim ☐
A limpeza do quarto/banheiro foi:				
muito boa ☐	boa	regular ☐	ruim ☐	muito ruim ☐
Você achou os funcionários, de maneira geral:				
muito atenciosos ☐	atenciosos ☐	regulares ☐	desatenciosos ☐	
Você usaria este hotel novamente?				
sim ☐	talvez ☐	não ☐		

Figura 3.5 Questionário de um hotel.

Fatores de compra que os influenciam

Quando você compra um produto A, há uma série de fatores para levar em conta ao tomar sua decisão. Por favor, liste os fatores a seguir, numericamente, em ordem de prioridade (de 1 a 5).	
PREÇO	
ENTREGA	
QUALIDADE	
ESPECIFICAÇÕES TÉCNICAS	
SERVIÇO DE PÓS-VENDA	

Figura 3.6 Questionário – fatores de compra.

Como eles vêem a empresa e seus concorrentes

Um questionário semelhante ao da Figura 3.6 também poderia ser utilizado para determinar os sentimentos dos clientes em relação à sua empresa. A mesma lista de fatores seria mostrada, mas com uma pergunta diferente, como na Figura 3.7.

Baseado nos fatores de compra listados a seguir, como você classificaria nossa empresa?	
PREÇO ENTREGA QUALIDADE ESPECIFICAÇÕES TÉCNICAS SERVIÇO DE PÓS-VENDA	
Por favor, classifique da seguinte maneira: 1 – O melhor do mercado 2 – Melhor do que a média 3 – Médio 4 – Pior do que a média 5 – O pior do mercado	

Figura 3.7 Questionário – imagem no mercado.

Como eles descobrem novos produtos

De quais fontes você toma conhecimento dos novos produtos de seu setor? (por favor, assinale as opções verdadeiras)	
ASSOCIAÇÃO COMERCIAL VISITAS DE VENDAS DOS FABRICANTES EXPOSIÇÕES (por favor, cite quais) JORNAIS/REVISTAS (por favor, cite quais)	

Figura 3.8 Questionário – conhecimento de novos prcdutos.

Qual a abordagem deles aos novos produtos

Quando compra um novo produto, você:	
(A) Contata os usuários existentes (B) Executa seus próprios testes (C) Procura outras fontes de informação (por favor, especifique quais)	
Em vista da experiência passada, quanto tempo demora para que os novos produtos sejam aceitos na empresa:	
(A) Para compras em fábricas existentes (B) Para ser incluído nas especificações	
Quem especificaria os produtos XYZ em sua empresa? Que aprovação (se for o caso) seria necessária?	

Figura 3.9 Questionário – abordagem aos novos produtos.

Pesquisa de gabinete

A pesquisa de gabinete envolve coletar os dados de fontes existentes. Essas fontes podem ser:

- estatísticas governamentais;
- informações da empresa;
- catálogos comerciais;
- associações comerciais; e
- relatórios disponíveis sobre o assunto.

A pesquisa de gabinete muitas vezes é citada como pouco dispendiosa, uma vez que os principais custos envolvidos são o tempo do pesquisador, suas despesas, custos da telefonia e da compra de catálogos e relatórios. Entretanto, ela só é "relativamente" pouco dispendiosa em relação aos custos envolvidos na execução da pesquisa de campo. Pode ser um completo desperdício de dinheiro se o pesquisador escolhido para fazer o trabalho não tiver o conhecimento necessário para obter os resultados desejados. Por esse motivo, é preciso tomar cuidado na escolha do pessoal para executar essa tarefa e uma pessoa de nível razoavelmente elevado precisa ser indicada para supervisionar a pesquisa de gabinete. De fato, pode ser que você precise fazer isso por conta própria.

A maioria das empresas utiliza uma combinação de pesquisa de campo e de gabinete e é um desperdício executar sua própria pesquisa para obter informações que já estão disponíveis e podem ser compradas na forma de relatório pronto. Não haveria uma boa relação custo-benefício em utilizar seu tempo para coletar informações que podem ser facilmente obtidas em um relatório que já existe.

Há uma série de empresas especializadas em executar pesquisas e publicar relatórios. Algumas delas são Ibope, Latin Panel, Euromonitor, Ipsos, Data Market, Larc, Research International e TNS Interscience. Elas publicam, em seus sites, as listas dos relatórios disponíveis. Os relatórios têm abrangências tão diversas quanto "Analgésicos no Brasil" e "Retrato da Indústria da Construção no Brasil", e incluem informações sobre o mercado, sua segmentação, os produtos, a concorrência, os sistemas de distribuição e o consumidor. A maioria dos relatórios atualmente está disponível também para download pela internet.

A internet é uma valiosa fonte de informação para pesquisas de gabinete. Existem muitos sites específicos para pequenas empresas, como o www.sebrae.com.br, informações sobre patentes, como o www.inpi.gov.br. É claro que todos os seus concorrentes têm um site, pois essa é a maneira mais fácil de obter informações atualizadas sobre as empresas e seus produtos.

Tipos de Dados

As informações obtidas nas pesquisas de marketing de que precisamos para o nosso plano são as *informações do mercado* e as *informações do produto.*

As *informações do mercado* precisam nos dizer:

- O tamanho do mercado:
  - Qual o tamanho dele?
  - Como é segmentado/estruturado?
- Suas características:
  - Quem são os principais clientes?
  - Quem são os principais fornecedores?
  - Quais são os principais produtos vendidos?
- A situação do mercado:
  - É um mercado novo?
  - É um mercado maduro?
  - É um mercado saturado?
- Como as empresas estão se saindo?
  - Em relação ao mercado como um todo?
  - Em relação umas às outras?
- Canais de distribuição:
  - Quais são?
- Métodos de comunicação:
  - Quais os métodos utilizados – jornais e revistas, TV, internet, mala-direta?
  - Que tipo de promoção de vendas?
- Financeiras:
  - Há problemas causados por:
    a) Impostos/taxas?
    b) Restrições à importação?
- Legais:
  - Situação das patentes.
  - Padrões do produto.
  - Legislação relativa aos agentes.
  - Marcas registradas/direitos autorais
  - Proteção da propriedade intelectual (designs, software etc.)
- Desenvolvimento:
  - Quais áreas novas do mercado estão se desenvolvendo?
  - Que produtos novos estão se desenvolvendo?
  - Existe a probabilidade de surgir uma nova legislação ou novos regulamentos?

As *informações do produto* relacionam-se a sua própria empresa, seus concorrentes e seus clientes:

- Clientes potenciais:
  - Quem são?
  - Onde se localizam?
  - Quem são os líderes do mercado?
  - Têm concorrentes?
- Sua própria empresa:
  - Os produtos existentes atendem as necessidades dos clientes?
  - É necessário desenvolver o produto?
  - São necessários produtos completamente novos?
  - Qual seria o potencial de um produto novo?
  - Como a sua empresa é vista no mercado?
- Seus concorrentes:
  - Quem são?
  - Como se comparam em tamanho com a sua empresa?
  - Onde estão localizados?
  - Operam nos mesmos setores de mercado em que você está?
  - Que produtos fabricam ou vendem?
  - Como os preços deles se comparam com os seus?
  - Que canais de distribuição e de vendas eles utilizam?
  - Eles introduziram novos produtos recentemente?

Há quatro áreas principais de dados publicados que podem ser utilizadas na pesquisa de marketing para fornecer as informações necessárias do mercado e do produto. São elas:

- relatórios de mercado;
- informações empresariais;
- informações estatísticas e de produtos; e
- informações dos consumidores.

Relatórios de mercado

As informações de mercado e os relatórios de mercado são os tipos mais abrangentes de informação de pesquisa de mercado. Examinam todos os aspectos do mercado, inclusive as empresas, os produtos, os consumidores e as tendências. Apresentam uma visão geral de todo o mercado e permitem que uma empresa avalie onde está posicionada no mercado.

As principais áreas cobertas pelos relatórios de mercado são:

- histórico do mercado;
- estrutura do mercado;
- tamanho do mercado;
- dados sobre as principais empresas do mercado;
- tendências de mercado;
- canais de distribuição;
- recentes desenvolvimentos de mercado; e
- futuros desenvolvimentos de mercado.

Os relatórios podem abranger um único mercado, um único setor de mercado ou uma série de mercados relacionados. Podem ser obtidos das empresas já mencionadas ou por meio de pesquisa especializada ou organizações de consultoria, como a Associação Brasileira da Indústria Alimentícia (para relatórios da indústria alimentícia) ou a Associação Brasileira de Papelão Ondulado (ABPO) (para relatórios da indústria de embalagens).

Informações empresariais

Precisamos de informações sobre outras empresas para podermos investigar os clientes e distribuidores potenciais e também para monitorar nossos concorrentes atuais e potenciais.

As informações empresariais são de dois tipos:

- informações constantes de catálogos ou anuários; e
- informações financeiras.

As informações de catálogos ou anuários nos fornecem dados fundamentais sobre as empresas. Incluem nomes, endereços, telefones, marcas registradas, detalhes da diretoria e "quem é dono do quê". Normalmente listam as empresas que operam em mercados específicos.

Os principais catálogos comerciais abrangem todas as grandes empresas e incluem muita informação com uma análise detalhada das atividades e produtos. Também há uma grande variedade de catálogos mais especializados que englobam indústrias ou setores industriais únicos (como a indústria química, prospecção costeira de petróleo e gás e a indústria têxtil). Esses catálogos, muitas vezes, não são bem detalhados como os principais catálogos comerciais e freqüentemente mostram apenas o nome, o endereço e os telefones das empresas, com uma breve lista dos produtos, mas têm a vantagem de ser específicos para determinada indústria.

As informações financeiras relacionam-se ao desempenho comercial de uma empresa e normalmente é uma análise de seus resultados financeiros durante um ou mais anos. Por lei, todas as empresas brasileiras de capital aberto são obrigadas a fornecer seus relatórios financeiros para a Comissão de Valores Mobiliários (CVM). As informações devem incluir:

- o relatório e a contabilidade da diretoria;
- o lucro anual;
- o registro hipotecário;
- o memorando e as cláusulas estatutárias;
- as mudanças de endereço ou de nome registrados; e
- os detalhes sobre quaisquer ações legais de falência.

A quantidade de informação exigida das pequenas empresas não é a mesma das grandes empresas, e é muito comum que elas não forneçam detalhes sobre a quantidade de dinheiro movimentada no negócio. Isso pode ser um problema na hora de analisar informações que envolvam pequenas empresas.

Cópias dos demonstrativos financeiros das empresas podem ser obtidas em seu site ou na Bolsa de Valores. Informações mais detalhadas sobre cada empresa podem ser obtidas em organizações como a Serasa, que fornece análises sobre empresas que auxiliam nas decisões de crédito e apoio a negócios. A Serasa atua no território nacional e no mundo mediante acordos com empresas de informações em outros países.

Pode-se, também, obter informações sobre empresas em publicações como a *Exame Maiores e Melhores*. As publicações disponíveis atualmente são: *Anuário de Infra-Estrutura*, *Estudos Exame*, *Guia do Agronegócio*, *Guia de Boa Cidadania Corporativa*, *Guia do Investidor*, *Melhores e Maiores*, *Melhores Empresas para Trabalhar* e *Revista Exame PME*.

É possível realizar uma busca pelas maiores e melhores empresas em um determinado segmento, verificar seu desempenho na bolsa de valores e compará-lo a outras empresas, obter seus balanços trimestrais, verificar seu grau de aderência aos padrões de mercado de capitais, entre outras informações. A publicação traz ainda um panorama geral de comércio, indústria e serviços, e considera os indicadores por estado e região brasileiras.

Informações estatísticas e de produto

Em muitos países, as estatísticas governamentais são uma fonte útil de informação. Relacionam-se à atividade comercial do próprio país, além de conter detalhes sobre as importações e exportações de produtos e commodities. Outra fonte útil de estatísticas de produção e de comércio internacional são as informações produzidas por organizações, como Ministério do Desenvolvimento, Indústria e Comércio Exterior (www.desenvolvimento.gov.br/), Instituto Brasileiro de Geografia e Estatística (www.ibge.gov.br/home/), Organizaçao Mundial do Comércio (www.wto.org) e Organização para Agricultura e Alimentação (www.fao.org).

Para chegar a uma conclusão com tais estatísticas, é preciso ter um conhecimento básico dos principais sistemas de codificação e classificação utilizados para produtos e atividades econômicas. Estas classificações são um instrumento fundamental para se obter dados estatísticos e analisá-los.

A classificação oficial de um país faz parte do chamado Sistema de Informação Estatística (SIE). Este sistema envolve as informações estatísticas oficiais que ajudam a conhecer melhor a realidade socioeconômica do país. O órgão estatístico central no Brasil é o Instituto Brasileiro de Geografia e Estatística (IBGE), que coordena o Sistema Estatístico Nacional (SEN).

Os outros países utilizam o padrão de referência "Família Internacional de Classificações Econômicas e Sociais" (no inglês *List of International Family of Economic and Social Classification*). Este padrão contém as classificações de atividades econômicas, produtos, consumo, emprego, educação etc.

A Classificação Nacional de Atividades – CNAE versão 1.0 (ver http://www.ibge.gov.br/home/estatistica/economia/classificacoes/cnae.10.pdf) é a classificação das atividades econômicas adotadas na produção e disseminação de estatísticas econômicas no Brasil.

Veja a seguir como são classificadas as seções na CNAE 1.0.

Tabela 3.1 Classificação das seções na CNAE 1.0.

Seção	Denominação
A	Agricultura, pecuária, silvicultura e exploração florestal
B	Pesca
C	Indústrias extrativas
D	Indústrias de transformação
E	Produção e distribuição de eletricidade, gás e água
F	Construção
G	Comércio; reparação de veículos automotores, objetos pessoais e domésticos
H	Alojamento e alimentação
I	Transporte, armazenagem e comunicações
J	Intermediação financeira, seguros, previdência complementar e serviços relacionados
K	Atividades imobiliárias, aluguéis e serviços prestados às empresas
L	Administração pública, defesa e seguridade social
M	Educação
N	Saúde e serviços sociais
O	Outros serviços coletivos, sociais e pessoais
P	Serviços domésticos
Q	Organismos internacionais e outras instituições extraterritoriais

Lista de Produtos da Agropecuária e Pesca – PRODLIST: Agro/Pesca 2003

A PRODLIST-Agro/Pesca lista os produtos agropecuários e da pesca, elaborada segundo princípios de harmonização e articulação entre a Nomenclatura Comum do Mercosul (NCM), a Classificação Nacional de Atividades Econômicas (CNAE), as classificações de produtos básicos da agropecuária e de animais e plantas aquáticas da Organização das Nações Unidas para a Agricultura e Alimentação (FAO) e a Classificação Central de Produtos (*Central Product Classification* – CPC). Ela permite organizar estatísticas sobre produtos de agropecuária e pesca.

Lista de Produtos da Indústria – PRODLIST: Indústria 2004

A PRODLIST-Indústria detalha os bens e serviços de indústria extrativa e de transformação da Pesquisa Industrial Anual – Produto. Esta lista leva em conta conceitos de harmonização e articulação entre a Nomenclatura Comum do Mercosul (NCM), a Classificação Nacional de Atividades Econômicas (CNAE) e a Classificação Central de Produtos (*Central Product Classification* – CPC).

Os códigos dos produtos podem ser baixados no site do IBGE - www.ibge.gov.br. Veja alguns exemplos nas tabelas adiante:

Tabela 3.2 Classes da CNAE e respectivos grupamentos de produtos homogêneos.

Classes da CNAE	Grupamentos de Produtos Homogêneos
0122 – Cultivo de flores, plantas ornamentais e produtos de viveiro	1 Flores para corte
	2 Folhas verdes para corte
	3 Plantas de flor em vaso
	4 Folhagens em vaso
	5 Plantas para paisagismo e jardinocultura
	6 Mudas e sementes certificadas, de flores para corte, folhas verdes para corte e de plantas ornamentais, exceto transgênicas
	7 Mudas e sementes transgências, de flores para corte, folhas verdes para corte e de plantas ornamentais
	8 Mudas certificadas de plantas de lavoura permanente, exceto transgênicas
	9 Mudas transgênicas de plantas de lavoura permanente

Tabela 3.3 Exemplo de Produtos da Agropecuária e Pesca – PRODLIST: Agro/ Pesca 2003. CNAE 01.34: Cultivo de uva

PRODLIST	Uvas (para vinho ou passas)	Unidade de Medida	NCM 2003	FAO
0134.0010	Uvas (para mesa)	kg	0806.1	0560
0134.0010	Uvas (para vinho ou passas)	kg	0806.1 + .2	0560 + 0561

Tabela 3.4 Exemplo de Produtos da Indústria – PRODLIST: Indústria 2004.

PRODLIST	Descrição	Unidade de Medida	NCM 2004	Atualização
2131.0010	Embalagens diversas de papel (capas para discos, caixas, cartuchos e outras)	t	4819.1 + .2 + .5	
2131.0020	Papel para embalagem de cigarros, mesmo cortado em dimensões próprias	t	4813.1 + .2	
2131.0030	Sacos e bolsas de papel	t	4819.3 + 4	
2131.8010	Serviço de confecção de embalagens de papel ou serviços relacionados			AD

Informações aos consumidores

Uma quantidade considerável de dados está à disposição em relação aos consumidores e aos bens de consumo. De fato, nenhuma grande empresa de bens de consumo poderia sobreviver por muito tempo sem realizar uma pesquisa e uma análise de marketing muito específicas. Essa informação é valiosa não apenas para as empresas que atuam nos mercados de bens de consumo, mas também para aquelas que operam no mercado industrial fornecendo produtos para os fabricantes de bens de consumo.

O mercado de bens de consumo difere do mercado industrial por ter um grande número de consumidores, todos diferentes. Uma vez que a propaganda e a venda em escala nacional são dispendiosas, os fornecedores de bens de consumo objetivam segmentos do mercado de bens de consumo para a comercialização de seus produtos.

O mercado de consumo normalmente é segmentado pelas características de seus consumidores, que envolve a análise de uma série de fatores. Geralmente, os consumidores são classificados por:

- grupo socioeconômico;
- idade;
- sexo;
- ocupação;
- região.

O Critério de Classificação Econômica Brasil é um sistema de classificação de consumidores desenvolvido pela Associação Brasileira de Anunciantes, Anep e Associação Brasileira de Institutos de Pesquisa de Mercado (Abipeme). Ele tem por objetivo fazer a avaliação econômica do consumidor por meio de um critério. As classes definidas pelo CCEB são A1, A2, B1, B2, C, D e E. Esse critério não mostra as diferenças ou classificações psicográficas ou culturais dos consumidores, pois sua finalidade é avaliar exclusivamente as características econômicas e estimar seu poder de compra.

Tabela 3.5 Classificação dos consumidores por grupos socioeconômicos.

Posse de Itens	Quantidade de Itens				
	0	1	2	3	4 ou +
Televisão em cores	0	2	3	4	5
Rádio	0	1	2	3	4
Banheiro	0	2	3	4	4
Automóvel	0	2	4	5	5
Empregada mensalista	0	2	4	4	4
Aspirador de pó	0	1	1	1	1
Máquina de lavar	0	1	1	1	1
Videocassete e/ou DVD	0	2	2	2	2
Geladeira	0	2	2	2	2
Freezer (aparelho independente ou parte da geladeira duplex)	0	1	1	1	1

[observação: ver original em http://www.abep.org/codigosguias/ABEP_CCEB.pdf]

Grau de Instrução do Chefe de Família	
Analfabeto/Primário incompleto	0
Primário completo/Ginasial incompleto	1
Ginasial completo/Colegial incompleto	2
Colegial completo/Superior incompleto	3
Superior completo	5

Cortes do Critério Brasil

Classe	Pontos	Total Brasil (%)
A1	30-34	1
A2	25-29	5
B1	21-24	9
B2	17-20	14
C	11-16	36
D	6-10	31
E	0-5	4

Fonte: Abep, 2003.
Dados com base no levantamento socioeconômico. Ibope, 2000.

A Tabela 3.6 mostra a distribuição das classes de população brasileira por região metropolitana e a Tabela 3.7 mostra a renda familiar por classes.

No setor de bens de consumo, a pesquisa de propaganda também é importante. É fundamental saber quanto seus concorrentes estão gastando e em que estão gastando. A pesquisa de propaganda também pode avaliar qual canal de comunicação é o mais utilizado pelos consumidores de determinado produto.

Tabela 3.6 Distribuição da população por região metropolitana.

Classe	Total BRASIL	Gde. FORT.	Gde. REC.	Gde. SALV.	Gde. BH	Gde. RJ	Gde. SP	Gde. CUR.	Gde. POA	DF
A1	1	1	1	1	1	1	1	1	1	3
A2	5	4	4	4	5	4	6	5	5	9
B1	9	5	5	6	8	9	10	10	7	9
B2	14	7	8	11	13	14	16	16	17	12
C	36	21	27	29	38	39	38	36	38	34
D	31	45	42	38	32	31	26	28	28	28
E	4	17	14	10	4	3	2	5	5	4

Tablea 3.7 Renda familiar por classes.

Classe	Pontos	Renda Média Familiar (R$)
A1	30 a 34	7.793
A2	25 a 29	4.648
B1	21 a 24	2.804
B2	17 a 20	1.669
C	11 a 16	927
D	6 a 10	424
E	0 a 5	207

Fonte: Abep, 2003. www.abep.org – abep@abep.org
Dados com base no levantamento socioeconômico. Ibope, 2000.

Como planejar sua pesquisa de marketing

Já abordamos todos os principais métodos e dados disponíveis para a pesquisa de marketing, mas é importante planejar como você executará em seu caso específico a fim de obter as informações corretas para o seu plano. Não será necessário utilizar todos os métodos e tipos de dados em todos os casos. Obviamente, o escopo do trabalho será muito mais abrangente se você estiver preparando um plano global de marketing para todos os produtos de sua empresa em todos os mercados do que se estiver preparando um plano para um produto em apenas um mercado. A Figura 3.9 mostra o princípio do planejamento de uma pesquisa de marketing.

Muito tempo, esforço e dinheiro são desperdiçados quando projetos de pesquisa de marketing são iniciados antes de os objetivos serem definidos.

Os passos fundamentais a serem dados ao se realizar uma pesquisa de marketing são os seguintes:

- defina os objetivos;
- determine quais informações precisam ser obtidas;
- determine a melhor maneira de obtê-las;
- colete os dados; e
- analise os dados.

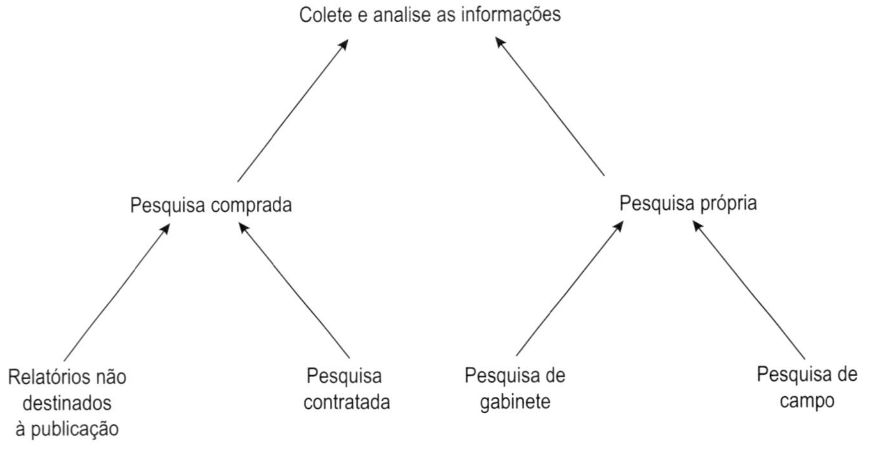

Figura 3.10 Planejando a pesquisa de marketing.

Os objetivos

Os objetivos devem ser claramente definidos. Isso deve incluir o cronograma necessário para que a conclusão do trabalho se adapte ao cronograma de preparação do plano global de marketing. Se o plano for referente a um equipamento que é vendido para o setor de chocolate e confeitaria, o objetivo da pesquisa seria coletar informações sobre esse setor, inclusive seu tamanho, principais empresas envolvidas, padrões de crescimento etc. Não se deve perder tempo, entretanto, coletando informações muito abrangentes sobre a indústria alimentícia em geral.

A informação necessária

Deve ser preparada uma lista detalhando todas as informações necessárias. Ela precisa ser completa com todos os dados relevantes, pois o custo será extremamente alto, caso tenha de voltar e coletar informações adicionais.

Como obter a informação

Esta é uma das decisões mais difíceis de ser tomada. Envolve determinar quem obterá as informações necessárias e como ela serão obtidas. As opções são:

- contar com a própria equipe;
- contratar uma empresa de pesquisa de mercado externa;
- realizar pesquisa de campo; e
- realizar pesquisa de gabinete.

Só as empresas muito grandes têm profissionais de pesquisa de mercado em seus quadros funcionais. Um projeto que envolva mais do que uma quantidade mínima de trabalho de campo é mais bem executado por um profissional. Em termos práticos, raramente é necessária grande quantidade de trabalho de campo na área de bens de produção, mas é bastante comum na área de bens de consumo.

Se a necessidade for de pouco trabalho de campo e muito de gabinete, a pesquisa será executada dentro da organização. Os funcionários escolhidos para fazer esse trabalho devem ter a capacidade de entender o que estão fazendo. Não deve ser visto apenas como um trabalho de escritório rotineiro, devendo ser confiado a alguém que seja capaz de entender os métodos da pesquisa de marketing e os objetivos completos do projeto. Essa pessoa pode, é claro, ser ajudada por pessoas com menos conhecimento. Muitos desses projetos deixam de alcançar a profundidade de informação desejada porque são confiados a pessoas desmotivadas, de posição menos elevada.

Na área de bens de produção, a pequena quantidade de trabalho de campo necessária muitas vezes é realizada pela equipe de vendas de campo no curso de suas obrigações normais. A pessoa que executa o projeto prepara um formulário que será preenchido pela equipe de vendas de campo, baseado no conhecimento que cada um tem de seu território e de seus clientes.

Coletando os dados

O levantamento dos dados envolve o uso dos métodos e das fontes de dados anteriormente detalhadas neste capítulo. Nomes e endereços de algumas fontes de informação importantes estão listados ao final do livro.

Analisando os dados

Os dados em si mesmos não têm utilidade para ninguém: precisam ser verificados e analisados. A verificação significa realmente estar seguro de que a informação foi coletada de maneira lógica e imparcial. Deve ser representativa e precisa ser a mais completa possível. As pressuposições utilizadas na interpretação dos dados precisam ser estabelecidas.

A análise dos dados precisa ser executada pelo seu profissional de marketing (pode ser você mesmo). A qualidade da análise dos dados é proporcional ao entendimento da pessoa que a executa.

A informação pode estar disponível em relatórios publicados, fornecendo o tamanho do mercado. Quando essa informação não estiver diretamente disponível, muitas vezes é possível fazer uma aproximação a partir dos dados estatísticos. As estatísticas do governo brasileiro fornecem muitas informações sobre a indústria nacional, e os dados sobre importação/exportação também são úteis para certos produtos. Se você for o único fabricante do produto no Brasil, as informações sobre as importações, quando disponíveis, fornecem informação valiosa relativa às vendas de seus concorrentes estrangeiros no país.

O Banco Mundial (http://www.bancomundial.org.br) publica vários relatórios sobre o Desenvolvimento Mundial, indicadores do Desenvolvimento Mundial, perspectivas Econômicas Mundiais e relatórios diversos sobre a América Latina. O Ministério do Desenvolvimento, Indústria e Comércio Exterior traz indicadores e estatísticas sobre o comércio exterior brasileiro.

Em outras áreas, o conhecimento dentro da empresa é fundamental. Quantas pessoas você conhece na equipe de vendas e de marketing que podem lhe dizer que fazem um cálculo aproximado das vendas potenciais de seus produtos, como uma máquina, para cada uma dentre as várias milhares de toneladas de capacidade industrial? Muitas pessoas têm trabalhado com essas regras e elas são importantes no cálculo do mercado potencial total de um produto.

Se quiser ter a possibilidade de utilizar ao máximo os dados da pesquisa de marketing, precisará ter a capacidade de criar regras semelhantes em sua empresa. Suas estimativas podem ser apenas uma aproximação, mas ainda serão bem mais precisas que adivinhações.

Agora que você completou a pesquisa externa de marketing, é hora de começar a coletar os dados históricos disponíveis internamente.

Resumo

Não há substituto para mantê-lo em contato com o mercado. Os mercados estão mudando constantemente e o mesmo acontece com as necessidades dos clientes. O conhecimento interno precisa ser complementado pela pesquisa de marketing adquirida de fontes externas.

Os dados da pesquisa de marketing consistem de dados primários e secundários. Os primários são obtidos diretamente do mercado por meio da realização de pesquisa de campo, ao passo que os secundários são obtidos através da pesquisa de gabinete.

A pesquisa de campo pode ser executada por meio de entrevistas pessoais, ou telefônicas, ou questionários postais. A pesquisa de gabinete envolve a coleta de dados de fontes existentes, como as estatísticas governamentais, informações empresariais, catálogos comerciais, associações comerciais ou relatórios prontos.

As informações da pesquisa de marketing necessárias para o planejamento de marketing são as informações sobre o mercado e as informações sobre o produto.

Há uma série de sistemas para classificar as empresas, os produtos e os tipos de consumidor. As classificações internacionais são baseadas na "Família Internacional de Classificações Econômicas e Sociais", que englobam atividades econômicas, produtos, consumo, educação, emprego, entre outras. As classificações de atividades e de produtos na economia constituem instrumento básico para obtenção de informações e análise dos dados estatísticos.

O órgão estatístico central no Brasil é o Instituto Brasileiro de Geografia e Estatística (IBGE), criado por legislação oficial específica e definido como órgão coordenador e principal produtor do Sistema Estatístico Nacional (SEN).

A pesquisa de marketing deve ser planejada e é importante estabelecer os objetivos, listar as informações necessárias e determinar como obter essas informações antes de seguir em frente com o projeto. Os dados obtidos devem ser analisados com cautela a e apresentados para que sejam utilizados da melhor maneira no processo de planejamento de marketing.

Questões

1. O que é pesquisa de marketing? Quais finalidades ela atende?
2. Liste os processos de pesquisa de marketing e explique as suas etapas.
3. Estabeleça a diferença entre dados primários e secundários. Quando cada um dos tipos deve ser coletado?
4. As informações para a pesquisa de marketing são classificadas como informações de mercado ou informações de produto. A que elas se relacionam? Onde é possível coletar dados para cada um dos tipos de informações no Brasil? Dê exemplos.

Exercício

Indexação é uma boa técnica para categorizar os dados disponíveis. Trata-se de um método para apresentar um grupo de números em relação a um número específico (média ou base). Este número é representado por 100. Qualquer dado acima deste 100 significa um índice percentualmente maior que a base. Qualquer dado abaixo deste 100 significa um índice percentualmente menor que a base. Considere uma pesquisa de gabinete que apresentou os seguintes números da população de uma região que possui automóveis.

A faixa etária de 18 a 24 anos é três vezes menor que a média da população (20:60) x 100 = 33. Encontre os índices das outras faixas etárias e tire conclusões.

Faixa Etária	Proprietário (%)
18 a 24 anos	20
25 a 34 anos	48
35 a 44 anos	60 (base representada por 100)
45 a 54 anos	74
55 a 64 anos	70
65 a 74 anos	50
Média	60

Estudo de caso

Ala – um dos maiores "cases" de sucesso da Unilever

"Ala é um sabão em pó feito sob medida para o consumidor nordestino de baixa renda. Um Ala, de 200 gramas, pode ser comprado por R$ 0,86 e só é vendido em saco plástico.

O mercado de sabão em pó popular é o que mais cresce no país: em 2006 expandiu 8,7% em volume, enquanto o mercado nacional teve alta de 7%.

Há dez anos, um grupo de gerentes de diferentes áreas da Unilever, orientado por uma socióloga, ficou seis meses no Nordeste, convivendo 24 horas com as consumidoras da região. No Nordeste, 68% da população pertence às classes D e E, e apenas 11% dos lares têm máquina de lavar e 30% das famílias têm mais de cinco pessoas.

O Ala chegou às prateleiras em embalagens de cores chamativas devido ao alto índice de analfabetos na região. No Brasil, 98% das vendas de sabão em pó são em caixas de um quilo. No Nordeste, 58% são em embalagens de 500 gramas e 29% em sacos de 200 gramas.

O sabão saiu de uma fatia de 0,9% em 1997, quando foi lançado, para 24% em julho. Hoje é a segunda marca mais consumida no Nordeste, perdendo apenas para o Omo, também da Unilever. A marca Omo detém 24,5% do mercado nordestino. O Ala abocanha 22,7%, segundo o Ibope.

A explosão de vendas do Ala e seu crescente aumento de participação no mercado de sabão em pó popular forçaram mudanças na vida dos fabricantes locais. Ao contrário do que acontece no eixo Rio-São Paulo, onde a guerra se dá com a Procter & Gamble, dona do Ariel, no Nordeste a briga é com as empresas menores e, basicamente, regionais.

É uma verdadeira guerra de preços, que oscilam entre menos de R$ 1,00 a no máximo R$ 1,70 para embalagens de 500 gramas. Uma caixa de Omo, com um quilo, custa mais do que R$ 5,00."

Fonte: Extraído e adaptado de *Exame* – 18/08/2006.

Perguntas

1. Qual foi a abordagem de pesquisa que a Unilever provavelmente utilizou para chegar à estratégia de marketing para o Ala? Que tipos de dados colheu? Que informações de consumidores foram relevantes para a elaboração da estratégia?
2. Que lições outros segmentos de mercado poderiam extrair deste estudo de caso? Contextualize com exemplos.
3. Que informações do mercado e do produto possivelmente foram colhidas para o desenvolvimento da estratégia do Ala?

Capítulo 4

Dados históricos – coletando e analisando as informações sobre sua empresa e seus produtos

Além da pesquisa externa de mercado, sua empresa tem uma riqueza de dados que é inestimável na preparação de um plano de marketing – quer seja um plano global quer para um único produto ou mercado. Na verdade, o problema é que pode haver tantos dados que você não seja capaz de ver com facilidade qual informação é a mais importante. Também existe a probabilidade de que muitos dados não estejam disponíveis na forma certa. Você pode ter dados gerais de vendas, mas não dados discriminados para linhas de produto ou segmentos de mercado. À medida que peneirar e classificar as informações, também terá a possibilidade de ver como os sistemas podem ser montados de maneira que facilite a obtenção das informações relevantes no futuro.

Os dados históricos importantes à preparação de um plano de marketing são de dois tipos:

- Dados de pedidos/vendas.
- Outros dados.

Tecnicamente falando, a diferença entre os dados da entrada de pedidos e os das vendas faturadas é o tempo de entrega do produto. Os dados da entrada de pedidos são auto-explicativos e referem-se aos pedidos feitos à empresa. As vendas faturadas são os valores faturados para esses produtos quando eles saem da fábrica, isto é, as vendas externas.

Se um produto tiver um prazo de entrega de seis meses ou mais, a diferença entre a entrada do pedido e as vendas faturadas pode ser significativa, e uma quantidade considerável das entradas de pedidos do ano torna-se parte das vendas faturadas do próximo ano. No cronograma de um plano de marketing, isso seria importante e deve-se deixar claro quais os números utilizados. Se um produto tiver um prazo de entrega curto – digamos, de três a seis semanas –, a diferença entre a entrada do pedido e as vendas faturadas é tão pequena que realmente não importa que tipo de número é utilizado. Isso pode ser verdadeiro em muitos casos, mas ainda assim há situações em que os clientes fazem grandes pedidos antes de um aumento de preço para serem entregues em um tempo considerável. Esses fatores não apenas afetarão o plano de marketing em si, mas também terão um impacto sobre as previsões de fluxo de caixa no plano financeiro.

Com sistemas computadorizados de manipulação de pedidos, tanto os dados de entrada de pedidos quanto os de vendas normalmente estão disponíveis de forma abrangente. Portanto, em teoria, qualquer um dos dois pode ser utilizado para realizar a análise.

Sempre que possível, devem ser utilizados os números relativos às vendas, mas se os números referentes à entrada de pedidos forem os únicos disponíveis em detalhes que você precisa, utilize-os com cautela e tente amenizar qualquer anormalidade que possa estar presente. Em outras palavras, tente convertê-los, da maneira mais próxima possível, aos números das vendas. Afinal de contas, os números relativos às vendas faturadas é que são importantes para o negócio – os pedidos são apenas pedidos até serem convertidos em vendas. São as vendas, ou mais precisamente as faturadas, que trazem dinheiro para a empresa.

Uma questão importante a se considerar é o quanto se deve voltar no tempo quando se analisa números relativos às vendas. Algumas empresas têm dados das vendas de dez ou até mesmo vinte anos atrás, mas realmente não tem sentido retroceder tanto. Até mesmo cinco anos é muito tempo em termos de marketing e não é estritamente relevante porque mercados, produtos e ambiente de marketing mudam.

Um plano de marketing deve incluir dados históricos de dois ou três anos completos, além da previsão atual para o ano em que ele foi planejado. Os números para o ano atual também devem mostrar os dados desde o começo do ano até o presente.

Os números relativos às vendas ou à entrada de pedidos por si mesmos não proporcionarão um quadro completo do desempenho de uma empresa. Precisam ser comparados com os orçamentos. A lucratividade das vendas também precisa ser quantificada.

Os números terão maior utilidade no planejamento de marketing se forem apresentados de maneira que reflitam os segmentos de mercado nos quais a empresa está operando.

O que é uma segmentação de mercado?

A segmentação de mercado é um conceito muito importante no marketing e no seu planejamento.

Diferentes clientes têm diferentes necessidades. Nem todos exigem o mesmo produto nem os mesmos benefícios de um produto. Mesmo em relação a um produto individual, nem todos os clientes o comprarão pelos mesmos motivos. A menos que seu objetivo seja sempre vender seu produto pelo menor preço (e há pouquíssimas empresas que podem fazer isso e permanecer no negócio por muito tempo), você precisará encontrar grupos de consumidores que comprem os seus produtos por outros motivos, como a qualidade, o serviço ou os benefícios adicionais do produto. A segmentação de mercado permite que você pense nos mercados onde está de fato e nos mercados onde sua empresa deveria estar.

Você precisa ser capaz de dividir a sua base de clientes em grupos de clientes que tenham necessidades semelhantes. Cada um desses grupos constitui um segmento de mercado. A partir do momento em que reconhece as diferenças entre esses segmentos, comece a vender produtos que melhor satisfaçam as necessidades específicas dos clientes desses segmentos. Você deve, então, ser capaz de vender seu produto a um preço acessível, que, necessariamente, não é o preço mais baixo. Poderá, também, direcionar sua promoção e sua propaganda especificamente para os segmentos lucrativos do mercado.

Há muitas maneiras diferentes de segmentar os mercados. Teoricamente, há tantos segmentos de mercado quantos consumidores individuais, mas, na prática, isso não tem sentido em termos econômicos.

É sensato pensar em maneiras de segmentar os mercados separadamente para os bens e serviços de consumo e para os bens e serviços de produção.

Segmentação de mercado para os bens e serviços de consumo

Nesta área, é comum segmentar os mercados com base nas diferentes maneiras de classificar o consumidor final. No Capítulo 3, examinamos esses métodos de classificação que separam os consumidores em grupos socioeconômicos, idade, sexo, ocupação ou região.

As principais maneiras de definir os segmentos são:

- por classe social – classe média alta, média, média baixa etc.;
- por classificação demográfica – sexo, idade, educação, estado civil etc.;
- por área geográfica – norte, sudeste, sudoeste etc.;
- por categoria geodemográfica – agrícola, imóveis subsidiados pelo poder público, regiões multiétnicas, moradia suburbana, áreas retiradas etc.; e
- por categoria psicográfica baseada em traços de personalidade ou estilo de vida – estudante, garota moderna, jovem executivo etc.

Segmentação de mercado para os bens e serviços de produção

Na comercialização de bens e serviços de produção, geralmente o cliente é outra empresa ou um departamento do governo. O número de clientes e de clientes potenciais tem mais probabilidade de ser 10 mil do que 10 milhões (no caso dos bens de consumo) e poderia ser apenas de algumas centenas, em casos como os de fornecedores para usinas de energia, minas de carvão etc.

As principais maneiras de definir os segmentos nessa área são:

- por área geográfica;
- por indústria ou subsetor industrial;
- por produto;
- por aplicação;
- pelo tamanho do usuário final; e
- por canal de distribuição – distribuidor, fabricante de equipamentos, considerar final.

A segmentação também pode basear-se em:

- tamanho do pedido;
- freqüência dos pedidos; e
- tipo de pessoa responsável pelas decisões.

A chave para a segmentação de mercado é deixar o mercado segmentar a si mesmo, porque os segmentos existem independentemente da empresa e de seus produtos. Não se modificarão para se adaptarem à empresa e aos seus produtos. Os padrões de compra que provocam a segmentação são racionais e devem propiciar uma visão da crescente participação de mercado dentro de um segmento. Muitas vezes pode acontecer de um segmento natural oferecer um nicho de mercado para uma empresa, permitindo que ela realize suas negociações sem a concorrência direta de seus maiores concorrentes nesse segmento.

Como apresentar os números

Dependendo do escopo do plano, os dados referentes às vendas/pedidos podem ser divididos em tabelas separadas geograficamente, por produto, por indústria ou sob todas essas categorias. De fato, qualquer maneira sensata de segmentar os números pode ser utilizada. Os números também podem ser dados separadamente em termos de valor e por quantidade de unidades.

É comum, quando produzimos tabelas de dados históricos, aumentar o formato do formulário a fim de incluir colunas para os anos que o plano de marketing cobrirá. As colunas para os anos futuros permanecem em branco por enquanto, uma vez que a tarefa atual é registrar os dados de vendas históricos e os atuais, mas isso depois facilitará a projeção dos números relativos às vendas de forma que possamos fazer comparações e ver as tendências. Tais tabelas podem ser facilmente preparadas como planilhas em programas de computador, como o Excel. As Figuras 4.1 e 4.2 mostram exemplos de como os números podem ser apresentados.

Números de Vendas							
Linha de produto: Produto A							
				← previsão →			
Ano	20X3	20X4	20X5	20X6	20X7	20X8	
$/Unidades (cancele quando apropriado)							
Brasil							
Outros países da América Latina							
Europa							
América do Norte							
Ásia							
Total							

Figura 4.1 Números das vendas apresentados geograficamente.

Números de Vendas							
Área de vendas: Brasil							
				← previsão →			
Ano	20X3	20X4	20X5	20X6	20X7	20X8	
$/Unidades (cancele quando apropriado)							
Produto A							
Produto B							
Produto C							
Total							

Figura 4.2 Números de vendas apresentados por produto.

Esses métodos de apresentação de dados históricos podem ser utilizados para bens de consumo, bens de produção ou serviços. Com qualquer produto pode haver tendências sazonais, como um incremento nos negócios antes do fechamento do ano fiscal ou antes da implementação de seu aumento de preços. No caso de produtos, como ovos de Páscoa, cartões de Natal e panetones, o elemento sazonal seria claramente considerável e afetaria a produção, a armazenagem, as finanças, a distribuição e o fluxo de caixa – na verdade, todos os elementos do negócio. Há, portanto, algum mérito em apresentar números adicionais para cada ano, mostrando os pedidos e as vendas mensais (veja o exemplo da Figura 4.3). Esse fator provavelmente é mais significativo no mercado de bens de consumo e de bens de consumo duráveis do que no de bens de produção.

Pensaremos, agora, em como os números poderiam ser apresentados por uma empresa hipotética que vende equipamentos para a indústria de laticínios. Seus maiores mercados são o Brasil, o restante da América Latina e os Estados Unidos.

Os números de suas vendas para os dois últimos anos e a previsão para o ano em curso são mostrados na Figura 4.4.

Números de vendas para 20X4													
Área de Vendas: Brasil													
	Jan.	Fev.	Mar.	Abr.	Maio	Jun.	Jul.	Ago.	Set.	Out.	Nov.	Dez.	20X4
$/Unidades													
(cancele quando apropriado)													
Produto A													
Produto B													
Produto C													
Total													

Figura 4.3 Números de vendas apresentados por mês.

Companhia Manufatureira de Equipamentos Ltda.							
Números de vendas – Reais							
Linha de produto: Todos os produtos							
				← previsão →			
Ano (todos os valores em $ mil)	20X3	20X4	20X5	20X6	20X7	20X8	
Brasil	200	240	230				
Outros países da América-Latina	950	950	950				
Estados Unidos	300	350	450				
Restante do mundo	150	160	170				
Total	1.600	1.700	1.800				

Figura 4.4 Apresentação dos números de vendas reais.

A figura mostra detalhes da entrada de pedidos nos dois últimos anos e a previsão para o ano em curso. Embora sejam conhecidos os números desde o começo do ano até hoje, eles não foram mostrados para manter a clareza. Eles estão como foram tirados do livro de pedidos e, uma vez que os preços foram aumentados de acordo com a inflação, esses números não refletem verdadeiramente o aumento do negócio durante esse período. Se os números desde o começo do ano até hoje sugerirem que a previsão original para o ano em curso é muito alta ou muito baixa, novos números deverão ser estimados.

A inflação e as flutuações da taxa de câmbio são dois problemas importantes que podem afetar a credibilidade dos números quando forem interpretados no planejamento de marketing.

A Figura 4.5 mostra o mesmo conjunto de números da Figura 4.4, mas, dessa vez foram corrigidos pela inflação. Presume-se que os aumentos de preços durante o período foram de 7% ao ano. Para voltar tudo aos valores de 20X3, os números referentes a 20X4 foram divididos por 1,07 e os valores de 20X5 divididos por 1,07 × 1,07.

Isso resulta em um quadro muito diferente do primeiro conjunto de números e mostra a importância de corrigir os números pela inflação. Estaremos nos enganando se não fizermos essa correção, porque estamos buscando tendências reais. É importante que as correções se baseiem na remoção de nossos aumentos de preços, os quais podem ser maiores, iguais, ou menores que os números da inflação publicados.

Os números corrigidos mostram uma generalizada queda real nas vendas de 2% no total durante o período de três anos, muito diferente do aumento gradual de 12,5%, que parecia ser o caso na Figura 4.4.

Companhia Manufatureira de Equipamentos Ltda.							
Números de Vendas – Corrigidos pela inflação							
Linha de produto: Todos os produtos							
				← previsão →			
Ano	20X3	20X4	20X5	20X6	20X7	20X8	
(todos os valores em $ mil) (aos preços de 20X3) Brasil	200	224	201				
Outros países da América Latina	950	887	830				
Estados Unidos	300	327	393				
Restante do mundo	150	150	148				
Total	1.600	1.588	1.572				

Figura 4.5 Apresentação dos números de vendas corrigidos pela inflação.

Uma análise adicional dos números também é esclarecedora:

- Houve uma constante diminuição, em termos reais, na entrada de pedidos da América Latina de 13% abaixo dos números relativos a 20X3.
- Não houve aumentos reais na entrada de pedidos do Brasil e do "restante do mundo".
- Os Estados Unidos se destacam, pois a entrada de pedidos chega a subir 31% durante o período – mas até isso poderia ser uma ilusão se esse ganho fosse puramente o resultado das variações da taxa de câmbio.

Os problemas de levar em conta a inflação e o efeito das variações da taxa de câmbio são bastante importantes para os números históricos em que as taxas de inflação e as taxas de câmbio já são conhecidas. Para fazer a previsão é ainda mais difícil, porque é necessário adivinhar quais serão a inflação e as taxas de câmbio futuras. Uma forma de evitar tais problemas é apresentar os números separadamente, com base no número de unidades vendidas, e não em seus valores. Isso proporciona uma indicação clara em relação ao aumento ou à diminuição das vendas de um produto específico. Na apresentação dos dados históricos, sempre devem ser incluídas informações que mostrem as tendências das vendas por volume e por valor. A Figura 4.6 mostra como esses tipos de dados podem ser apresentados.

Se muitos produtos diferentes forem manufaturados, pode ser útil realizar a análise anterior para os diversos produtos principais. É importante que a quantidade do produto vendido justifique uma análise tão detalhada e que você não tente analisar e tirar conclusões a partir de quantidades muito pequenas.

Companhia Manufatureira de Equipamentos Ltda.							
Vendas							
Linha de Produto: Filtros							
				← previsão →			
Ano (quantidade)	20X3	20X4	20X5	20X6	20X7	20X8	
Brasil	30	32	40				
Outros países da América Latina	15	18	45				
Restante do mundo	5	5	15				
Total	50	55	100				

Figura 4.6 Apresentação dos números de vendas por unidades.

Os números devem ser analisados criteriosamente, tanto como valores quanto volume de unidades. Se o número global da entrada de pedidos for de $ 2 milhões, não é significativo destacar um aumento na entrada de pedidos do Uruguai de 500% se os números iniciais forem iguais a $ 1.000 e os finais, $ 5.000.

As áreas-chave devem ser escolhidas de maneira lógica e notas de rodapé devem ser acrescentadas quando necessário. Se os maiores mercados forem os Estados Unidos e o Japão, eles devem ser destacados e separados de alguma forma. Não faz sentido mencionar o "Extremo Oriente" se 98% das vendas para o Extremo Oriente forem para o Japão. Neste caso, destaque o Japão, e inclua o restante dos pedidos do Extremo Oriente sob o título "restante do mundo".

As informações reunidas até aqui dão uma visão detalhada de como as vendas históricas aumentaram ou diminuíram no decorrer dos últimos três anos. Não indicam se as vendas estavam dentro do orçamento ou se foram lucrativas. Essa informação é de importância considerável. A variação das vendas em relação ao orçamento indicará se a previsão foi bem-feita e pode sugerir que há outras áreas problemáticas que precisam ser analisadas. (A organização das vendas pode não ser adequada para a situação ou o produto pode estar se aproximando do final de seu ciclo de vida.)

A *lucratividade* dessas vendas é importantíssima. Se o produto não for lucrativo, é necessário descobrir por que isso acontece e determinar um plano de ação para retificar a situação.

Os números precisam ser obtidos e apresentados de uma forma que mostre as vendas em relação ao orçamento e à lucratividade.

Um formato mais completo para a apresentação de dados é mostrado na Figura 4.7.

Seria uma expansão no plano para incluir as previsões de vendas e do lucro bruto. Mostra como é importante comparar os números de vendas com as previsões e analisar os lucros e as margens. Neste caso, a empresa está aumentando as vendas de seus produtos menos lucrativos enquanto as vendas de seus produtos mais lucrativos estão em queda. Ela também não previa essa situação.

Companhia Manufatureira de Equipamentos Ltda.										
Números de Vendas										
Área de vendas: Brasil										
Ano	20X3			20X4			20X5			Comentários
(valores em milhares)	Vendas $	Previsão $	Lucro bruto %	Vendas $	Previsão $	Lucro bruto %	Vendas $	Previsão $	Lucro bruto %	
Filtros	50	40	40	80	60	40	95	90	40	
Válvulas	50	40	30	80	60	30	85	100	30	
Componentes	100	100	60	90	110	60	70	90	60	
Total	200	180	47,5	250	230	44	250	280	42,2	

Figura 4.7 Apresentação dos números de vendas em relação à previsão mostrando o lucro bruto.

É necessário acrescentar uma observação aqui. Uma empresa que apresenta os números mostrados na Figura 4.7 certamente teria de examinar a situação em detalhes. Contudo, as relações entre os custos, as vendas e os lucros nem sempre são aquilo que parecem. A alocação desproporcional de gastos gerais para um produto pode fazê-lo parecer menos lucrativo do que realmente é, e pode valer a pena ter negócios marginais, mesmo com margens reduzidas. Mais informações sobre técnicas de custeio e orçamento são fornecidas no Capítulo 10.

O plano para o mercado doméstico

Quando analisamos os números para o mercado doméstico ou quando montamos um plano de marketing puramente para ele, é prudente analisar os números em detalhe. Tais números podem muito bem referir-se a áreas em que as vendas estão baixas por causa de uma cobertura de vendas insatisfatória e o potencial pode ser muito mais elevado.

Suponhamos que os números fornecidos na Figura 4.8 sejam referentes a um novo produto introduzido em 20X4. A partir desses números, podemos deduzir que o produto foi introduzido primeiramente no sul do Brasil em 20X3, só foi introduzido no sudeste em 20X4 e no norte, nordeste e centro-oeste após 20X5.

Poderíamos analisar também as vendas nas várias áreas e comparar esses números com o tamanho da indústria de laticínios nas áreas específicas. Os números mostram claramente o crescimento mais rápido e mais firme no sul, o que muito provavelmente é o caso com os equipamentos vendidos para a indústria de laticínios. Se o equipamento fosse um produto vendido apenas para a indústria pesada, poderíamos esperar que os maiores mercados e o maior crescimento estivessem no sudeste.

E se for um produto inteiramente novo?

Quando preparamos um plano de marketing para um produto inteiramente novo, é provável que não haja nenhum dado de vendas histórico. Há, é claro, situações em que o produto está ocupando o lugar de outro produto e, nesses casos, devemos utilizar os dados históricos do produto substituído. Devemos prestar a devida atenção, porém, às mudanças nas especificações do novo produto que podem ampliar sua aplicação.

Companhia Manufatureira de Equipamentos Ltda.				
Números de Vendas				
Área de Vendas: Brasil Produto: Unidades de monitoração de produção de leite				
Ano (todos os valores em $ mil)	20X3	20X4	20X5	20X6 (previsão)
Sul	10	20	50	100
Sudeste		5	10	20
Centro-oeste		5	10	30
Norte		5	15	30
Nordeste		5	10	20
Total Brasil	10	40	95	200

Figura 4.8 Números de vendas de um novo produto no mercado doméstico.

Mesmo que não haja dados históricos relativos ao produto, uma pesquisa de mercado teria de ser realizada para determinar o tamanho do mercado, a concorrência e outros fatores para calcular o mercado potencial do produto. Os métodos utilizados são os mesmos que os utilizados para fazer as projeções do mercado potencial de qualquer produto, que será abordado no Capítulo 6.

Desempenho do mercado

Para inserir as informações coletadas no contexto, é necessário comparar os dados de alguns anos e também comparar seus números com as informações de mercado, produzidas utilizando o método mostrado no Capítulo 3.

Você precisa fazer uma série de perguntas:

- Qual é o tamanho total do mercado para seus produtos/serviços na área geográfica escolhida (por exemplo, o Brasil ou o Mercosul)?
- Como o mercado mudou nos últimos três anos?
- Qual é a sua participação de mercado para cada grupo de produto/segmento de mercado?
- Como sua participação evoluiu nos últimos três anos?
- Quem são seus maiores concorrentes?
- Quais foram as suas vendas nos últimos três anos na área geográfica escolhida?
- Quais foram as suas participações de mercado nesses mercados nos últimos três anos?

Com os dados históricos de vendas reunidos neste capítulo, você será capaz de comparar seus números de vendas reais com os números do mercado global, provavelmente, terá alguns dados sobre as vendas de seus concorrentes, o que lhe permitirá montar um quadro mais completo.

No Capítulo 6, você verá como esses dados podem ser inseridos nas projeções e como estabelecer objetivos para o plano de marketing.

O uso de bancos de dados

O amplo uso da tecnologia de computadores revolucionou a capacidade de até mesmo empresas pequenas possuírem bancos de dados bem completos. O software tornou-se muito mais amigável do que no passado. Atualmente, há programas padronizados para a automação de escritórios que podem ser customizados para o uso de uma empresa específica. Muitas empresas manufatureiras instalaram sistemas de planejamento de recursos materiais (*materials resource planning* — MRP) baseados em um computador que, na prática, trabalha com o banco de dados da entrada de pedidos e vendas atuais e projetadas da empresa. Esses sistemas normalmente incluem um pacote financeiro e de vendas com a facilidade de extrair informações do banco de dados com o propósito de análise das vendas. Uma análise adicional útil pode ser executada se for possível separar os clientes por códigos SIC e dividir a entrada de pedidos relacionados a esses setores específicos.

Cada pedido recebe o código SIC pertinente à indústria para a qual se está vendendo e o trabalho de análise é executado sobre os códigos. As informações podem ser obtidas com base nos valores e nos números de unidades de diferentes produtos vendidos para as diferentes indústrias.

Mesmo agora, se sua empresa ainda não tiver um sistema de automação de escritórios ou se o sistema não incluir os parâmetros que deseja medir, ainda assim é possível utilizar computadores com programas de banco de dados para analisar dados.

A maioria das empresas tem atualmente um sistema computadorizado, que oferecem informações sobre as vendas faturadas. Em alguns casos, talvez, isso signifique que alguém terá de analisar todos os dados de pedidos feitos nos últimos três anos e extrair as informações relevantes para colocá-las manualmente em um banco de dados.

Não há desculpas para que as empresas – ainda que pequenas – não guardem certas informações em bancos de dados para usar no planejamento de marketing porque, mesmo que o computador da empresa não forneça as informações, tais bancos de dados podem ser preparados pelo próprio departamento de vendas e de marketing e rodar em computadores pessoais comuns. Podem ser ligados em rede para que as informações sejam partilhadas. Em uma rede, o arquivo principal é mantido em um servidor e pode ser alterado por qualquer usuário, para que esteja sempre atualizado. Esses PCs podem ser utilizados com pacotes de software de escritório, como o Microsoft Office, que oferecem programas de processamento de texto, planilha e banco de dados, e as informações podem ser transferidas entre os programas.

Um banco de dados informatizado pode ser uma ferramenta poderosa e não é necessário ter um conhecimento detalhado de informática para utilizá-lo. A maneira mais simples é utilizar as funções de banco de dados nos programas de planilhas, como o Microsoft Excel, que lhe permitem classificar os dados por ordem alfabética, numérica ou por datas. O passo seguinte é inserir os dados em um software de uso integrado da empresa.

A diferença entre os aplicativos de planilha e os de bancos de dados é que o primeiro trabalha essencialmente com duas dimensões e o aplicativo de banco de dados com três dimensões. Dessa forma, as possibilidades de classificar e analisar dados são maiores em um verdadeiro banco de dados.

Antes de montar seu banco de dados, determine *todos* os parâmetros que deseja registrar – não só no momento atual, mas no futuro. No momento, você pode estar interessado apenas em saber quantas unidades foram vendidas nos últimos três anos, e não seu tamanho ou cor, mas é prudente montar a lista de dados para que o banco de dados inclua outros parâmetros que possam ser necessários ao futuro trabalho de análise. Um banco de dados é efetivamente um conjunto de entradas individuais de dados que podem ser selecionadas pelo computador de diversas formas diferentes. Pode selecionar com facilidade por cor, tamanho da unidade ou código industrial do cliente.

Com a transparência dos aplicativos atuais, é muito fácil inserir os dados numa planilha do Excel e transferi-los regularmente para um banco de dados para futuro processamento. Também é possível manter uma comunicação dinâmica entre os dois programas, de modo que quando um dado é modificado em um aplicativo o outro é automaticamente alterado.

Antes de transferir os dados da planilha para o banco de dados, certifique-se de que o formato é apropriado para uma tabela do banco de dados. Por exemplo, veja se há os mesmos campos em todas as linhas e que a informação em cada coluna é do mesmo tipo.

Depois de um banco de dados instalado, ele deverá ser continuamente atualizado de forma que possa ser analisado como e quando necessário pelo departamento de marketing.

Números de Vendas				
Linha de Produto: Filtro-padrão				
(todos os valores em $ mil)				
Ano	20X3	20X4	20X5	20X6
Brasil	200	250	250	300
Outros Países da América Latina	950	1000	950	1000
Estados Unidos	300	380	410	500
Restante do Mundo	150	170	190	200
Total	1600	1800	1800	2000

Figura 4.9 Planilha do Excel.

Naturalmente, a vantagem dos sistemas de automação de escritórios é que esses dados fazem parte da entrada normal no momento em que um pedido é introduzido no sistema e não têm de ser inseridos duas vezes.

A maioria dos bancos de dados só apresenta os dados finais como listas ou, na melhor das hipóteses, como uma planilha. Em marketing, a qualidade da apresentação é importantíssima e você deve utilizar em seu plano de marketing todos os meios possíveis para preparar as tabelas e gráficos da maneira mais profissional e clara que puder. Lembre-se de que as imagens e os gráficos sempre enfatizam um pouco mais que os números e que a cor tem melhor efeito que preto-e-branco.

A vantagem dos pacotes de programas integrados para escritórios é que eles normalmente incluem um programa de apresentação de alta qualidade. Os gráficos podem ser preparados no Excel, mas o Microsoft Office inclui o programa de apresentação PowerPoint, e os dados e imagens podem transferidos entre os dois programas.

Exemplos de informações apresentadas em planilhas e gráficos do Excel são mostradas nas Figuras 4.10 e 4.11.

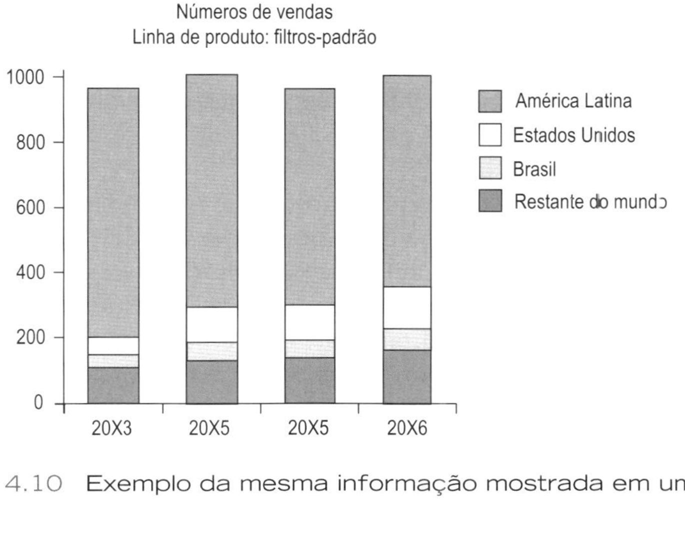

Figura 4.10 Exemplo da mesma informação mostrada em um gráfico.

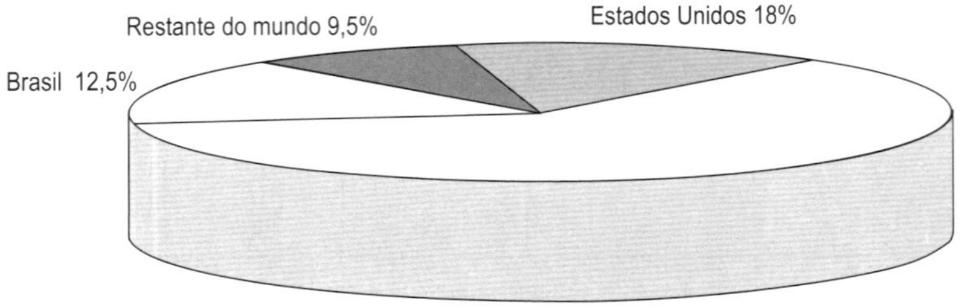

Figura 4.11 Outro exemplo.

Resumo

Sua empresa é uma valiosa fonte de dados que são utilizados em seu plano de marketing. Esses dados históricos "internos" precisam ser adicionados às informações mais gerais de mercado coletadas por meio das técnicas apresentadas no Capítulo 3.

Os dados devem ser apresentados de forma que mostrem:

- vendas faturadas;
- número de unidades vendidas;
- vendas comparadas com os orçamentos; e
- lucros brutos.

As informações devem ser coletadas e apresentadas de maneira que reflitam os principais segmentos de mercado onde seu produto é vendido. Para os produtos e mercados cobertos por seu plano, você deve coletar e apresentar as informações que remetem a dois ou três anos atrás e com a previsão de vendas para este ano.

As informações históricas devem ser apresentadas em um formato que também inclua um espaço para os dados previstos, mesmo que seja deixado em branco nessa etapa. Se as vendas sazonais forem uma parte significativa das vendas totais, as informações também devem ser apresentadas de forma que mostrem as vendas mensais durante o ano todo. Você deve indicar o efeito da inflação/aumentos de preços e as flutuações nas taxas de câmbio sobre os números que apresentar. Deve também apresentar o cálculo do número de unidades vendidas, porque essa é uma medida que não é alterada pela inflação.

Você não deve incluir os números individuais que sejam pequenos demais para ser relevantes. Mais detalhes e números individuais menores podem ser mais relevantes em um plano para o mercado doméstico do que para um plano global.

Ainda que, provavelmente, não existam dados históricos sobre um produto novo, será realizada uma pesquisa de mercado para determinar o tamanho do mercado, reunir informações sobre a concorrência e estimar o potencial do mercado.

As informações coletadas precisam ser inseridas no contexto em relação às informações de mercado coletadas da maneira delineada no Capítulo 3 e as informações de ano para ano precisam ser comparadas e contrastadas.

Os bancos de dados corporativos podem fornecer informações úteis para essa pesquisa interna de mercado e, depois de montados, continuarão a fornecer tais informações para futuros planejamentos de marketing.

Questões

1. Identifique as bases para se realizar a segmentação de clientes. Quais são as abordagens mais utilizadas? A segmentação responde a quais perguntas?
2. Que tipo de segmentação você utilizaria para os seguintes produtos e serviços:

   - Curso de culinária;
   - Impressora multiuso;
   - Comida congelada;
   - Automóvel utilitário (SUV);
   - Janelas anti-ruído.

   Explique sua escolha.
3. Comente sobre o papel das novas tecnologias e sua utilização na segmentação e comunicação com o público-alvo.
4. Quais são os principais problemas encontrados na busca e manuseio de informações?
5. Quais são os números mais importantes para o negócio? Até que ponto no passado deve-se ir em busca desses números?

Exercício

Visite três sites de empresas de bens de consumo ou serviços. Observe as informações e descreva como considera a segmentação desses produtos, e quais técnicas foram utilizadas para essa segmentação.

Estudo de caso

Brasil é prioridade para a MasterCard no mundo

"O Brasil está entre os dez países que são prioridades mundiais da Mastercard, bandeira de cartões de crédito e débito que está presente em mais de 210 mercados pelo mundo. Na América Latina, é o país que apresenta as maiores taxas de crescimento.

As operações da MasterCard nos Estados Unidos, Canadá e América Latina respondem por 60% do faturamento mundial da empresa. Os mercados norte-americano e canadense são muito maduros, com taxas de crescimento menores. Lá, cada pessoa tem, em média, de três a quatro cartões e o mercado de débito já está praticamente coberto.

Já o Brasil está em uma categoria diferente, com um mercado mais estabelecido e segmentado, onde boa parte da população ainda não tem acesso aos produtos de crédito e débito. Nos Estados Unidos e Canadá, cerca de 70% dos pagamentos são feitos com cartões. Na América Latina, a média fica na casa dos 15%.

Para crescer no Brasil, a segmentação é uma das estratégias da MasterCard. Ela desenvolveu produtos voltados especialmente para a classe alta (como o cartão Black) e outros para a classes de menor renda (principalmente produtos de débito).

Para incentivar o uso do débito, a idéia é aumentar a rede de aceitação dos plásticos, credenciando pequenos estabelecimentos que tradicionalmente não aceitavam cartões, contou ao *Valor*, Richard Hartzell, presidente da MasterCard para a América Latina e Caribe. A bandeira tem 650 mil terminais (conhecidos como POS) e 950 mil estabelecimentos afiliados.

A América Latina tende a ter crescimento acelerado: melhora da economia da região, o fato de mais estabelecimentos estarem interessados em aceitar cartões e, ao mesmo tempo, mais bancos interessados em emitir os plásticos."

Fonte: Extraído e adaptado de *Valor Econômico on-line* em 25/08/2006.
http://www.valoronline.com.br/

Perguntas

1. De que forma o estilo de vida afeta a segmentação de mercado?
2. Que bases de segmentação de mercado foram possivelmente utilizadas pela operadora de cartões de crédito?

Capítulo 5

Análise da situação – pontos fortes e fracos: como você se compara com a concorrência?

Concluir a pesquisa de marketing e coletar os dados históricos sobre sua empresa e seus produtos é apenas o primeiro passo. Você precisa analisar essa informação e apresentá-la de maneira que possa ser utilizada no planejamento. Antes de determinar seus objetivos de marketing e suas estratégias futuras, é necessário entender claramente a posição atual de sua empresa e de seus produtos no mercado. A análise da situação é um processo que ajuda a fazer isso ao:

- analisar o clima econômico e de negócios;
- considerar onde a empresa está em seus mercados estratégicos e principais áreas de vendas;
- examinar os pontos fortes e fracos da empresa – sua organização, seu desempenho e seus principais produtos;
- comparar a empresa com seus concorrentes; e
- identificar as oportunidades e ameaças.

Os resultados dessa análise serão incluídos no plano sob os títulos:

- suposições;
- vendas;
- principais produtos;
- mercados estratégicos; e
- principais áreas de vendas.

Os objetivos de marketing só podem ser estabelecidos depois que o processo de análise da situação estiver completo. Os resultados da análise também serão utilizados para determinar as estratégias e táticas. Dessa maneira, a análise da situação é a chave para a preparação de qualquer plano de marketing.

Suposições

A primeira parte da análise da situação envolve a análise do clima econômico e de negócios. Isso acontece, pois todos os planos de marketing devem se basear em um conjunto de suposições que determinarão o que pode e não ser conquistado. Devem ser poucas e se relacionar apenas às questões fundamentais.

Se for possível implementar o plano independentemente de uma suposição, ela não é necessária e deverá ser retirada do plano. As únicas suposições incluídas no plano devem ser de planejamento fundamentais, que afetariam significativamente a probabilidade de os objetivos de marketing serem alcançados. Normalmente, seriam relacionadas aos fatores externos sobre os quais a empresa não exerce controle. Podem incluir itens como:

- Taxa de crescimento do mercado – Os mercados estão em expansão? É provável que haja uma recessão?
- Taxa de câmbio – Que efeito uma moeda desvalorizada ou valorizada teria sobre o plano? Quais são as principais moedas que precisam ser consideradas?
- Taxas de juros – Têm probabilidade de subir ou cair? Como isso afetará o negócio?
- Planos ou legislação governamentais – Existe qualquer legislação governamental planejada que causará impacto no plano?
- Mão-de-obra – Até que ponto é fácil/difícil recrutar e manter o pessoal?

As suposições serão transportadas para o plano escrito, mas devem ser constantemente revistas, tanto na etapa de planejamento como durante a implementação do plano, conforme as circunstâncias.

Vendas

Desempenho da empresa

O desempenho da empresa em termos de vendas e lucros referentes aos principais produtos nas principais áreas será conhecido a partir dos dados históricos de vendas coletados no Capítulo 4. Agora você precisa olhar para esses dados e analisá-los. Eles serão apresentados na seção "vendas" do plano de marketing. Além disso, será necessário pensar nas tendências das vendas:

- Quais são as tendências das vendas de seu produto/serviço?
- Como as vendas/lucros se comparam com os alvos estabelecidos ano a ano durante os últimos três anos? Sua previsão é boa?
- Que porção de sua empresa diz respeito a novos negócios?
- Como isso se compara com o crescimento dos negócios atuais?

- Como os índices de desempenho de sua empresa se comparam com os de seus concorrentes?
- Como o crescimento das vendas de sua empresa se compara com o crescimento dos principais concorrentes?
- Qual é a sua participação de mercado estimada para os principais produtos nos principais mercados? Como isso tem se modificado no decorrer dos últimos três anos?
- Por que os clientes compram seus produtos/serviços?
- Por que os clientes não compram seus produtos/serviços?
- Você registra as vendas perdidas e descobre por que elas foram perdidas?
- Como os seus preços se comparam com os de seus principais concorrentes?

Agora você precisa levar em consideração os segmentos de seu principal mercado, tanto geograficamente quanto por indústria ou segmento industrial. Eles são os seus "mercados estratégicos" e as "principais áreas de venda".

Mercados estratégicos

Os mercados estratégicos são os "setores de mercado" ou "setores econômicos", e não mercados geográficos. Se o plano de marketing destina-se a uma completa variedade de produtos em todos os setores econômicos, seus mercados estratégicos são os principais setores para os quais o produto é vendido. Se o plano de marketing refere-se a um produto de um único setor, os mercados estratégicos são as principais áreas de aplicação desse único setor.

Os mercados estratégicos para um fabricante de equipamentos para laticínios seriam:

- produtores de leite;
- produtores de queijo;
- produtores de manteiga;
- produtores de iogurte;
- distribuidores de leite; e
- instalações de ordenha.

Para uma empresa que oferece pacotes de férias, os mercados estratégicos podem ser:

- férias no Brasil;
- mercado de pacotes turísticos de primeira classe;
- mercado de pacotes turísticos econômicos; e
- vôos fretados.

Para os seus mercados estratégicos, você precisa detalhar as informações sobre o tamanho de cada mercado, taxas de crescimento, e sua própria posição em cada mercado agora e no futuro.

Principais áreas de vendas

As áreas de vendas, no contexto de um plano de marketing, significam as regiões geográficas. A maneira como divide suas áreas de vendas dependerá de como define seus mercados dentro de sua empresa.

O mercado brasileiro normalmente seria separado em uma das seguintes maneiras:

- cinco regiões;
- grandes centros consumidores;
- capitais e interior.

Os mercados externos podem ser classificados como:

- Europa/América do Norte/América Central/Ásia/África/Austrália; ou
- União Européia/Mercosul/Estados Unidos/restante do mundo; ou
- União Européia/Mercosul/Estados Unidos/Japão/restante do mundo.

Pode haver outros motivos, além dos geográficos, para que os mercados sejam classificados juntos. A empresa pode ter subsidiárias ou associadas em certos países e pode querer registrar detalhes dessas empresas separadamente. Para uma empresa que tenha subsidiárias na Alemanha, nos Estados Unidos e na Austrália, os mercados poderiam ser classificados como: dentro da empresa/outros países da Europa/outros países das Américas/Ásia/África.

Mercado doméstico

Tentar montar um plano mundial para um produto pode ser uma tarefa desencorajadora caso nunca tenha tentado fazer um plano de marketing anteriormente. É melhor preparar um plano para o seu mercado doméstico primeiro, uma vez que este é o mercado com o qual você está mais familiarizado e também é o mercado para o qual as informações estarão mais prontamente disponíveis.

Ainda que normalmente levemos em consideração apenas as principais ou maiores áreas de vendas em um plano de marketing, o mercado doméstico é uma grande exceção, pois é comum detalhar-se todas as áreas do mercado doméstico, por mais baixos que possam ser os seus níveis de entrada de pedidos atuais ou projetados.

Mercados externos

Os mercados externos são um tanto diferentes. Há mais de 190 países no mundo e, devido às extremas flutuações nas condições do mercado, nem mesmo a mais ambiciosa pessoa de marketing pensaria em vender para todos eles.

Haverá principais áreas de vendas no exterior e, antes de qualquer coisa, elas devem ser claramente identificadas. Tendo feito isso, o próximo passo é escolher de maneira sensata entre preparar um plano de marketing para o produto em todos os mercados externos ou preparar vários planos regionais. Se a sua empresa exportar 70% de seu movimento e metade dessas exportações for para um mercado – digamos, para os Estados Unidos –, seria claramente sensato preparar um plano para os Estados Unidos e um plano para o restante do mundo. A maioria das empresas poderia, felizmente, preparar apenas um plano global para todos os mercados externos.

Ao preparar o seu plano para os mercados externos, primeiro identifique as principais áreas de vendas no exterior para o seu produto. Isso incluiria tanto as principais áreas de vendas existentes como as principais potenciais.

Se o seu produto for commodities agropecuárias, suas principais áreas de vendas no exterior provavelmente são: Estados Unidos, União Européia, China e Rússia.

Se o seu produto destina-se a uso em regiões desérticas, as principais áreas de vendas provavelmente são: Estados Unidos/Austrália/África do Sul/Arábia Saudita/Países do Golfo/Norte da África.

Você deve selecionar apenas as *principais* áreas e não tentar cobrir tudo.

Vamos supor que tenha escolhido dez principais áreas de vendas. Divida essas áreas em grupos lógicos – digamos, América Latina, Europa, Estados Unidos e Ásia. Coloque o grupo com a maior entrada de pedidos atualmente em primeiro lugar e faça um resumo da situação passada e presente de cada área e o potencial futuro. Também devem ser incluídas observações sobre a cobertura do distribuidor/agente (se for o caso) e a situação da concorrência nesse mercado.

Análise SWOT

O processo fundamental utilizado na análise da situação é a análise SWOT, que significa:

Strengths and **W**eaknesses as they relate to our **O**pportunities and **T**hreats in the marketplace.

Em português, "Pontos Fortes e Pontos Fracos e suas relações com nossas Oportunidades e Ameaças no mercado".

Os pontos fortes e os pontos fracos referem-se à empresa e aos seus produtos, ao passo que as oportunidades e as ameaças comumente são consideradas fatores externos sobre os quais a empresa não exerce controle. A análise SWOT envolve entender e analisar seus pontos fortes e fracos e identificar as ameaças ao seu negócio, bem como as oportunidades no mercado. Dessa maneira, você pode tentar explorar seus pontos fortes, superar seus pontos fracos, agarrar as oportunidades e defender-se das ameaças. Essa é uma das partes mais importantes de todo o processo de planejamento. A análise SWOT faz as perguntas que lhe permitirão determinar se a sua empresa e o seu produto realmente serão capazes de satisfazer o seu plano e quais serão as limitações. É importante ser completamente honesto quando listar seus pontos fortes e fracos.

Os pontos fortes e os pontos fracos incluem não apenas os pontos fortes e fracos de sua empresa e de seus produtos mas também os de seus concorrentes, uma vez que eles determinarão até que ponto você terá sucesso na implementação de seu plano.

Deve-se observar, também, que algo que seria um ponto forte para um poderia ser um ponto fraco para outro: ser uma empresa pequena provavelmente resultará em uma abordagem flexível aos clientes (ponto forte), mas a empresa não terá as vantagens de organização e as economias da escala de fabricação e compra de uma grande empresa (ponto fraco).

Algumas das "oportunidades" e "ameaças" serão desenvolvidas a partir dos "pontos fortes" e "pontos fracos" da empresa e de seus produtos, mas a maior parte delas será derivada do ambiente de marketing, do desenvolvimento de segmentos fundamentais de mercado e, é claro, da concorrência. Uma oportunidade é algo que pode ser explorado em seu favor, de forma que poderia ser um de seus pontos fortes ou um dos pontos fracos de seu concorrente. Poderia, igualmente, ser uma oportunidade provocada por um mercado em expansão ou pela entrada em um novo mercado. As ameaças podem existir de fato ou podem ser ameaças potenciais em algum momento do futuro. Uma ameaça pode ser apresentada por um concorrente com preços baixos, mas também pode ser o resultado de uma legislação governamental planejada ou de uma queda potencial de uma taxa de câmbio específica.

Ao realizar uma análise SWOT, é comum listar os pontos fortes, os pontos fracos, as oportunidades e as ameaças na mesma página. Isso pode ser feito de diversas maneiras. Os quatro tópicos podem ser dispostos no alto da página em quatro listas verticais preparadas. Um efeito melhor pode ser obtido dividindo-se a página em quatro retângulos e colocando-se os pontos fortes e os pontos fracos nos retângulos de cima e as oportunidades e as ameaças nos retângulos de baixo, como mostra a Figura 5.1.

O número de análises SWOT individuais dependerá do escopo de seu plano. Primeiro, realize uma análise SWOT de sua empresa e de sua organização. Depois, faça o mesmo em relação aos seus principais concorrentes e aos produtos, áreas geográficas e segmentos de mercado cobertos pelo plano. Deve ser feita uma lista com as características dos principais produtos e os benefícios que essas características proporcionam ao cliente. Para as áreas geográficas (principais áreas de venda) e para os segmentos de mercado (mercados estratégicos), nosso principal interesse está nas oportunidades e nas ameaças. As principais análises SWOT serão incluídas nas seções relevantes do plano escrito.

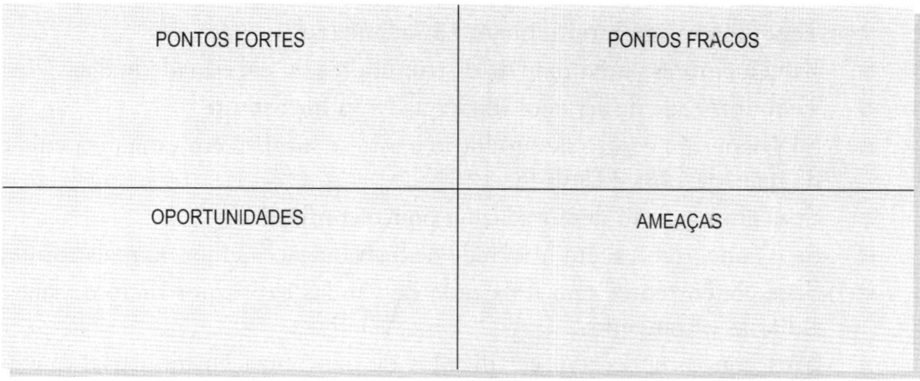

Figura 5.1 Apresentação da análise SWOT.

Nas próximas seções, daremos exemplos do que pode ser considerado ponto forte e fraco, oportunidade e ameaça, e do tipo de pergunta que pode ser feita na realização de uma análise SWOT.

Organização da empresa

Antes de pensar em seu produto e em seus mercados, você precisa entender como a sua empresa e sua organização afetarão o seu negócio. É necessário listar os pontos fortes e os fracos e levar em consideração quaisquer ameaças e oportunidades.

Os *pontos fortes* de uma empresa e sua organização poderiam ser:

- Para uma grande empresa – ela é conhecida no mercado – tem bons recursos.
- Para uma empresa pequena – ela pode ser mais flexível.
- Tem um bom departamento de vendas interna.
- Tem um bom departamento de vendas externa.
- Tem uma boa rede de distribuição.
- Tem uma rede de vendas cativa que abrange o território brasileiro.
- A empresa fabrica no Brasil.
- O fato de a empresa possuir vários certificados de padronização industrial.
- Tem uma imagem de "qualidade".

Os *pontos fracos* poderiam ser:

- É uma empresa pequena – os concorrentes são maiores e mais conhecidos no mercado.

- Tem uma equipe interna de vendas inadequada.
- Tem uma organização de vendas externa inadequada ou incompleta.
- O fato de o gerente de vendas precisar ser substituído.
- Há uma incapacidade para recrutar pessoas satisfatoriamente.
- Tem uma imagem ruim quanto à "qualidade".
- Falta à empresa uma rede de distribuidores ou ela é inadequada.
- Tem uma rede de serviços inadequada ou inexistente.
- Só possui um centro de produção e este se localiza em uma área cujo custo da mão-de-obra é elevado.
- Suas entregas são demoradas ou pouco confiáveis.
- Seus concorrentes têm uma rede de distribuição melhor ou mais completa.
- Seus concorrentes têm uma rede de vendas cativa por meio de suas subsidiárias estrangeiras.
- Seus concorrentes têm certificados de padronização industrial que a empresa não tem.

As *oportunidades* poderiam ser:

- A empresa teve o controle acionário assumido por uma empresa que é um grande cliente potencial para seus produtos.
- A empresa fundiu-se recentemente com outra, conquistando a vantagem da economia de escala na atividade manufatureira.
- Investimentos recentes deram à empresa uma margem sobre os seus concorrentes.

As *ameaças* poderiam ser:

- Seu maior cliente assumiu recentemente o controle de seus maiores concorrentes.
- A valorização do real torna os produtos da empresa menos atraentes nos mercados estrangeiros.
- Os concorrentes estrangeiros estão construindo uma nova fábrica no Brasil.

Um exemplo de análise SWOT de uma empresa é mostrado na Figura 5.2

A análise SWOT será utilizada no desenvolvimento do plano de marketing. Todas as quatro seções têm utilidade para nós. Os pontos fortes podem ser mais explorados pela empresa em sua propaganda e promoção de vendas e os pontos fracos fornecem uma lista de itens que precisam ser melhorados. As oportunidades precisam ser exploradas no plano, e planos de contingência podem ser preparados para responder às ameaças.

PONTOS FORTES	PONTOS FRACOS
Empresa grande Parte de um grande grupo brasileiro Tamanho – a maior no Brasil Imagem boa – alto nível Bons recursos – financeiros – técnicos – marketing – Pesquisa e Desenvolvimento	Localização da fábrica Pouco conhecida no exterior Falta de flexibilidade Recentemente reestruturada
OPORTUNIDADES	**AMEAÇAS**
Explorar os mercados externos Desenvolver novos produtos Desenvolver mais economias de escala	Concorrência asiática com produtos de preço baixo Países vizinhos firmando acordos bilaterais com os EUA

Figura 5.2 Análise SWOT de uma grande empresa.

AVALIAÇÃO DA EQUIPE		
Nome/Cargo	Pontos Fortes	Pontos Fracos

Figura 5.3 Formulário de avaliação da equipe.

Além de realizar uma análise SWOT sobre a empresa, você também pode utilizar a técnica no departamento de vendas e para avaliar seu pessoal e a equipe de vendas. Isso lhe permitirá entender onde estão seus pontos fortes e fracos nessas áreas. As perguntas típicas que você teria de responder são dadas a seguir:

Estrutura

- Você tem um organograma claro de seu departamento e de sua empresa? Ele é amplamente divulgado em sua empresa?

- A estrutura da empresa se modificou para atender aos mercados em mudança ou ela é fixa e é provável que permaneça assim?
- Você tem um número muito baixo ou muito elevado de funcionários nas principais áreas?

Equipe

- Quais são os pontos fortes e fracos de cada membro de sua equipe?
- Com que freqüência realiza reuniões de vendas?
- Você e sua equipe precisam de treinamento de vendas? Se sim, em quais áreas?
- A sua equipe tem descrições de cargos? São atualizadas com regularidade?
- Qual é o índice de rotatividade de sua equipe? É alto ou baixo?
- A relação entre os membros dos diferentes departamentos é boa?
- A sua equipe conhece os objetivos da empresa e do departamento?

Equipe de vendas

- Sua equipe de vendas tem conhecimento suficiente do funcionamento de outros departamentos?
- Você tem um programa de treinamento apropriado para os seus principais vendedores?
- Suas bonificações/comissões são suficientemente relacionadas ao desempenho?
- Os integrantes da equipe trabalham para atingir alvos de vendas em base semanal/mensal/anual?
- Você realiza avaliações regulares de cada membro da equipe?
- Se você morresse/saísse, quem assumiria o seu lugar? Há um plano de sucessão adequado para as pessoas fundamentais no departamento de vendas?
- Quando você participou do último curso de treinamento?
- Quando testou o conhecimento do produto de sua equipe de vendas em relação a seus produtos? E aos dos concorrentes?
- Como você mede/avalia o desempenho individual?
- Como sua equipe de vendas utiliza o dia de trabalho? Você tem analisado isso?
- Sua equipe de vendas é dividida por área geográfica ou por produto?

Agora você deve executar uma avaliação completa dos pontos fortes e fracos de toda a sua equipe. Seria oportuno que os gerentes realizassem individualmente avaliações de suas equipes. A Figura 5.3 mostra um exemplo de formulário a ser empregado nessa avaliação.

Os resultados das avaliações individuais permaneceriam confidenciais, mas as informações fundamentais seriam utilizadas na análise SWOT do departamento de vendas.

Uma análise SWOT típica de um departamento de vendas é dada na Figura 5.4.

PONTOS FORTES	PONTOS FRACOS
Boa equipe de gerência de vendas Grande equipe de vendas de campo no Brasil Equipe de vendas altamente qualificada Boa rede de distribuidores no Brasil Escritórios novos e modernos Tem especialistas do ramo	Muitas pessoas novas na equipe – precisam de experiência É necessário um treinamento da equipe Banco de dados de informação disponível é limitado O gerente de vendas precisa ser substituído Cobertura limitada dos mercados de exportação
OPORTUNIDADES	**AMEAÇAS**
Expandir a participação de mercado nos mercados existentes Desenvolver novos mercados	Não existe um sucessor lógico para o diretor de vendas e de marketing Concorrentes estão expandindo suas equipes de venda de campo Concorrentes estrangeiros têm uma distribuição melhor nos mercados externos

Figura 5.4 Análise SWOT do departamento de vendas.

Novamente, a lista de pontos fracos precisa ser analisada e é mais fácil propor o curso de ação apropriado se analisada por departamentos que pela empresa toda. Os pontos fortes e as oportunidades podem ser explorados.

A concorrência

O desempenho de sua empresa precisa ser comparado ao de seus maiores concorrentes. A ameaça da concorrência geralmente só vem de algumas empresas e você deve ser capaz de identificá-las.

Você precisa definir:

- quem são seus maiores concorrentes;
- produtos e serviços que eles oferecem; e
- quais são seus pontos fortes e fracos.

Maiores concorrentes

Você só deve levar em consideração os maiores concorrentes e não cada concorrente em separado. Inicialmente, é necessário comparar a posição financeira de sua empresa e a de seus concorrentes utilizando as informações publicadas, como os relatórios anuais das empresas. Informações adicionais podem ser obtidas de empresas que se especializam em fornecer informações financeiras (veja Capítulo 3).

Antes de tabular as informações, é necessário definir os títulos que utilizará e certificar-se de que está comparando informações expressas na mesma base. Muitos itens da informação e dos índices financeiros podem ser utilizados. Uma seleção dos que são fundamentais é mostrada na Figura 5.5.

Comparação com o Concorrente Ano Fiscal:			
	SUA EMPRESA	**CONCORRENTE A**	**CONCORRENTE B**
Receita de vendas			
Lucro comercial			
Depreciação			
Lucro operacional			
Lucro antes dos impostos			
Ativo fixo total			
Estoques			
Contas a pagar			
Ativo Circulante total			
Contas a receber			
Empréstimos de curto prazo			
Exigível de curto prazo			
Exigível de longo prazo			
Ativo Circulante			
Capital de acionistas			
Número de funcionários			
Lucro por funcionário			
Índices			
Retorno sobre o capital			
Retorno sobre as vendas			
Vendas por funcionário			
Giro de estoque			
Prazo médio de pagamento			
Prazo médio de recebimento			
Coeficiente de liquidez geral			
Coeficiente de liquidez seco			

Figura 5.5 Comparação financeira com o concorrente.

A mesma comparação deve ser executada não apenas em relação ao último ano fiscal, mas em relação aos dois ou três últimos anos fiscais, o que lhe proporcionará um quadro mais claro daquilo que está acontecendo no mercado competitivo – quais empresas estão aumentando o movimento e se isso está sendo feito de forma lucrativa ou não. Também lhe permitirá estabelecer padrões para o seu setor e, então, poderá compará-los com seus resultados.

Uma comparação financeira lhe diz muito sobre o mercado. Por exemplo, quais são as principais empresas atuantes no mercado e quais estão ampliando sua atuação. As empresas mais bem-sucedidas não alcançam esse sucesso à toa; conseguem um sucesso maior por causa de determinada atividade que estão executando melhor que os outros. Você precisa isolar esses fatores de sucesso e compará-los com as mesmas atividades de sua empresa. Tais fatores seriam:

- A imagem da empresa no mercado.
- Seu departamento/capacidade de vendas.
- Sua posição financeira.
- Política de estabelecimento de preços.
- Distribuição.
- Rapidez e confiabilidade da entrega.
- Qualidade do produto.
- Relação custo/benefício.
- Serviço de pós-venda.
- Propaganda.

Nem todos esses fatores terão a mesma influência no que diz respeito a garantir o sucesso, pois precisam ser ponderados em termos de sua importância relativa.

A análise do concorrente mostrada na Figura 5.6 fornece uma matriz para mostrar como se comparar com a concorrência de uma forma geral e em relação a cada um dos fatores de sucesso fundamentais.

Dependendo do escopo de seu plano, agora compare suas vendas com as de seus concorrentes por área, segmento de mercado ou por setor econômico durante os últimos dois ou três anos, o que lhe permitirá ver as tendências que devem ser levadas em conta no planejamento. Com referência às indústrias de bens de consumo e de serviço, existe muita informação publicada sobre participações de mercado em diferentes mercados geográficos. Isso é verdadeiro tanto em relação às barras de chocolate como aos carros. Para os bens de produção especializados, tal informação não é encontrada com tanta facilidade. Informações sobre o concorrente por área geográfica freqüentemente estão disponíveis em relatórios anuais, os quais dividem o movimento das vendas em vendas para o Brasil e para uma série de principais regiões de exportação, como os Estados Unidos e a Europa. A participação de mercado é uma coisa difícil de se estimar com precisão. É justo dizer que a *maioria das empresas superestima suas participações de mercado.*

Análise do Concorrente				
Dê a classificação: 1 = a mais baixa (fraca/ruim), 10 = a mais alta (boa) Multiplique a classificação pelo fator de peso				
PRINCIPAIS ÁREAS	**FATOR DE PESO**	**SUA EMPRESA**	**CONCORRENTE A**	**CONCORRENTE B**
Imagem da empresa	2	______	______	______
Organização	1	______	______	______
Instalações	1	______	______	______
Localização	1	______	______	______
Capacidade de venda	5	______	______	______
Qualidade do produto	4	______	______	______
Especialização técnica	2	______	______	______
Variedade de produto	2	______	______	______
Preços	4	______	______	______
Distribuição	3	______	______	______
Entrega	4	______	______	______
Serviço de pós-venda	3	______	______	______
Propaganda	2	______	______	______
Total		______	______	______

Figura 5.6 Análise do concorrente.

As vendas de sua própria empresa e de seus maiores concorrentes podem ser comparadas e apresentadas no formato mostrado nas Figuras 5.7 e 5.8. Essa informação deve ser preparada para cada mercado, segmento e produto, que serão cobertos por seu plano.

Análise da Participação de Mercado			
Mercado: Brasil Produto: Utilidades			
	20X3	**20X4**	**20X5**
Tamanho do mercado ($ milhões)			
Tamanho do mercado (em milhões de unidades)			
Suas vendas ($ milhões)			
Suas vendas (em milhões de unidades)			
Sua participação de mercado ($%)			
Sua participação de mercado (unidades %)			

Figura 5.7 Apresentação de detalhes da participação de mercado de uma empresa em relação a um produto em uma área.

Depois de ter apresentado e analisado todas as informações sobre a concorrência e seu desempenho no mercado, uma análise SWOT pode então ser executada sobre cada um dos principais concorrentes. Pode ser apresentada como mostra a

Figura 5.9. Uma vez que os pontos fortes de sua empresa podem ser os pontos fracos de seu concorrente e que as oportunidades de seu concorrente podem ser ameaças para sua empresa, é importante rotular o que é o quê. Pode parecer óbvio, mas não para alguém que lerá a análise SWOT posteriormente.

Desempenho Comparativo do Mercado						
Mercado: Brasil Produto: Utilidades						
	20X3		20X4		20X5	
	Vendas (em $ milhões)	Participação de mercado (%)	Vendas (em $ milhões)	Participação de mercado (%)	Vendas (em $ milhões)	Participação de mercado (%)
Sua empresa						
Concorrente A						
Concorrente B						
Concorrente C						
Total						

Figura 5.8 Desempenho comparativo do mercado.

Seus pontos fortes	**Seus pontos fracos**
Concorrente A:	
Parte de um grande grupo Bons recursos Participação de mercado relativamente alta Grande número de cliente cativos no mesmo grupo	Produto desatualizado Sem espaço para expandir a área de fabricação existente
Concorrente B:	
Empresa pequena – poucos gastos gerais Práticas de trabalho flexíveis Nível de preço baixo	Não é muito conhecido no mercado Produto novo – ainda não está bem estabelecido Pouco suporte pós-venda
Concorrente C:	
Boa qualidade – produto barato	O produto é importado da Itália – sem serviço local de assistência ao cliente
Oportunidades (para nós)	**Ameaças (para nós)**
Concorrente A:	
Nosso produto pode conquistar participação de mercado à custa dele	Têm recursos para desenvolver novos produtos rapidamente Têm a reputação e a imagem para lançá-lo com sucesso
Concorrente B:	
Concorrente C:	
Poderíamos importar o mesmo produto para o segmento de preços baixos	Os preços baixos estão afetando os níveis de preços tradicionais Se as vendas aumentarem, serão capazes de sustentar o serviço de assistência ao cliente

Figura 5.9 Análise SWOT do concorrente.

Principais produtos

É necessário analisar os fatores tecnológicos e competitivos relacionados aos seus principais produtos. Lembre-se de que você não vende um "produto" a um consumidor; e sim o "benefício" que o produto oferece a ele.

Você deve examinar todos os seus principais produtos e agrupar suas características fundamentais e os benefícios que provêm dessas características. Faça o mesmo com os produtos de seus concorrentes. Lembre-se: CARACTERÍSTICAS SIGNIFICAM BENEFÍCIOS. Não diga que seu produto é pequeno; diga que, por ele ser pequeno, é facilmente transportável. Não diga que ele é novo; diga que, por ser novo, incorpora tecnologia de última geração. A Figura 5.10 mostra como preencher um quadro com características e benefícios.

CARACTERÍSTICA	SIGNIFICA	BENEFÍCIO
Pequeno		Facilmente transportável
Controlado por microprocessador		Menor probabilidade de erro
Display digital		Fácil de ler
Serviço de atualização de chips		O cliente obtém as melhorias à medida que as desenvolvemos
Rede de serviços em todo o território nacional		Serviço bom e rápido

Figura 5.10 Características *versus* benefícios de um produto eletrônico.

Você também deve realizar uma análise SWOT sobre o seu produto em comparação aos produtos de seu concorrente. As perguntas típicas são:

- Como nossos preços se comparam com os de nossos principais concorrentes?
- Qual seria o efeito de aumentarmos/diminuirmos nossos preços em 5%?
- Nosso produto é maior/menor que os de nossos concorrentes?
- Que aspectos técnicos são melhores/piores que os produtos de nossos concorrentes?
- Nosso produto é protegido por uma patente?
- Os produtos de nossos concorrentes são protegidos por uma patente?
- Nosso produto obedece a padrões industriais?
- Os produtos de nossos concorrentes também obedecem a padrões industriais?
- Nosso produto é fabricado com materiais melhores/piores que os produtos de nossos concorrentes?
- Ele é de construção leve/pesada?
- Ele é mais fácil/difícil de manter que os produtos dos concorrentes?

Uma pequena empresa que fabrica um novo tipo de televisor no Brasil poderia produzir a análise SWOT mostrada na Figura 5.11.

PONTOS FORTES	PONTOS FRACOS
Design inovador Patenteado Tela clara Perfil harmonioso Leve	Variedade limitada – dois tamanhos de tela O mercado ainda não foi desenvolvido Marca pouco conhecida Preço relativamente alto
OPORTUNIDADES	**AMEAÇAS**
Explorar o mercado para os usuários que queiram um centro de entretenimento global	Produtos importados de preço baixo

Figura 5.11 Análise SWOT para novo produto no setor dos televisores.

Resumo

A análise da situação lhe permite apresentar os dados relativos à sua empresa, produtos e vendas de uma forma que possa ser utilizada no planejamento. Ela analisa o ambiente econômico e o clima de negócios assim como as áreas de sua empresa e suas operações que você pode influenciar. Leva em consideração seus principais produtos, bem como sua posição em mercados estratégicos e principais áreas de venda. Relaciona e compara sua empresa e seus produtos com os de seus concorrentes.

O processo mais importante na análise da situação é a análise SWOT, que envolve examinar os pontos fortes e fracos na medida em que se relacionam com as oportunidades e as ameaças existentes no mercado. Os pontos fortes e fracos referem-se à empresa e aos seus produtos, ao passo que as oportunidades e as ameaças comumente são consideradas fatores externos, sobre os quais a empresa não exerce controle. Devem ser executadas análises SWOT em relação à sua empresa e à sua organização/desempenho, seus principais concorrentes e também em relação a todos os produtos, áreas geográficas e segmentos de mercado cobertos pelo plano.

Os resultados da análise da situação são incluídos no plano de marketing sob os temas:

- suposições;
- vendas;

- principais produtos;
- mercados estratégicos; e
- principais áreas de vendas.

Questões

1. Que tipo de informações podem ser obtidas através da análise da situação?
2. No que consiste a análise da situação? Quais suposições devem ser incluídas na análise da situação?
3. Que perguntas devem ser feitas a partir dos dados extraídos da análise de vendas?
4. O que são mercados estratégicos?
5. Descreva o conceito de análise SWOT, seus elementos e sua importância para uma análise da situação.
6. Por que se diz que os pontos fortes e os pontos fracos de uma empresa ou seus produtos são considerados fatores internos, enquanto ameaças e oportunidades são consideradas fatores externos, fora do controle da empresa?

Exercício

A análise do concorrente mostrada na Figura 5.6 gera uma matriz de comparação com a concorrência de uma forma geral, considerando cada um dos fatores de sucesso. Considere a sua empresa, qualquer outra a que tenha acesso, ou faça uma pesquisa, e construa uma matriz com os fatores de sucesso correspondentes, levando-se em conta seus pesos. O próximo passo será construir uma análise da empresa escolhida. Identique os pontos fortes e os pontos fracos da empresa e faça recomendações.

Estudo de caso

Shopping Iguatemi

"O Shopping Iguatemi, da cidade de São Paulo, completa 40 anos e, em vez de sucumbir aos seus concorrentes, transformou-se em uma grife empresarial, um dos modelos de negócios mais bem-sucedidos na indústria de shoppings.

Seu público quer lojas, como Zara – que revolucionou o varejo de roupa na Europa e cuja operação mais lucrativa no Brasil é a do Iguatemi.

A família Jereissati comprou o Iguatemi do empreiteiro Alfredo Matias, em 1979. E, desde então, transformou o empreendimento em um lançador de tendências, indo, muitas vezes, na contramão da indústria norte-americana. Nos anos 1980, quando a febre dos 'caixotões', shoppings sem luz natural, tomou conta do mercado,

Carlos Jereissati, o pai, manteve-se inflexível e não aderiu à onda. Foi ele também o primeiro a criar o 'Comes & Bebes', que viria a ser conhecido como praça de alimentação.

Seu maior talento, porém, tem sido a escolha de lojistas. Os três marcos que definiram o perfil sofisticado que o shopping tem hoje foram a vinda do Empório Armani (1998), da Louis Vuitton (1999) e da Tiffany (2000).

O Iguatemi batalhou no anos 1990 para que essas grifes internacionais abrissem suas lojas no shopping. Hoje, o empreendimento é visto lá fora como porta de entrada no mercado brasileiro de luxo. O desafio daqui para frente é continuar se reinventando. Por isso, Jereissati possui no bolso do colete cinco grandes cartadas para os próximos dez anos.

Ele avisa ter 10 mil metros quadrados disponíveis para ampliação. Entrega, até o final de 2007, uma torre de quatro andares com escritórios, dois restaurantes e 600 vagas de estacionamento. Em 2008, inicia a reformulação de um espaço exclusivo para crianças, uma das maiores deficiências do empreendimento.

Segundo fontes, contudo, nem sempre os cotistas ficam 100% felizes com as decisões dos Jereissati, já que os constantes investimentos consomem parte dos lucros que poderiam ser embolsados.

Mas esse é o preço da vanguarda. Jereissati não reproduz o modelo tradicional de shopping. Quando perguntado sobre quais são suas fontes de inspiração, ele surpreende. 'Os hotéis. É lá onde os consumidores vão buscar novas experiências, e é para isso que o varejo deve estar atento hoje'."

Fonte: Extraído e adaptado de *Valor Econômico on-line* em 22/08/2006.
http://www.valoronline.com.br

Perguntas

1. Quais serão os desafios do Shopping Iguatemi caso apareçam novos empreendimentos de luxo na cidade? Faça uma análise SWOT para ajudá-lo a responder a questão.
2. Analise o empreendimento em relação a seus concorrentes diretos e indiretos.

Capítulo 6

Objetivos de marketing – as metas do plano

Agora que identificamos os pontos fortes e os pontos fracos, as oportunidades e as ameaças para o nosso negócio, e que fizemos suposições sobre os fatores externos que podem afetá-lo, estamos em condições de estabelecer nossos objetivos de marketing. Este é o passo fundamental em todo o processo de preparação de um plano de marketing.

O que é um objetivo de marketing?

Objetivos são aquilo que queremos atingir; as estratégias são como vamos chegar lá. Portanto, há objetivos e estratégias em todos os níveis dentro da empresa, da alta administração a posições mais baixas.

No topo, temos os objetivos corporativos da empresa. São as metas da empresa da maneira como estão traçadas nos planos estratégicos e corporativos e incluem objetivos de curto, médio e longo prazos. A partir dos objetivos corporativos da empresa, chegaremos às estratégias corporativas da empresa. Elas, por sua vez, conduzirão aos objetivos do nível mais abaixo, isto é, da área operacional. Incluirão os objetivos de produção, de pessoal, financeiros, de distribuição e de marketing. Os objetivos e as estratégias são, por conseguinte, interligados e um conduz de maneira lógica ao outro.

Um objetivo de marketing preocupa-se com o equilíbrio entre os produtos e seus mercados. Relaciona-se a *quais produtos* queremos vender em *quais mercados*.

Os meios de conseguir esses objetivos utilizando preços, promoção e distribuição são conhecidos como estratégias de marketing. No próximo nível haverá objetivos e estratégias de pessoal, objetivos e estratégias de propaganda etc. Depois, haverá táticas, planos de ação e orçamentos – tudo para nos conduzir à realização dos objetivos.

Os objetivos de marketing relacionam-se com qualquer um dos seguintes itens:

- vender produtos existentes em mercados existentes;
- vender produtos existentes em novos mercados;

- vender novos produtos em mercados existentes; e
- vender novos produtos em novos mercados.

Os objetivos de marketing devem ser definíveis e quantificáveis de forma que haja um alvo no qual se possa mirar. Devem ser definidos de tal forma que, quando o plano de marketing for implementado, o desempenho real possa ser comparado com o objetivo. Devem ser expressos em termos de valores ou participação de mercado, e termos vagos, como aumentar, melhorar ou maximizar, não devem ser utilizados. Um plano de marketing pode se referir a qualquer tempo futuro. Haverá diferentes objetivos finais para planos de um, três e cinco anos, mas aqueles para o ano um e para o ano três devem ser os mesmos em cada caso.

Aumentar as vendas em todas as áreas não é um objetivo de marketing sensato porque não é quantificado e, por conseguinte, não pode ser medido. Qualquer aumento nas vendas atingiria esse objetivo.

A seguir, exemplos de objetivos de marketing:

- Aumentar as vendas do produto no Brasil em 10% ao ano em termos reais, a cada ano, durante os próximos três anos.
- Aumentar as vendas do produto mundialmente em 30% em termos reais dentro de cinco anos.
- Aumentar nossa participação de mercado para o produto nos Estados Unidos de 10% para 15% em dois anos.
- Introduzir nosso novo produto no Brasil e realizar vendas lucrativas de $ 500 mil por ano em um período de cinco anos.

Embora os planos de marketing possam cobrir qualquer período, é comum que as empresas tenham planos de marketing de longo prazo abrangendo um período de três ou cinco anos e planos mais detalhados de um ano para o próximo ano. Em todos os planos devem ser estabelecidos objetivos de marketing para os seguintes aspectos:

- O movimento das vendas para o período do plano por produto e por segmento de mercado.
- A participação de mercado para o período do plano por produto e por segmento de mercado.
- O lucro bruto sobre as vendas.

Pode haver outros objetivos que sejam relevantes para um negócio específico. O plano pode cobrir só um produto e os segmentos de mercado poderiam ser geográficos ou por setor econômico. Pode referir-se a um novo produto que não esperamos que se pague durante vários anos após o seu lançamento. Haverá, é claro, alguns objetivos de marketing que uma empresa estabelecerá com base nas oportunidades identificadas nas análises SWOT.

O portfólio de produtos

Uma vez que os objetivos de marketing se relacionam a *produtos e mercados*, é importante entender sua posição atual em relação a ambos antes de estabelecer esses objetivos. A partir da análise da situação apresentada no Capítulo 5, entenderá mais sobre sua empresa, seus produtos, seus concorrentes e seus mercados. Você conhece suas vendas históricas por segmento de mercado e sua participação de mercado estimada. As análises SWOT realçaram os pontos fortes e os fracos, as oportunidades e as ameaças. Contudo, é preciso realizar uma análise adicional dos produtos integrantes de seu portfólio antes de estabelecer de maneira sensata seus objetivos de marketing, os quais definirão os níveis futuros de vendas e de participação de mercado, que dependerão muito de você ter o mix adequado de produtos em seu portfólio. Uma empresa que tem apenas um produto em seu portfólio é vulnerável, da mesma forma que uma empresa que vende seu(s) produto(s) em um único segmento de mercado.

O ciclo de vida do produto

Quando são feitas previsões de vendas futuras, é importante diferenciar entre um produto novo, que pode ser destinado a um rápido crescimento, e um maduro, que pode ser substituído por outro no mercado. A ascensão e a queda de todos os produtos seguem uma curva de ciclo de vida semelhante à representada na Figura 6.1. A inclinação da curva e a extensão de tempo representadas pelas diferentes etapas variarão, mas todos os produtos seguirão uma curva semelhante.

Nas diferentes etapas do ciclo de vida de um produto, a empresa deve fazer mudanças em suas estratégias de propaganda, estabelecimento de preços e distribuição para se adaptar às circunstâncias variáveis do mercado. Quando um produto é introduzido, o crescimento é lento. Nessa etapa, a propaganda se concentra em fazer os clientes perceberem que o produto existe. À medida que ele começa a se estabelecer, as compras se repetem e as vendas aumentam. Nessa fase, há um período de rápido crescimento. Os concorrentes começam a entrar no mercado e a promoção de vendas deles aumenta a percepção do produto no mercado, ampliando este ainda mais. Nessa etapa, são necessárias mudanças na estratégia de propaganda da empresa, e ela agora se concentra nas vantagens de seu produto sobre os produtos dos concorrentes. Por fim, as vendas começam a cair quando o produto atinge seu potencial máximo. Novas etapas de crescimento podem ser conseguidas pela produção de versões melhoradas do produto, pelo aumento da variedade disponível e pelo desenvolvimento de novos mercados para o produto. Mesmo com essas etapas de crescimento extra, o produto começará a se estabilizar. Essa é a fase madura, que pode durar pouco tempo ou anos. Finalmente, mais concorrentes entram no mercado, que não está mais crescendo, e o produto atinge sua fase de saturação, e, portanto, as vendas começam a cair, embora a velocidade desse declínio dependa de quem tem o melhor produto. Basicamente, o produto será substituído por um novo e será abandonado.

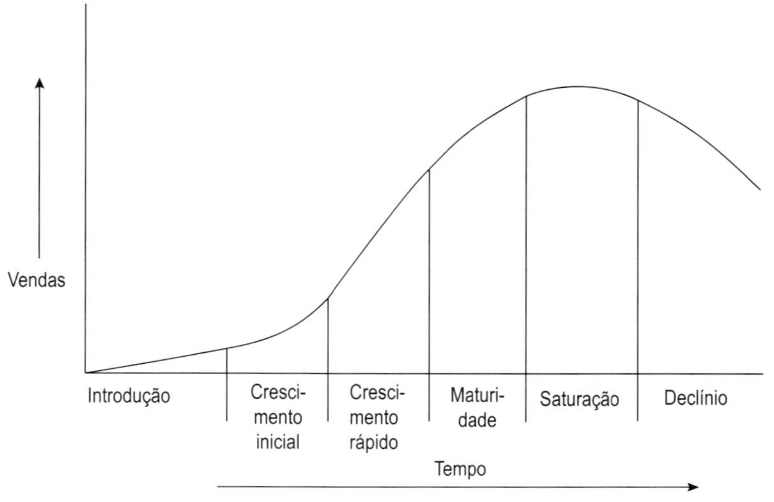

Figura 6.1 Curva do ciclo de vida do produto.

Para um produto como um novo sabor de sorvete ou um skate, o ciclo de vida pode ser de apenas um ano. Um produto como um motor de carro ou uma bicicleta pode ficar no mercado durante vários anos. Alguns produtos industriais, como filtros, válvulas ou transformadores de calor, podem permanecer praticamente inalterados durante uma década e ainda assim vender bem.

Na estimativa das vendas futuras, é importante ter a capacidade de avaliar onde seu produto se localiza na curva do ciclo de vida. Se for um produto maduro, é preciso determinar se é possível ampliar sua vida por meio de um desenvolvimento adicional do próprio produto ou da descoberta de novos mercados para ele.

A maioria das empresas não vende apenas um produto. Se você tiver um portfólio que consista em uma série de produtos, cada um deles terá o seu próprio ciclo de vida. O portfólio ideal terá uma variedade de produtos em diferentes etapas de seus ciclos de vida de tal forma que se possa conseguir um crescimento equilibrado e minimizar os riscos. A Figura 6.2 mostra um típico portfólio de produtos, o qual deve ser revisto com certa regularidade.

Taxa de crescimento e participação relativa de mercado

No Capítulo 5, examinamos o cálculo da participação de mercado, mas ainda não discutimos sua importância. Em qualquer mercado, os níveis de preço dos principais participantes tendem a ser muito semelhantes. Ninguém quer vender produtos

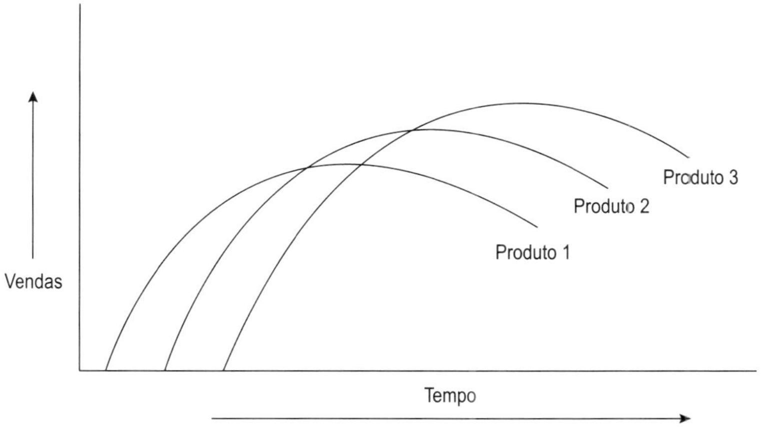

Figura 6.2 Portfólio de produtos.

a preços mais baixos do que o necessário porque isso significará jogar dinheiro fora, mas, da mesma forma, se seus preços forem muito elevados, a concorrência o suplantará ao vender por preços inferiores. Por essa razão, em um mercado estável, os níveis de preço dos principais participantes gradualmente se deslocam juntos. Se duas empresas venderem o mesmo produto pelo mesmo preço, não significa necessariamente que estejam conseguindo o mesmo nível de lucro. Se uma empresa tiver uma participação de mercado muito grande, ela se beneficiará da economia de escala e terá custos mais baixos. Se a outra empresa tiver uma pequena participação de mercado, seus custos serão mais elevados e sua margem de lucro será inferior. Se, à medida que o mercado para um produto começa a declinar, uma empresa decide abaixar seus preços para tentar manter seus níveis de venda, a outra empresa terá de acompanhá-la. A empresa com a maior participação de mercado e, por conseguinte, com a mais elevada margem de lucro terá mais condições de suportar essa guerra de preços. A participação de mercado da empresa para o produto, em relação ao de seus concorrentes, também indica sua capacidade de gerar dinheiro. Portanto, é importante não apenas aumentar as vendas, mas também aumentar sua participação de mercado. Sua meta será tentar conseguir o domínio do mercado, sempre que possível.

Antes de poder decidir sobre o potencial para o crescimento das vendas, você precisa analisar quais são os seus principais produtos – agora e no futuro. Já olhamos para o conceito do ciclo de vida do produto. Há também outro método de pensar em seu portfólio de produtos.

O fluxo de caixa é o fator mais importante ao pensar em seu portfólio de produtos, e a capacidade de sua empresa de gerar dinheiro dependerá, em grande parte, do grau de domínio de mercado que você tem sobre seus concorrentes. Há alguns anos, o Boston Consulting Group (BCG) desenvolveu uma matriz para classificar um portfólio de produtos de acordo com sua geração de fluxo de caixa baseando-se na participação e na taxa de crescimento relativas de mercado. A "matriz BCG" é muito utilizada pelas empresas quando consideram seu portfólio de produtos. Os produtos são pitorescamente descritos como:

- ESTRELAS – elevada participação de mercado/elevado crescimento de mercado (fluxo de caixa neutro).
- VACAS LEITEIRAS – elevada participação de mercado/baixo crescimento de mercado (fluxo de caixa positivo).
- PONTOS DE INTERROGAÇÃO – baixa participação de mercado/ elevado crescimento de mercado (fluxo de caixa negativo).
- ABACAXIS – baixa participação de mercado/baixo crescimento de mercado (fluxo de caixa neutro).

A participação relativa de mercado é a razão de sua participação de mercado pela participação de mercado de seu maior concorrente. Indica o nível de domínio do mercado que você tem sobre seus concorrentes. Se a sua participação de mercado for de 20% e seu maior concorrente for de 10%, a razão relativa seria de 2:1. Isso, logicamente, é uma posição mais satisfatória do que aquela em que ambos têm uma participação de mercado igual a 20% (com uma razão relativa de 1:1) ou daquela posição muito desagradável em que seu maior concorrente tem uma fatia de mercado de 20%, o que dá a ele a vantagem relativa. Contudo, é importante conhecer sua posição relativa porque ela sugerirá estratégias específicas a serem adotadas, e essas estratégias serão diferentes, dependendo de sua participação relativa no mercado. Uma participação relativa de mercado elevada normalmente é tida como maior do que a razão de 1:1 em comparação com seu maior concorrente.

A taxa de crescimento do mercado é importante por duas razões. Em um mercado de rápido crescimento, as vendas de um produto podem crescer mais rapidamente que em um mercado estável ou de crescimento lento. Ao aumentar as vendas, o produto absorverá um nível elevado de dinheiro para sustentar os níveis crescentes de propaganda, cobertura das vendas, apoio às vendas e possivelmente até o investimento em novas instalações e maquinaria. A definição de uma taxa de crescimento de mercado elevada depende do tipo de mercado em que você está, mas, para o propósito do planejamento de marketing, ela normalmente é tida como 10% ou mais.

Os produtos são introduzidos nos quadrantes de uma matriz como mostra a Figura 6.3.

Os *pontos de interrogação* podem ser produtos recém-lançados, que ainda não atenderam às expectativas, ou produtos que estão em queda e precisam de uma nova avaliação de sua viabilidade de longo prazo.

Os *abacaxis* têm pouca participação no mercado e, em geral, não são lucrativos. Esses produtos seriam considerados como aqueles que poderiam ser retirados do portfólio de produtos.

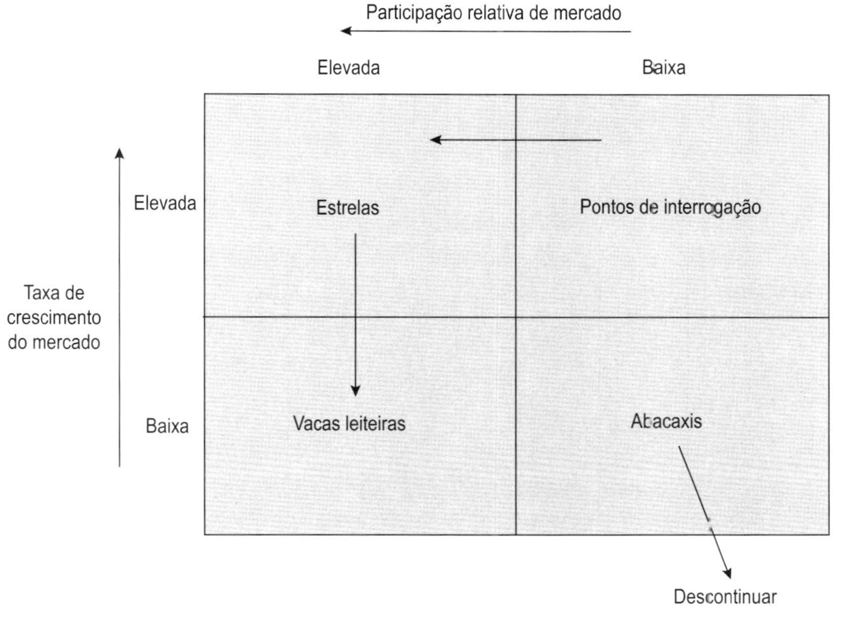

Figura 6.3 Seqüência ideal de desenvolvimento do produto.

As *estrelas* têm um custo elevado com marketing, pesquisa e desenvolvimento, mas também contribuem consideravelmente com os lucros. Em um sentido amplo, são neutros do ponto de vista da geração de caixa.

As *vacas leiteiras* são produtos maduros com uma elevada participação no mercado, mas com um crescimento de mercado baixo. Geram lucros elevados e requerem apenas uma pequena quantidade de investimento em marketing e nenhum gasto em pesquisa e desenvolvimento para mantê-los onde estão.

Para uma empresa com seis produtos, a posição atual poderia ser como a mostrada na Figura 6.4. O produto 1 contribui com 15% do volume de vendas da empresa, tem uma participação relativa de mercado de 2:1 em relação ao seu maior concorrente e está em um mercado em rápido crescimento, com uma taxa de expansão de 15% ao ano.

Ainda que a matriz mostre a situação atual em relação ao portfólio de produtos da empresa, não fornece nenhuma indicação de como isso está mudando. A situação variável pode ser vista claramente se os números relativos ao volume das vendas desses produtos, dois ou três anos antes, forem mostrados no mesmo diagrama que os números atuais. A Figura 6.5 mostra isso em forma de tabela.

Essa informação pode ser inserida em uma matriz de portfólio completa, mostrando as mudanças ocorridas nos três anos anteriores ao plano que está sendo preparado (Figura 6.6). Pode-se ver muito mais nessa matriz do que em uma que mostre apenas a posição atual. As vendas do produto 1 aumentaram tanto em termos reais quanto em porcentagem do movimento de vendas da empresa. Contudo, o mercado cresceu em um ritmo mais rápido e a participação relativa de mercado da empresa caiu.

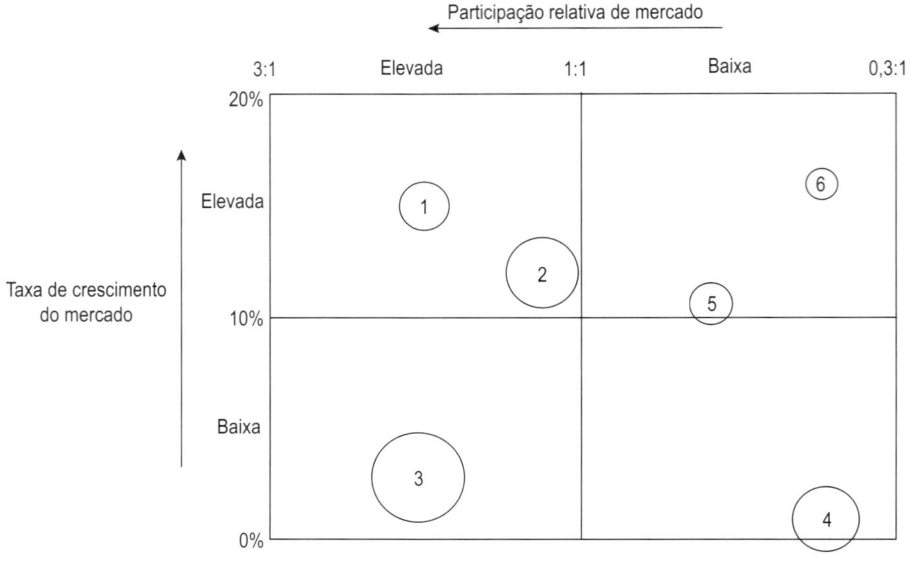

Figura 6.4 Exemplo de matriz de portfólio mostrando a situação atual.

	Porcentagem das Vendas Totais		Taxa de Crescimento do Mercado		Participação Relativa de Mercado	
PRODUTO	**20X6 %**	**20X3 %**	**20X6 %**	**20X3 %**	**20X6 %**	**20X3 %**
PRODUTO 1	15	10	15	12	2:1	2,8:1
PRODUTO 2	20	15	12	10	1,2:1	0,8:1
PRODUTO 3	30	36	2	2	2:1	2:1
PRODUTO 4	20	35	2	0	0,4:1	0,1:1
PRODUTO 5	10	5	10	10	0,55:1	0,45:1
PRODUTO 6	5	0	15		0,4:1	

Figura 6.5 Dados para serem utilizados na matriz de portfólio de produtos.

O produto 2 registrou um aumento nas vendas superior à taxa de crescimento do mercado e aumentou sua participação relativa de mercado, deixando de ser um "ponto de interrogação" para se tornar uma "estrela".

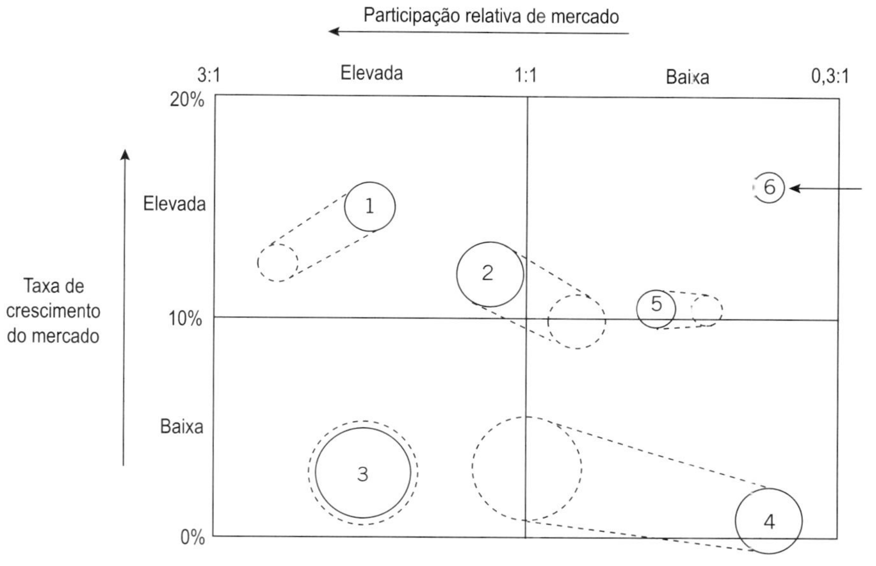

Figura 6.6 Exemplo de matriz de portfólio mostrando a situação atual e a situação histórica há três anos.

O produto 3 mudou muito pouco em um mercado estável e a diminuição de sua porcentagem nas vendas globais da empresa reflete um aumento nas vendas globais em vez de uma diminuição nas vendas desse produto específico. Ainda tem muito de "vaca leiteira".

O produto 4 era uma "vaca leiteira", mas agora caiu bastante em um mercado em queda. Perdeu a participação de mercado, provavelmente devido à redução de preços por parte da concorrência.

O produto 5 cresceu mais rápido que o mercado e aumentou a participação relativa de mercado, embora fosse uma participação praticamente pequena.

O produto 6 não existia há três anos e agora contabiliza 5% do volume de vendas da empresa.

A partir do comportamento desses produtos durante os últimos três anos, é possível dar uma opinião sobre o que acontecerá no futuro sem alterar as políticas e como elas e as estratégias podem ser mudadas para atingir diferentes objetivos.

Os objetivos podem ser sugeridos a partir dessa matriz de portfólio. Para o produto 1, objetivos sensatos para um plano de três anos podem ser:

- Aumentar as vendas em 30% em termos reais nos próximos três anos.
- Aumentar a participação de mercado em 5% nos próximos três anos.

Para um plano de um ano, os objetivos para o produto 1 podem ser:

- Aumentar as vendas em 10% em termos reais.
- Aumentar a participação de mercado em 2%.

Como podemos observar, os objetivos para um ano estão alinhados com os objetivos para três anos. De forma semelhante, poderiam ser sugeridos objetivos para alguns ou para todos os demais produtos. Dependendo do tipo de plano de marketing – se era para um, para alguns ou para todos os produtos –, os objetivos seriam agrupados para resultar em um objetivo global, que poderia ser:

- Aumentar as vendas em 8% em termos reais em três anos.

Se o plano for só para um mercado ou segmento de mercado, a abordagem da matriz BCG pode ser utilizada para os produtos da empresa apenas nesse mercado e, mais uma vez, podemos tirar conclusões e estabelecer objetivos.

Para qualquer empresa, a seqüência ideal de desenvolvimento do produto é transformar "pontos de interrogação" em "estrelas" e fazer com que essas "estrelas" se tornem "vacas leiteiras". As "vacas leiteiras" e os malsucedidos "pontos de interrogação" eventualmente se tornarão "abacaxis".

Uma empresa deve almejar um portfólio de produtos equilibrado, com um número razoável de "vacas leiteiras" e "estrelas" e sem muitos "pontos de interrogação" ou "abacaxis". O mix ideal dependerá da empresa e do número de produtos que há em seu portfólio. O superávit de caixa gerado pelas "vacas leiteiras" é investido nas "estrelas" e em alguns seletos "pontos de interrogação".

Essa análise do portfólio de produtos terá implicações diretas nos objetivos relativos a esses produtos no plano de marketing. Uma matriz de previsão pode ser produzida agora, mostrando onde você espera que os produtos estejam no final do plano de marketing.

Além de ser utilizada para fazer considerações sobre o seu portfólio de produtos, a abordagem da matriz BCG também pode avaliar os clientes ou os segmentos de mercado a fim de determinar quais são as melhores áreas para se concentrar. Nesse caso, a parte de cima da matriz são os pontos fortes de sua empresa/negócio e a lateral da matriz é a atratividade de seus principais clientes ou segmentos de mercado.

Como estabelecer objetivos de marketing exeqüíveis

Estabelecer objetivos para um plano de marketing não é uma questão simples e direta. Os números relativos ao movimento das vendas ou à participação de mercado não podem ser escolhidos aleatoriamente. Trata-se de um processo repetitivo no qual os objetivos são estabelecidos, as estratégias e os planos de ação são desenvolvidos, e depois é decidido se os objetivos planejados são impossíveis, exeqüíveis ou fáceis. Esses objetivos devem, então, ser reavaliados e, caso sejam mudados, as estratégias e os planos de ação também precisam ser reexaminados. Os objetivos de marketing podem ser difíceis, mas devem ser exeqüíveis. A meta é estabelecer objetivos que sejam um desafio, mas que possam ser atingidos com esforço. Devem ser motivadores, e não desestimulantes.

Ao estabelecer seus objetivos, tenha em mente o fato de que, se tiver uma participação de mercado grande em um mercado estável, é improvável que seja capaz de aumentar drasticamente sua participação de mercado. Se uma empresa estiver entrando em um mercado novo e tiver apenas uma participação de mercado de 2%, um aumento de 1% nessa participação representará um aumento de 50% em suas vendas nesse mercado. Se uma empresa já tiver uma participação de mercado de 50% de determinado mercado, um aumento de 50% em suas vendas representará um aumento de 25% na participação de mercado. Esse nível de aumento normalmente é impossível de se atingir porque, quando uma empresa começa a aumentar drasticamente sua participação de mercado, a concorrência tende a reagir.

Devemos tomar cuidado ao definir um mercado. Muitas empresas acreditam que têm uma participação de mercado pequena em um mercado grande quando, na verdade, têm uma participação grande em um segmento muito menor desse mercado. Por exemplo, um fornecedor de chuveiros industriais pode ter apenas 5% do total do mercado para chuveiros, mas ter 30% do mercado mais especializado em fornecer os chuveiros que são utilizados em áreas químicas perigosas.

O Capítulo 4 mostrou como os números relativos ao histórico de vendas devem ser apresentados com referência aos produtos e mercados relevantes durante o período dos três últimos anos. É importante que os números do histórico de vendas também sejam levados em consideração em termos absolutos, isto é, retirando-se os aumentos de preços, como foi mostrado na Figura 4.5, ou pelo número de unidades, como na Figura 4.6 (ver no Capítulo 4).

Ao fazer uma previsão, muitas empresas se baseiam completamente em uma análise das vendas passadas. Aproveitam os números do histórico de vendas e projetam-nos diretamente para o futuro. A desvantagem desse método, se executado isoladamente, é que ele supõe que o que ocorreu no passado ocorrerá no futuro, e não deixa espaço para condições variáveis. Uma típica previsão baseada somente nas vendas passadas seria como a mostrada na Figura 6.7.

Prever as vendas não é muito fácil. As vendas históricas raramente mostrarão uma progressão tão suave e regular como a mostrada na Figura 6.7. A Figura 6.8 pode ser mais comum no gráfico do crescimento de vendas de uma empresa.

Quando olhamos para os números históricos, é mais realista olhar para as vendas do que para a quantidade de pedidos, principalmente se tiver clientes que fazem grandes pedidos para entrega parcelada durante um longo período de tempo. Deve-se também levar em consideração se nos últimos anos foi mudada a data de implementação dos aumentos de preços, pois isso também terá um peso nos níveis de entrada de pedidos e deslocará alguns grandes pedidos para a frente ou para trás no ano contábil. Essa pode ser a razão para alguns dos picos e das depressões na curva do crescimento das vendas.

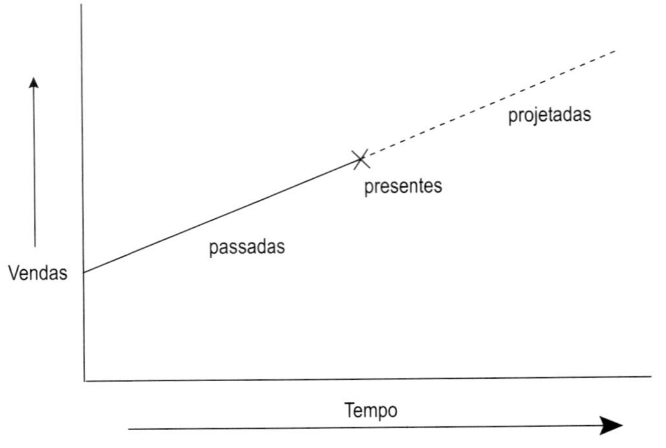

Figura 6.7 Típica projeção de vendas baseada apenas nas vendas passadas.

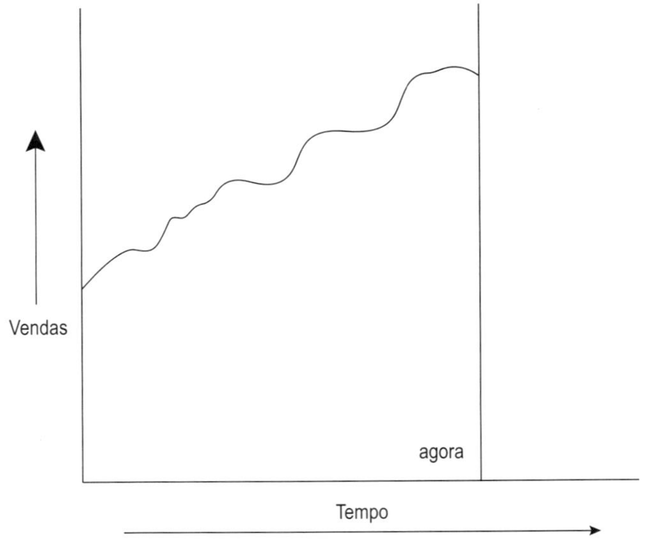

Figura 6.8 Curva irregular do crescimento das vendas.

Com o tipo de curva mostrada na Figura 6.8, não é fácil prever agora se o produto atingiu sua fase de saturação e está prestes a cair ou se algumas das flutuações foram ocasionadas por mudanças na atividade econômica em função de fatores alheios ao controle da empresa. É necessário fazer uma avaliação sobre isso, com base nas circunstâncias específicas de seu próprio produto em seu próprio mercado.

Como as projeções de venda podem ser ainda mais precisas?

A abordagem da matriz BCG permite fazer julgamentos mais racionais sobre aumentos sensíveis nas vendas porque, para inserir a informação na matriz, você precisa prever não somente o seu aumento de vendas isoladamente, como também a mudança da sua participação relativa e da taxa de crescimento de mercado. Isso significa que é necessário ser capaz de prever como o tamanho do mercado se modificará.

Estimativa do mercado/produto

Esta técnica o ajuda a montar um quadro do mercado total para um tipo específico de produto. Depois de calcular o mercado potencial total e de saber a participação do atual, é possível fazer uma estimativa de como o mercado total mudará no futuro. Podemos, então, fazer uma avaliação do efeito que a mudança no tamanho do mercado terá sobre o produto.

Os tipos de fatores que podem ser levados em consideração são os aumentos/diminuições no Produto Nacional Bruto (PNB), índices de inflação, taxas de câmbio da moeda e preços de *commodities*. Normalmente, poderíamos supor que, em tempos de recessão, as vendas de produtos diminuíssem. Na prática, a redução dos níveis de venda depende do tipo de bens considerados. Quando o dinheiro está curto, tende a ser gasto mais em bens essenciais do que em produtos de luxo.

De fato, é possível correlacionar muito precisamente o efeito provável das mudanças nos vários indicadores econômicos sobre o tamanho do mercado. Os governos publicam suas previsões baseadas nos resultados que provêm de seus próprios modelos matemáticos, e várias instituições econômicas, como bancos e escolas de economia, fazem o mesmo. Esses modelos matemáticos se baseiam no uso de métodos estatísticos para demonstrar que os efeitos históricos de diversas mudanças podem ser correlacionados e que essa correlação pode ser projetada para a frente a fim de prever as tendências futuras com muita precisão.

Muitas grandes empresas preparam seus próprios modelos matemáticos, que normalmente são computadorizados e, uma vez implantados, podem ser utilizados para prever diferentes cenários futuros e são muito úteis no planejamento corporativo e de marketing.

No que se refere ao planejamento de marketing, os métodos estatísticos podem ser utilizados para verificar se as variáveis individuais podem ser precisamente correlacionadas com o potencial de investimentos ou com o tamanho de mercado. Em geral, o coeficiente de correlação pode ser utilizado para estabelecer a proximidade da relação entre duas variáveis, e uma análise de regressão pode ser executada para prever as tendências futuras.

Por exemplo, para os produtos do setor petrolífero *offshore*, o mercado total seria influenciado pelas mudanças de preço do petróleo e pela taxa de câmbio do dólar em comparação com outras moedas fortes. Se o preço do petróleo estivesse subindo, as perspectivas de investimento na indústria melhorariam e o mercado para os produtos provavelmente também aumentaria. O oposto seria verdadeiro se os preços do petróleo estivessem caindo.

Uma correlação poderia ser feita entre o preço do petróleo em dólares e o nível de investimentos previsto. Poderia acontecer de o nível de investimentos na exploração em um ano refletir o preço do petróleo no ano anterior. Por causa da escala de tempo mais longa para os investimentos em equipamento de produção petrolífera, poderia acontecer de o nível de investimentos na produção petrolífera refletir o preço do petróleo três anos antes.

Muitas empresas podem fazer correlações muito simples relacionadas às suas próprias indústrias. Se as taxas de juros e de hipotecas aumentarem, é provável que o número de casas novas iniciadas nos seis meses seguintes diminua. Se um número menor de casas for construído, haverá uma redução na procura de materiais e componentes para casas. Isso afetará os fabricantes de tijolos e os de materiais para banheiro, bem como, os de tintas e de acessórios.

Estimativas de produtos individuais

Baseiam-se no estabelecimento de uma estimativa individual daquilo que poderiam ser as vendas do produto durante o período da previsão. O setor dos bens de produção é uma extensão da previsão normal de vendas realizadas pelo departamento de vendas e envolve calcular aquilo que provavelmente acontecerá às vendas para clientes principais específicos, e o efeito que isso terá sobre as vendas futuras totais de um produto. Em muitas organizações, isso também envolve pedir aos distribuidores uma estimativa de suas compras prováveis durante o próximo ano ou até mesmo durante os próximos três anos. Essa informação pode ser cruzada por meio de um sistema de controle de estoque em que os distribuidores forneçam uma lista regular de seus níveis de estoque atuais para certos produtos. As vendas podem, então, ser comparadas com os níveis de estoque e com as compras atuais, sendo possível prever se uma situação de excesso de estoque tem a possibilidade de resultar em um número de pedidos menor que o esperado no futuro. Os números das vendas históricas também podem ser reduzidos em certa quantidade, de modo que compense o excesso de estoque do distribuidor – isso deverá fornecer uma visão mais significativa dos verdadeiros níveis das vendas passadas.

No campo dos bens de consumo, as técnicas de microprevisão estão ainda mais difundidas e lançam mão principalmente de pesquisas com os clientes atuais ou potenciais. As técnicas de execução dessas pesquisas foram discutidas no Capítulo 3. Com relação ao cliente individual, pode ser montado um cálculo razoavelmente preciso das vendas totais prováveis durante determinado período. Essa técnica só é certa durante um curto período e não pode ser utilizada de forma realista para prever as vendas em relação a três ou cinco anos futuros.

Aumentando o desempenho

As técnicas citadas lhe permitirão prever com mais precisão quais os futuros níveis de venda com probabilidade de não apresentar mudança em suas estratégias de marketing. Mas o marketing e o seu planejamento não se limitam apenas em prever o que acontecerá se nada mudar; também envolvem o estabelecimento de objetivos e a implementação de estratégias para aumentar a participação de mercado ou entrar em novos mercados.

Curva do potencial de mercado

A partir da análise da situação, você calculou sua participação de mercado e a de seus concorrentes. Utilizando as técnicas de estimativa do mercado/produto, é possível calcular o potencial total do mercado para seu produto, que será mostrado na Figura 6.9.

Sua participação de mercado é influenciada pelos investimentos em marketing, em termos de propaganda e promoção de vendas, que sua empresa coloca nesse produto/mercado. Um aumento nesses investimentos aumentaria as vendas. O efeito, é claro, não será linear porque, quando você conquistar a participação de mercado seus concorrentes provavelmente reagirão.

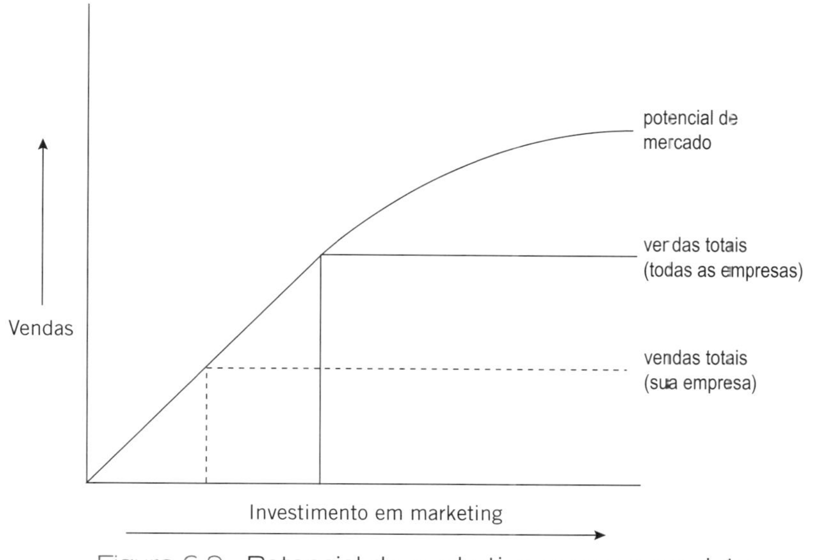

Figura 6.9 Potencial de marketing para um produto.

Análise da defasagem

Esta análise é uma técnica que o ajuda a analisar e a minimizar a defasagem entre aquilo que sua empresa precisa conseguir e aquilo que provavelmente será conseguido se as políticas permanecerem inalteradas. Pode ser utilizada para aumentar lucros e volume das vendas. Conclui-se, portanto, que, em um sentido mais amplo, a análise da defasagem pode incluir sugestões para reduzir custos, entrar em novos mercados e introduzir ou adquirir novos produtos. Aqui, ela será considerada do ponto de vista do estabelecimento de objetivos.

A Figura 6.7 mostrou uma previsão de vendas baseada nas tendências passadas e em políticas futuras inalteradas. As empresas não ficam satisfeitas com uma situação em que não haja nenhum crescimento real ou em que haja um baixo crescimento para determinado produto. Mesmo que um produto esteja na etapa madura ou de saturação de seu ciclo de vida, ainda é possível aumentar suas vendas por meio da implementação de várias técnicas de marketing.

A Figura 6.10 mostra uma situação em que a empresa requer uma taxa de crescimento para o produto que ultrapassa a taxa de crescimento projetada a partir dos dados históricos. A defasagem entre o crescimento original das vendas e o exigido não deve ser tão grande a ponto de ser impossível de ser transposto, mesmo com políticas modificadas. Desse modo, primeiro, é necessário estabelecer que o potencial de mercado é maior do que a defasagem que se está tentando transpor.

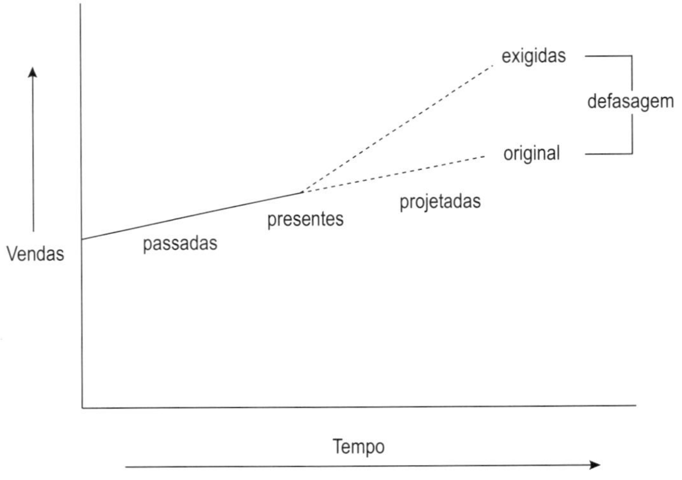

Figura 6.10 Projeção de vendas previstas mostrando o crescimento exigido e o originalmente projetado.

É necessário calcular o potencial *total* do mercado para o seu produto. Esse, com efeito, é o mercado total ocupado por todos os produtos concorrentes em todos os mercados, bem como o potencial para expansão em outros setores. Compare esse número com os referentes às suas próprias vendas nesses mercados e isso determina a quantidade finita de expansão das vendas que teoricamente seria possível. Obviamente, você jamais pode esperar conseguir 100% de penetração no mercado, mas, pelo menos, agora sabe quais são os seus limites externos. A defasagem entre as vendas de sua empresa e o potencial total de mercado é constituída de uma série de defasagens individuais:

- A defasagem preenchida por produtos não concorrentes em todos os mercados.
- A defasagem preenchida por produtos dos concorrentes nos mercados existentes.
- A defasagem preenchida por produtos dos concorrentes em mercados geográficos onde você não está representado.
- A defasagem preenchida por produtos dos concorrentes em setores industriais em que você não está representado.

Por conseguinte, conclui-se que essa defasagem pode ser minimizada por meio de:

- Penetração no mercado, isto é, aumentar a participação de mercado.
- Extensão do mercado, isto é, entrar em novos mercados geográficos ou em novos setores industriais.

Também pode ser minimizada pela entrada em novos mercados com novos produtos, mas, como essa é a estratégia mais arriscada, é a menos indicada quando existem outras possibilidades.

O uso da análise da defasagem no estabelecimento dos objetivos de marketing é um processo iterativo. Devemos pensar nas estratégias e nos planos de ação que precisariam ser implementados para minimizar a defasagem. Os objetivos só devem ser transportados para o plano final se for aparentemente possível minimizar a defasagem por meio de tais estratégias. Se parecer que, mesmo com as estratégias e planos de ação propostos, a defasagem é muito grande para ser transposta, os objetivos precisam ser revistos de cima a baixo e objetivos mais realistas devem ser estabelecidos. A preparação de estratégias e planos de ação serão considerados no próximo capítulo.

A apresentação dos objetivos

Examinamos maneiras de determinar objetivos *exeqüíveis*. Esta é a parte de planejamento do processo. Os objetivos também precisam ser apresentados no plano escrito. Primeiro, inclua um resumo de seus objetivos globais, que seria uma série de declarações como:

- "Aumentar as vendas do produto A no Brasil, em termos reais, em 5% ao ano durante os próximos três anos."
- "Aumentar as vendas do produto B na América Latina em 3% ao ano em 20X6 e em 5% ao ano em 20X7 e 20X8."
- "Aumentar a participação de mercado do produto C nos Estados Unidos para 10% do mercado em 20X8."

Depois, prepare números detalhados para suas projeções de vendas, participação de mercado e lucro, de acordo com os principais objetivos declarados. Em relação aos números de vendas, é útil mostrar os números históricos e os projetados em uma tabela, de forma que a evolução das vendas possa ser vista com facilidade. A apresentação desses números, por conseguinte, seria uma extensão da apresentação dos números das vendas históricas mostrados nas Figuras 4.1 e 4.2 do Capítulo 4. Um exemplo é dado na Figura 6.11.

Outra maneira de apresentar os números da previsão das vendas, participação de mercado e lucro é mostrada na Figura 6.12. Tem a vantagem de mostrar as vendas, a participação de mercado e o lucro bruto juntos. Os números históricos também podem ser incluídos na mesma tabela.

Em um plano de um ano, uma previsão de vendas progressivas mais detalhada também seria incluída; um exemplo é mostrado na Figura 6.13.

Números de Vendas						
Área de Vendas: Brasil						
ANO				← previsão →		
$/UNIDADES (cancele quando apropriado)	20X3	20X4	20X5	20X6	20X7	20X8
PRODUTO A						
PRODUTO B						
PRODUTO C						
TOTAL						

Figura 6.11 Números de vendas: históricos e previstos.

Objetivos de Marketing 20x6-20x8									
Área de Vendas: Brasil									
$/UNIDADES (cancele quando apropriado)									
ANO	**20X6**			**20X7**			**20X8**		
	Participação de Mercado %	**Vendas**	**Lucro Bruto %**	**Participação de Mercado %**	**Vendas**	**Lucro Bruto %**	**Participação de Mercado %**	**Vendas**	**Lucro Bruto %**
PRODUTO A									
PRODUTO B									
PRODUTO C									
TOTAL									

Figura 6.12 Objetivos de marketing para um período de três anos.

Previsão de Vendas 20X6													
Área de Vendas: Brasil													
$/UNIDADES (cancele quando apropriado)													
	J	F	M	A	M	J	J	A	S	O	N	D	TOTAL 20X6
PRODUTO A													
PRODUTO B													
PRODUTO C													
VENDAS TOTAIS													

Figura 6.13 Previsão de vendas para um período de doze meses.

Resumo

Estabelecer objetivos de marketing é o passo principal da preparação de um plano de marketing. Seus objetivos são o que queremos conquistar com nosso plano; as estratégias de marketing são a forma como chegaremos lá.

Os objetivos de marketing relacionam-se a qualquer um dos seguintes pontos:

- vender produtos existentes em mercados existentes;
- vender produtos existentes em novos mercados;
- vender novos produtos em mercados existentes; e
- vender novos produtos em novos mercados.

Os objetivos de marketing devem ser definíveis e quantificáveis e devem ser expressos em termos de valores ou participação de mercado.

Todos os planos de marketing devem incluir objetivos para:

- o crescimento das vendas durante o período do plano;
- a participação de mercado para o período do plano; e
- o lucro bruto das vendas.

Antes de estabelecer seus objetivos de marketing, é importante compreender sua posição atual em relação a produtos e mercados. É necessário examinar seu portfólio de produtos em relação aos ciclos de vida dos produtos e à geração de fluxo de caixa. A matriz BCG é uma ferramenta útil para essa análise.

Ainda que todas as previsões se baseiem em uma análise das vendas passadas, devem levar em conta o potencial total do mercado, a participação de mercado existente e o ciclo de vida do produto.

O desempenho pode ser aumentado ao se levar em consideração o potencial total do mercado para seus produtos e ao utilizar a análise da defasagem para minimizar a brecha existente entre o que a empresa precisa conseguir e aquilo que provavelmente será conseguido, se as políticas permanecerem inalteradas.

Os objetivos de marketing podem ser difíceis, mas devem ser realizáveis. A meta é estabelecer objetivos que sejam um desafio, mas que possam ser atingidos com esforço. Devem ser motivadores, e não desestimulantes.

Questões

1. O que são objetivos e estratégias de marketing, e como um conduz ao outro?
2. O que é o ciclo de vida de um produto? Que método pode ser utilizado para a melhor compreensão desse ciclo?
3. O planejamento de marketing não se limita apenas a prever os acontecimentos de seu negócio, se nada mudar. O planejamento possibilita a melhoria do desempenho, visando à obtenção de melhores resultados. Descreva duas técnicas de análise que levam a essa melhoria de desempenho.
4. Quais cuidados tomar ao definir um mercado e realizar uma previsão de vendas?

Exercício

1. Imagine que sua empresa fabrica telefones celulares, um produto que conta com grande participação em um mercado ainda em crescimento no Brasil. Onde este produto se situa em uma matriz BCG? Para qual quadrante ele passará com o tempo?
2. A empresa de seu amigo é do setor farmacêutico e no ano passado gastou cerca US$ 100 milhões para colocar uma nova droga à base de ervas no mercado. Onde esse produto se situa em uma matriz BCG? Que estratégia deve ser aplicada a ele?

Estudo de caso

Setor de telefonia celular no Brasil passa por mudanças

"Iranete Correia comprou um telefone celular barato, mas só o usa esporadicamente, recarregando o velho aparelho com um cartão pré-pago de R$ 30 uma única vez em intervalos de meses. Ela é um exemplo típico dos milhares de brasileiros de baixo poder aquisitivo que usam telefone celular, mas que representam um problema para as operadoras em um dos mercados de telefonia celular que crescem mais rapidamente. Companhias, como Vivo, Claro e Tim, não têm enfrentado problemas para obter novos clientes, sendo que o mercado acusou um aumento de 295% desde 2000, atingindo a marca de 91,8 milhões de usuários.

Mas quatro entre cada cinco clientes usam telefones pré-pagos e, em geral, gastam menos com ligações do que os consumidores mais ricos. A concorrência entre as operadoras tem sido tão acirrada que o mercado brasileiro se tornou um dos menos rentáveis do mundo.

A Claro tem sido especialmente agressiva, oferecendo tarifas e aparelhos baratos. A companhia recentemente vendeu aparelhos por apenas R$ 1 como parte da promoção de um pacote de pós-pagos no Estado de Minas Gerais. A Vivo tem lutado para competir, e em julho de 2006 registrou um prejuízo de R$ 493 milhões no segundo trimestre, comparado a R$ 253 milhões um ano atrás."

Fonte: Extraído e adaptado do *Financial Times* – 31/07/2006.

Perguntas

1. O que as concorrentes da Vivo poderão fazer se a empresa se tornar mais agressiva?
2. Como as empresas podem aumentar suas receitas?

Capítulo 7

Estratégias, táticas e planos de ação de marketing

Uma vez que os objetivos de marketing iniciais tenham sido estabelecidos, é preciso pensar em como serão atingidos. Eles são atingidos por meio das *estratégias de marketing*.

É importante entender o que é estratégia e como se diferencia da tática. *Estratégias* são os métodos amplos escolhidos para atingir objetivos específicos. Descrevem os meios para atingir os objetivos no prazo de tempo exigido. Não incluem os detalhes dos cursos de ação individuais que serão seguidos em base diária ou mensal: esses são as *táticas*. Estratégia é a definição ampla de como o objetivo será atingido, os passos da ação são as táticas, e os planos de ação contêm os detalhes de cada ação, do momento em que será executada e de quem a executará.

A decisão de utilizar o "preço de mercado" em um produto, portanto, é uma estratégia, mas as decisões de diminuir os preços em certa porcentagem em um mercado e aumentar em certa quantidade em outro são táticas.

As estratégias de marketing são os meios pelos quais os objetivos de marketing são atingidos. Relacionam-se aos *produtos*, aos *preços*, à *propaganda/promoção* e à *distribuição*. Referem-se também, é claro, às vendas, mas estas geralmente são incluídas sob o título "promoção".

As estratégias de marketing relacionam-se às políticas gerais quanto ao seguinte:

- Produtos
  - mudar o mix/portfólio de produtos;
  - abandonar, adicionar ou modificar produtos;
  - mudar o design, a qualidade ou o desempenho; e
  - consolidar/padronizar.
- Preços
  - mudar preços, prazos ou condições para grupos de produtos específicos em segmentos de mercado específicos;
  - política de desnatamento;
  - política de penetração; e
  - política de descontos.

- Promoção
  - mudar o departamento/equipe de vendas;
  - mudar a política de relações públicas; e
  - aumentar/diminuir a participação em exposições/feiras.
- Distribuição
  - mudar os canais; e
  - melhorar o serviço.

Sem dúvida, existem muitas estratégias que podem ser utilizadas, e não seria prático incluir todas elas no plano. Porém, é possível estreitar o número de alternativas considerando-se apenas as estratégias que ofereçam a maior chance de sucesso. Todas as estratégias devem ser consistentes entre si e com os objetivos que devem atingir. As estratégias do plano de marketing também devem ser harmônicas com as do plano corporativo ou de negócios. Por exemplo, se um objetivo do plano corporativo for mudar o foco/direção da empresa, diminuir investimentos, se especializar, cortar despesas, manter/expandir o negócio existente, diversificar etc., isso deverá se refletir no plano de marketing proposto.

Tipos de estratégia

Uma forma de analisar as estratégias é pensar se elas são defensivas, de desenvolvimento ou de ataque. Todas são de um desses tipos, ou uma combinação deles.

1. *Estratégias defensivas* – idealizadas para evitar a perda dos clientes existentes.

   Em suas análises SWOT, você listou uma série de "pontos fracos". Podem ser relacionados à empresa, à sua organização ou aos produtos ou serviços oferecidos. Várias estratégias seriam idealizadas para superar esses pontos fracos, bem como para consolidar a posição da empresa no mercado.

   Se um dos pontos fracos fosse a má reputação da empresa quanto à qualidade, a estratégia lógica seria "melhorar a qualidade". Se o produto fosse considerado ultrapassado, a estratégia necessária seria redesenhar a embalagem (para um bem de consumo) ou reprojetar o produto (para um bem de produção).

   As estratégias defensivas típicas são:

   - melhorar a imagem da empresa;
   - melhorar a qualidade/confiabilidade do produto/serviço;
   - melhorar a confiabilidade das promessas de entrega;
   - dar um novo estilo/redesenhar a embalagem do produto/serviço;
   - melhorar o desempenho do produto;
   - aumentar a durabilidade do produto; e
   - superar as falhas do produto.

2. *Estratégias de desenvolvimento* – idealizadas para oferecer aos clientes existentes uma variedade maior de seus produtos ou serviços.

   Estas estratégias se baseiam em modificar os produtos ou apresentar novos produtos aos seus clientes existentes em seus mercados existentes. Em suas análises SWOT, você identificou uma série de "oportunidades" que podem ser exploradas. Algumas delas se relacionam com as necessidades do mercado e como elas são satisfeitas por seu produto ou variedade de produtos atuais. Se tiver uma variedade de quatro tamanhos de um produto, pode ter identificado uma necessidade de mercado para um tamanho de produto maior que sua maior unidade, ou menor que o seu menor tamanho. Exemplos disso são a introdução de sacos de "minibarras" por fabricantes de chocolate, e de tintas em latões em lojas do tipo "Faça você mesmo".

A introdução desses produtos muitas vezes pode representar a estratégia mais simples e menos arriscada para aumentar o movimento.

As estratégias de desenvolvimento típicas são:

- aumentar a variedade de tamanhos/cores/materiais oferecidos;
- aumentar a variedade de serviços oferecidos;
- aumentar a variedade de características/opções extras oferecidas;
- encontrar novas utilidades para o produto;
- desenvolver um novo produto; e
- tornar o produto menos agressivo ao meio ambiente.

3. *Estratégias de ataque* – idealizadas para desenvolver o negócio por meio de novos clientes.

   Este tipo de estratégia envolve descobrir novos clientes para o seu produto em seus mercados atuais, ou novos clientes em novos mercados. Nenhuma empresa tem uma cobertura de 100% de seu mercado atual e novos clientes podem ser encontrados ou atraídos dos concorrentes por meio da oferta de melhor qualidade, preços ou serviços. Além disso, novos clientes podem ser encontrados em novos segmentos geográficos ou do setor industrial.

As estratégias de ataque típicas são:

- mudar a política de preços;
- utilizar novos canais de venda;
- encontrar novos distribuidores;
- entrar em novos mercados geográficos; e
- entrar em novos setores industriais.

Uma maneira útil de olhar para os tipos de estratégia que podem estar à disposição de uma empresa é utilizar uma matriz desenvolvida por Ansoff, como mostra a Figura 7.1. É possível ver, nessa matriz, que a maneira menos arriscada de tentar expandir seu negócio está nas áreas que você conhece muito bem – isto é, com seus produtos atuais em seus mercados existentes.

Uma estratégia de risco maior é vender produtos existentes em novos mercados, que exige o desenvolvimento de estratégias de entrada no mercado. Pelo menos, com esse tipo de estratégia, há apenas uma incógnita – o novo mercado – e você vai vender algo que sabe que foi vendido com sucesso em seus mercados existentes.

Desenvolver novos produtos para mercados existentes é uma estratégia ainda mais arriscada, mas é algo que a maioria das empresas tenta implementar em um momento ou outro. Se um produto existente está atingindo o final de seu ciclo de vida, não há outra escolha a não ser uma estratégia desse tipo. Muitas empresas têm uma estratégia contínua de introduzir um produto novo de tempos em tempos para dispersar os riscos.

Desenvolver ou adquirir novos produtos para vendê-los em novos mercados é a estratégia mais arriscada de todas e não deve ser tentada se houver outras opções disponíveis.

		Baixo Risco	Alto Risco
		produto atual	novo produto
Baixo Risco	mercado atual	Expandir o mercado existente com o produto atual	Desenvolver novos produtos para os mercados existentes
Alto Risco	mercado novo	Vender o produto atual em novos mercados	Desenvolver ou adquirir novos produtos para vender em novos mercados

Figura 7.1 Matriz de Ansoff: os riscos das várias estratégias.

Delineando as estratégias

As estratégias podem vir de diferentes fontes, e é aconselhável que as empresas estimulem seus executivos de marketing a pensar em todas as formas possíveis de gerar estratégias potenciais. Algumas estratégias parecem advir lógica e obviamente dos objetivos, mas outras podem surgir em um lampejo de inspiração. Muitas empresas realizam sessões de *brainstorming* com freqüência, a fim de criar uma lista de estratégias. A mesma abordagem também pode ser utilizada para listar as táticas possíveis.

Quando a lista de estratégias alternativas estiver pronta, devem ser avaliadas para determinar qual delas cumprirá melhor os objetivos. Deve-se também determinar quais estratégias podem ser mais bem implementadas com os recursos e as capacidades que sua empresa tem.

Se uma empresa só tiver dez funcionários e um giro de meio milhão de reais por ano, uma estratégia que envolva "a criação de uma subsidiária no México" estará claramente fora dos recursos e das capacidades disponíveis, ao passo que, em uma empresa muito maior, com um giro de capital muito alto, isso pode ser uma estratégia lógica.

As estratégias devem ser agrupadas sob os títulos dos quatro principais elementos do mix de marketing – produto, preço, promoção e distribuição. Exemplos de estratégias de marketing específicas a essas funções são dados com algumas das táticas que poderiam ser empregadas.

Produtos

ESTRATÉGIA: mudar o mix/portfólio de produtos.
TÁTICAS:

- Oferecer somente uma linha de produto.
- Expandir sua linha de produto para abranger um mercado mais amplo.
- Desenvolver produtos diferentes para mercados diferentes.
- Fazer diferentes versões do produto com nomes diferentes para mercados diferentes.
- Adquirir novos produtos que complementem os produtos existentes por meio da aquisição de novas empresas.

ESTRATÉGIA: abandonar, adicionar ou modificar produtos.
TÁTICAS:

- Abandonar produtos marginais.
- Desenvolver novos produtos para substituir os antigos.
- Lançar produto modificado.

ESTRATÉGIA: mudar o design, a qualidade ou o desempenho.
TÁTICAS:

- Criar uma imagem de qualidade por meio do desenvolvimento de produtos de qualidade.
- Distinguir seu produto do produto dos concorrentes aos olhos de seus clientes.
- Criar uma reputação de inovação.
- Criar novas utilidades para seu produto atual por meio da melhoria do desempenho ou pelo acréscimo de características exclusivas.

ESTRATÉGIA: consolidar/padronizar o produto.
TÁTICAS:

- Racionalizar sua linha de produtos.
- Retirar componentes extras/especiais caros.

Preços

ESTRATÉGIA: mudar o preço, os prazos ou as condições para determinados grupos de produtos em segmentos de mercados específicos.
TÁTICAS:

- Dar um preço baixo ao produto e obter o lucro máximo com as peças de reposição.
- Dar um preço alto ao produto e utilizar uma margem de lucro baixa para as peças de reposição.
- Planejar uma estratégia para responder a uma política de preços específica de um concorrente.
- Fixar o preço em 10% abaixo da empresa líder do mercado.
- Reduzir o preço do produto para maximizar as vendas (para permitir o aumento da produção e reduzir o custo de produção por unidade).

ESTRATÉGIA: política de desnatamento.
TÁTICAS:

- Estabelecer o preço do novo produto em um nível 30% acima dos produtos anteriores.
- Promover as características e os benefícios do design novo e revolucionário.
- Estar preparado para reduzir os preços quando o volume aumentar, caso os concorrentes entrem no mercado.

ESTRATÉGIA: política de penetração.
TÁTICAS:

- Estabelecer um preço baixo para o novo produto a fim de desestimular os concorrentes a entrarem no mercado.
- Aumentar o giro para um nível em que o produto se torne lucrativo.

ESTRATÉGIA: política de descontos.
TÁTICAS:

- Oferecer descontos para grandes quantidades para estimular a compra de um número maior de unidades.
- Oferecer descontos retroativos baseados no nível de compra deste ano.
- Oferecer um nível de descontos para o próximo ano tendo como base o nível das compras deste ano.

Propaganda/Promoção

ESTRATÉGIA: mudar o departamento/equipe de vendas.
TÁTICAS:

- Fortalecer o departamento de vendas.

- Reorganizar a equipe de vendas para uma área específica.
- Introduzir um plano de bonificação por desempenho para a equipe de vendas.
- Recrutar mais pessoas para a área de vendas.
- Aumentar o esforço de vendas para os produtos mais lucrativos.
- Aumentar o esforço de vendas a fim de aumentar as vendas para os principais/maiores clientes.

ESTRATÉGIA: modificar a propaganda/promoção de vendas.
TÁTICAS:

- Aumentar a propaganda do produto em mercados específicos.
- Iniciar uma campanha de propaganda.
- Introduzir um esquema de vale-brinde.
- Oferecer um plano de incentivos para os distribuidores.
- Executar uma campanha de mala-direta.
- Ampliar a propaganda sobre a imagem da empresa.
- Realizar um lançamento em grande estilo do principal produto.

ESTRATÉGIA: aumentar a cobertura de exposições e feiras.
TÁTICAS:

- Aumentar a freqüência e o tamanho do estande nas maiores exposições e feiras do setor.
- Utilizar a assistência governamental para exposições e feiras no exterior.
- Estimular os distribuidores estrangeiros a expor mais e a fornecer equipamento e pessoal de apoio.

Distribuição

ESTRATÉGIA: mudar os canais.
TÁTICAS:

- Criar uma distribuição própria, direta para as lojas.
- Mudar o distribuidor para a região.
- Aumentar o número de armazéns para o produto.
- Limitar-se ao uso de apenas um grande armazém.

ESTRATÉGIA: melhorar o serviço.
TÁTICAS:

- Criar uma rede de serviço nacional.
- Organizar os serviços por meio de uma grande empresa com centros de serviço em toda a região.

Os planos integrantes

Para preparar o seu plano de marketing, é necessário dividir objetivos e estratégias individuais em táticas e plano de ação. Um objetivo fundamental do processo de planejamento é convencer a si mesmo de que os objetivos estabelecidos não só são exeqüíveis como também lucrativamente exeqüíveis, e que as estratégias adotadas permitirão que esses objetivos sejam alcançados. As táticas e os planos de ação permitirão que o plano seja implementado e eles precisam ser determinados e orçados. Depois de estabelecer objetivos e estratégias iniciais, há uma série de diferentes maneiras de proceder.

Divida seus objetivos em subobjetivos para seus principais produtos, mercados estratégicos e principais áreas de vendas, ou prepare subplanos para "produtos", "preços", "promoção" e "distribuição". De fato, você deve adotar ambas as abordagens – os subobjetivos e as estratégias serão, por fim, introduzidos no plano escrito nas seções "principais produtos, mercados estratégicos e principais áreas de vendas", e os planos individuais para as partes distintas do mix de marketing garantirão que você adote uma abordagem coordenada.

Subobjetivos

Se seu objetivo for "aumentar as vendas do produto em 10% em termos reais em dois anos", esse objetivo será dividido em uma série de partes integrantes. Parte do aumento pode vir de uma expansão prevista dos mercados existentes, mas é quase certo que se espera que parte dele venha da expansão para novos segmentos de mercado geográficos ou setoriais.

Um subobjetivo pode ser "aumentar a participação de mercado do produto no mercado alemão de 2% para 10% em dois anos". Suas estratégias em relação a isso podem ser:

- **Produto** – Redesenhar o produto para o mercado alemão de maneira a obedecer particularmente aos padrões DIN[1] e realizar testes TÜV[2] quando necessário.
- **Preços** – Fixar os preços 10% abaixo dos da empresa líder do mercado e manter esse nível pelo tempo necessário.
- **Promoção/Propaganda** – Realizar cursos de treinamento para o pessoal de vendas da Alemanha. Preparar e implementar uma grande campanha de propaganda. Expor em grandes exposições como a Feira de Hannover e a Exposição de Achema.
- **Distribuição** – Criar uma subsidiária na Alemanha.

1. DIN: sigla de Deutsche Industrie Norm (padrão industrial alemão) (N. de R. T.).
2. Testes TÜV: testes realizados pelo TÜV Rheinland, instituto que confere certificação e qualificação de produtos e serviços (N. de R. T.).

O subobjetivo de um grande fabricante de destilados pode ser "introduzir uma nova variedade de cachaça de qualidade no mercado francês e atingir vendas de 30 milhões de euros por ano dentro de dois anos". As estratégias adotadas podem ser:

- **Produto** – Criar design para a embalagem destinada ao mercado europeu a fim de proporcionar um "ar de jovialidade e descontração brasileiros" ao produto, mas usar língua, pesos e medidas etc. franceses.
- **Preços** – Fixar o preço em níveis semelhantes aos dos demais destilados de alta qualidade disponíveis na França.
- **Promoção/Propaganda** – Preparar e lançar uma campanha de propaganda de qualidade na televisão francesa e em revistas de alto prestígio. Fazer que a campanha seja organizada por uma grande agência de propaganda francesa com conhecimento do mercado.
- **Distribuição** – Fazer a distribuição por meio de cadeias de lojas de produtos de alta qualidade, eventos culturais, restaurantes modernos, *delicatessens* etc.

A abordagem dos planos individuais envolve examinar sua abordagem global de uma parte específica do mix de marketing.

O plano para o produto

A preparação do plano para o produto envolve olhar para seu portfólio de produtos e decidir:

- se ele deve ser mudado;
- como deve ser mudado;
- quais estratégias podem ser adotadas; e
- para onde essas estratégias o levarão.

No Capítulo 6, examinamos a posição histórica e a posição atual do portfólio de produtos, utilizando o conceito do ciclo de vida do produto e a abordagem da matriz BCG. Ao prepararmos o plano para o produto, utilizaremos as informações já obtidas e as desenvolveremos ainda mais.

As decisões de marketing que tomamos em função de um produto variam dependendo de em qual quadrante da matriz BCG ele se encontra. Os diferentes quadrantes sugerem diferentes respostas de marketing.

- *Ponto de interrogação*
  - Investir fortemente em produtos selecionados que você acredita que tenham bom potencial de crescimento.
  - Pensar em tirar de circulação os produtos fracos ou arriscados.

- *Estrela*
  - Investir no crescimento.
  - Melhorar a posição competitiva.
- *Vaca Leiteira*
  - Manter sua posição competitiva no mercado.
  - Administrar o produto para maximizar os ganhos.
- *Abacaxi*
  - Minimizar os investimentos.
  - Maximizar o fluxo de caixa em curto prazo.
  - Pensar em tirar o produto de circulação.

Se olharmos agora para o portfólio de produtos do Capítulo 6, como mostra a Figura 6.6, teremos a base para tomar decisões sobre nossa variedade de produto atual e para onde ela nos levará.

O *produto 1* ainda é uma "estrela" e as vendas aumentaram nos últimos três anos. O aumento das vendas foi mais lento que a taxa de crescimento do mercado. Portanto, há espaço para fazer um investimento maior no futuro e aumentar o crescimento do produto ainda mais, mesmo que haja certa redução na taxa de crescimento do mercado.

O *produto 2* tornou-se uma "estrela" e, mais uma vez, um investimento maior provavelmente aumentará as vendas deste produto ainda mais.

O *produto 3* continuará como uma "vaca leiteira" em um mercado estável, mas sua porcentagem das vendas globais da empresa provavelmente continuará diminuindo, conforme as vendas dos produtos "estrela" continuarem a subir.

O *produto 4* agora não passa de um problema. Sua extinção provavelmente é irreversível e novos investimentos não valeriam a pena. Durante a vigência do plano de marketing, ele continuará a ter uma redução no movimento das vendas e se tornará o alvo principal para uma venda de ativos ou ser retirado do mercado.

O *produto 5* permaneceu na fronteira entre o "ponto de interrogação" e o "abacaxi". É necessário decidir se ele cairá para o quadrante "abacaxi" ou se deslocará em direção ao setor "estrela".

O *produto 6* não existia há três anos e uma análise mais detalhada de seu desempenho em cada um dos últimos dois anos seria necessária para decidir qual caminho este produto está seguindo. Trata-se de um novo produto e, dessa forma, nenhuma decisão sobre seu futuro de longo prazo seria tomada nesta etapa.

O típico cenário para esse portfólio de produtos em um plano de marketing de três anos é mostrado na Figura 7.2.

Essa matriz de portfólio representa os objetivos da empresa em relação ao produto, ao movimento das vendas e à participação de mercado. Depois disso, a empresa adota estratégias referentes ao preço, à promoção e à distribuição que permitem que tais objetivos sejam alcançados.

O plano de estabelecimento de preços

O estabelecimento de preços é um fator importante na estratégia de marketing. Pode ser um determinante fundamental para a realização dos objetivos corporativos e de marketing. Seu papel precisa ser estabelecido em relação ao portfólio de produtos, aos ciclos de vida dos produtos e aos objetivos do movimento das vendas e da participação de mercado.

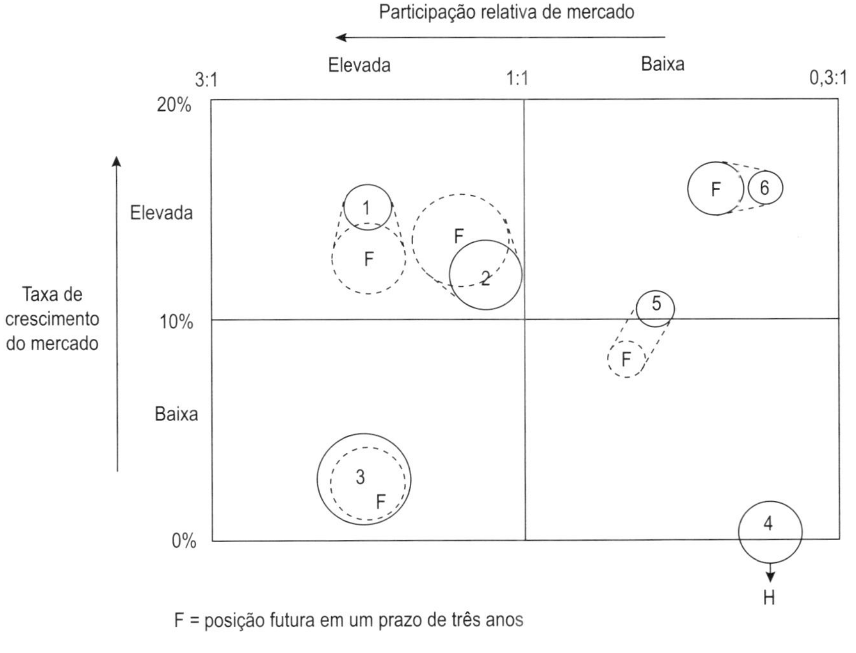

Figura 7.2 Exemplo de matriz de portfólio mostrando a posição atual e a posição projetada em um prazo de três anos.

Em geral, é verdadeiro dizer que o nível de preço de um produto determina a demanda desse produto. O preço pelo qual você vende seu produto e a quantidade em que o vende determinarão o lucro que conseguirá dessas vendas.

Se você reduzir os seus preços, pode esperar aumentar a demanda de seu produto. A Figura 7.3 mostra uma típica curva de demanda.

Se você atualmente vende uma quantidade Q2 de seu produto por um preço P2, o valor total das vendas será P2 × Q2. Se aumentar seu preço para P1, a quantidade de venda se reduzirá a Q1 e, se diminuir seu preço para P3, a quantidade de venda subirá para Q3. O objetivo do exercício é aumentar o valor de P × Q ao máximo, mas mantendo P em um nível lucrativo. Se o custo de produção dos itens for superior a P3, você não pode justificar a redução de seu preço para P3 em longo prazo porque, mesmo que você vendesse mais produtos, eles seriam vendidos com prejuízo. Pode haver, porém, boas razões de marketing que justifiquem a redução do preço para P3 ou para menos ainda, como uma medida de curto prazo para conquistar participação de mercado.

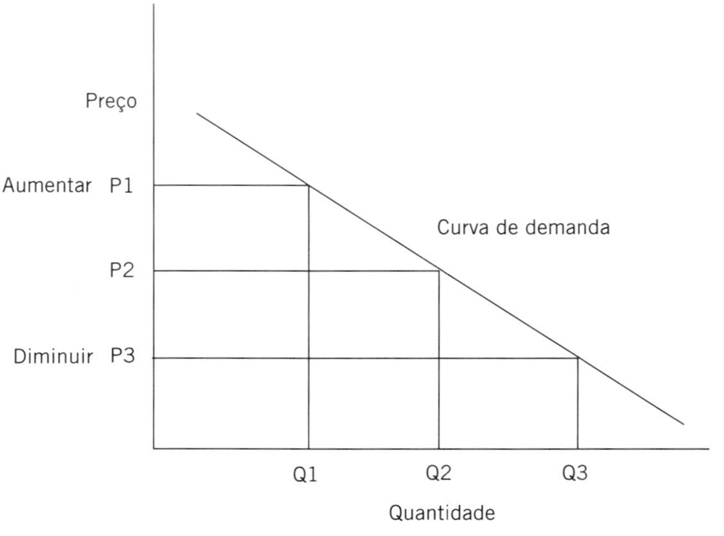

Figura 7.3 Uma típica curva de demanda.

Do ponto de vista contábil, não há sentido em vender um produto com prejuízo. Do ponto de vista do marketing, porém, muitas vezes é necessário pensar na situação "a galinha e o ovo". Se o produto tiver um preço muito alto, talvez nunca seja vendido nas quantidades necessárias para que a economia de escala permita que o produto seja produzido com lucro. As empresas japonesas, em particular, estão preparadas para vender seus produtos aos preços de mercado, e não aos preços baseados no custo inicial. Isso tem possibilitado a eles uma conquista rápida da participação de mercado e dos lucros subseqüentes. O estabelecimento de preços, em última análise, deve estar relacionado aos custos, mas o custo não é o único fator que deve ser utilizado para determinar os preços no ambiente de marketing. A questão das quantidades e dos custos em relação ao ponto de equilíbrio será tratada com mais detalhes no Capítulo 10.

Estratégias de preços

Podemos considerar muitos tipos de estratégias e táticas de preços. A maior parte, entretanto, pode ser classificada, em termos gerais, como estratégia de desnatamento ou política de penetração.

Desnatamento

Envolve entrar no mercado com um nível de preço elevado e "tirar a nata" do máximo de lucro possível. Quando a concorrência entra no mercado, o nível de preço é ajustado para baixo quando necessário. Este tipo de estratégia só pode ser adotado por empresas que tenham uma clara liderança sobre a concorrência. Uma empresa com um produto patenteado que esteja bem à frente dos produtos de seus concorrentes pode adotar com sucesso uma política de desnatamento.

Este tipo de política foi adotado pelas empresas farmacêuticas quando estavam na dianteira. Exemplo disso são as empresas que desenvolvem medicamentos para tratar o câncer. Esses medicamentos são vendidos no mercado por um preço extremamente elevado. Existe, é claro, o argumento de que tais medicamentos têm um custo de desenvolvimento altíssimo e que, se as empresas não tivessem a proteção de uma patente que lhes possibilitasse adotar a política de desnatamento, não seriam capazes de gerar os fundos para investir em novos avanços.

O problema com a política de desnatamento é que os altos lucros gerados estimulam os concorrentes a entrar no mercado e a desenvolver produtos que superam sua vantagem tecnológica. Uma política de desnatamento também tem a probabilidade de manter baixo o volume de produto vendido (mesmo que isso seja mais do que compensado pelo alto nível de lucro). Isso significa que é improvável que a empresa seja capaz de tirar proveito da economia de escala na fabricação.

As políticas de desnatamento, quando exeqüíveis, são claramente vantajosas para as empresas com produtos novos e inovadores, em que os custos para produzir e comercializar o produto não sejam conhecidos com precisão.

Penetração

É o oposto da estratégia de desnatamento. Com este tipo de estratégia, uma empresa fixa o preço baixo deliberadamente. Uma política de penetração estimula mais clientes a comprar o produto, o que aumenta o movimento das vendas e também a participação de mercado. Isso, por sua vez, significa que a empresa será capaz de se beneficiar da economia de escala na fabricação em uma etapa anterior à que seria possível. Além disso, um preço inicial baixo pode desestimular os competidores a investir no desenvolvimento de produtos concorrentes, se os custos de desenvolvimento forem elevados.

Uma empresa que pratica uma política de penetração pode inicialmente vender o produto com prejuízo, tendo como base que, nesse nível de preço, ela conseguirá rapidamente um nível de movimento que torne o produto lucrativo.

Políticas de penetração foram adotadas por empresas como Vivo, Claro e Tim no mercado brasileiro de celulares pré-pagos. O estabelecimento de preços baixos e venda de aparelhos subsidiados pelas operadoras foi combinado com consideráveis investimentos em marketing.

Preços "premium"

Certos produtos são vendidos a preços elevados em função daquilo que são ou devido à reputação da empresa que os fabrica. O preço de venda dos carros da Rolls-Royce é mais alto que o preço médio de uma casa de luxo em qualquer parte do mundo. A maioria das pessoas sabe disso e, se a Rolls-Royce tentasse vender carros pelo mesmo preço que a Ford e a General Motors, ninguém acreditaria que eram Rolls-Royces. O mesmo acontece com os relógios Rolex. De fato, os esforços da Mercedes para chegar ao mercado popular e da General Motors para chegar ao mercado de qualidade superior só foram parcialmente bem-sucedidos.

No Brasil, temos o caso das sandálias Havaianas que tradicionalmente eram um calçado popular, comprado pelas camadas mais pobres da população para uso diário. A empresa Alpargatas decidiu reposicionar as sandálias e iniciar uma campanha de internacionalização do produto e da marca, com modelos de chinelos coloridos, diferenciados, e alguns bastante sofisticados. As Havaianas tornaram-se um calçado jovial e moderno, com charme brasileiro, desfiladas por celebridades e formadores de opinião em eventos sociais, e presenteadas aos convidados da festa do Oscar. Desnecessário dizer que o produto se tornou uma coqueluche mundial, projetou a marca Havaianas no cenário global, reposicionou-a no mercado interno e acirrou a competição no segmento de sandálias de borracha.

Preços para múltiplos mercados

Esta é uma tática muito utilizada no marketing. Significa que o preço do produto será variado em diferentes mercados, dependendo da situação competitiva. As leis de concorrência na União Européia proíbem o uso dessa tática na Europa, mas pode acontecer de o nível de preço de um produto nos Estados Unidos ou no Japão ser muito maior ou muito menor que no mercado doméstico. O preço para esse mercado seria ajustado para facilitar a penetração. Se o negócio for marginal, seria justificável vender por um preço mais baixo em alguns mercados.

As empresas também utilizam preços para mercados específicos contra concorrentes que entram em um mercado com preços muito baixos para tentar obter participação de mercado. Uma empresa líder de mercado pode, em certos casos, impedir que um concorrente conquiste uma base no mercado ao estabelecer preços por mercado quando necessário, com clientes específicos e em áreas específicas.

Liderança de preços

A líder de mercado tem uma posição excepcional. É provável que as demais empresas estabeleçam seus preços com base no preço dela e mudem os preços de acordo com os dela – seja para cima ou para baixo. Por causa de sua grande participação de mercado, a líder de mercado está em uma posição forte para reagir às mudanças de preço dos concorrentes menores.

O efeito do ciclo de vida

A posição de um produto na curva de seu ciclo de vida ou em um quadrante específico da matriz BCG também determinará o tipo de estratégia de preços adequada. Se um produto estiver na fase de saturação de seu ciclo de vida e também for uma "vaca leiteira", com uma participação de mercado grande e estabelecida, será ilógico pensar em uma redução de seu preço para tentar aumentar a participação de mercado. Seria muito melhor manter o preço elevado pelo tempo que fosse possível para extrair o melhor do produto e garantir lucros que sustentassem os produtos mais novos. Se, por outro lado, um produto estiver em um estágio inicial de seu ciclo de vida e for um "ponto de interrogação", pode ter sentido pensar em uma política de penetração para aumentar a participação de mercado.

Concessão de descontos

A política de preços não se relaciona apenas a determinar os preços. As estratégias de concessão de descontos são uma parte integrante da equação dos preços. São particularmente relevantes se você vender por meio de canais de distribuição, embora também seja possível utilizar o desconto por quantidade com consumidores finais. Os descontos podem ser utilizados para estimular pedidos maiores ou podem se basear na quantidade total de negócios realizados em determinado período de tempo. Podem ser utilizados para estimular os clientes a comprar só de sua empresa, não dividindo, assim, os negócios entre você e seus concorrentes.

Uma empresa com um portfólio de produtos tem vantagens sobre uma empresa com um só produto em termos de políticas de preços. Pode engrenar as estratégias de preços para determinados produtos de acordo com a posição desses produtos em seus ciclos de vida e as necessidades globais da empresa quanto aos lucros. Pode decidir privar-se dos lucros sobre certos produtos hoje e tirar seus lucros de outros produtos que estejam mais estabelecidos no mercado.

Com um portfólio de produtos é possível ter um plano de estabelecimento de preços verdadeiros, em vez de apenas uma coleção de estratégias de preços individuais.

No próximo capítulo, discutiremos melhor os planos individuais de distribuição e promoção.

Planos de ação

Depois de ter escolhido as estratégias e as táticas para realizar seus objetivos de marketing, você precisa transformar essas estratégias em programas ou planos de ação que lhe permitam dar instruções claras a sua equipe. Cada departamento e cada membro da equipe precisa conhecer suas responsabilidades e o cronograma para realizá-las, de modo que cada uma de suas estratégias de marketing possa ter seus planos de ação.

Cada plano de ação deve incluir:

- posição atual – onde você está agora;
- metas – o que fazer/aonde quer chegar;
- ação – o que precisa fazer para chegar lá;
- pessoa responsável – quem o fará;
- data de início;
- data de conclusão; e
- custo orçado.

Se seu objetivo de marketing for "aumentar as vendas do produto no Brasil em 5% ao ano em termos reais nos próximos três anos", suas estratégias podem incluir "reorganizar a equipe de vendas de uma maneira mais lógica". O plano de ação ou programa para executar essa estratégia envolveria:

- contratar um gerente de vendas até 1º de junho de 20X3;
- definir novas áreas de venda até 1º de setembro de 20X3;
- estabelecer orçamentos de venda para a equipe de vendas, territórios e produtos até 1º de setembro de 20X3;
- contratar engenheiros de vendas até 1º de novembro de 20X3;
- treinar novos engenheiros de vendas até 1º de janeiro de 20X4.

O plano de ação completo incluiria, além disso, os detalhes de quem executaria as ações.

Cada plano de ação também precisa ser dividido em partes integrantes. A Figura 7.4 mostra um formato sugerido para o plano de ação. Esse plano coloca em prática a estratégia de "realizar uma campanha de mala-direta".

Cada uma das ações desse plano de ação pode ser dividida em partes. A preparação do catálogo inclui uma série de etapas:

- tirar fotografias;
- preparar informações técnicas – departamento de engenharia;
- preparar layout preliminar;
- escrever o texto;
- preparar a arte-final;
- fazer uma verificação final; e
- imprimir.

É necessário detalhar cada uma dessas partes integrantes e estimar o custo ou o número de homens/hora exigido para cada elemento. Um gráfico de barras com o número de semanas deve ser preparado. Um exemplo de preparação de um catálogo é mostrado na Figura 7.5.

Plano de Ação						
Departamento: Vendas						
Meta	**Posição Atual**	**Ação**	**Por**	**Início**	**Término**	**Custo**
Executar campanha de mala-direta	Lista de endereços desatualizada	Atualizar a lista	ILH	1º.1.X6	1º.3.X6	$ 400
	Não existe uma carta-padrão	Preparar uma carta	JDT	1º.2.X6	1º.3.X6	$ 50
	Não existem catálogos	Preparar catálogos novos	NBF	1º 11.X5	1º.3.X6	$ 6.000
		Enviar mala direta	ILH	1º 3.X6	1º.4.X6	$ 1.000

Figura 7.4 Apresentação de um plano de ação.

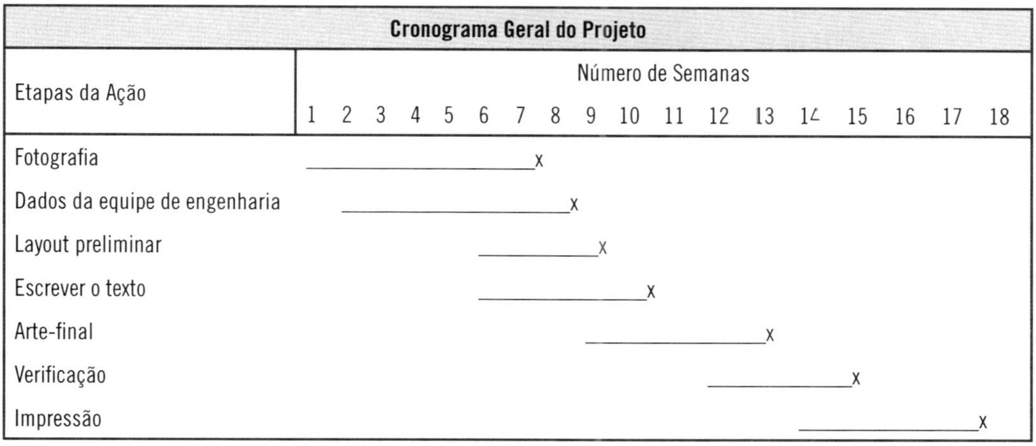

Figura 7.5 Gráfico de barras para a preparação do catálogo.

Depois de programar suas atividades em função dos planos de ação, é necessário combinar os planos de ação e os programas individuais com os programas funcionais mais amplos (produto, preço, promoção e distribuição). Esses programas funcionais aparecem no plano de marketing escrito. Depois, são desenvolvidos em um cronograma global – um cronograma-diretor que possa ser utilizado para controlar a implementação do plano. Esse é o "cronograma de o quê/onde/como" no plano escrito. Ainda que somente os programas funcionais amplos e o cronograma-diretor apareçam no plano de marketing escrito, cada um dos planos e dos programas menores precisa ser comunicado àqueles que os executarão.

Resumo

Estratégias de marketing são os métodos pelos quais você atinge seus objetivos de marketing. São os métodos amplos escolhidos e descrevem os meios de atingir os objetivos no tempo necessário. Os cursos de ação individuais cumpridos diariamente são as táticas.

As estratégias de marketing referem-se a *produtos, preços, propaganda/promoção* e *distribuição*. Podem ser divididas em categorias como: estratégias "defensivas", "de desenvolvimento" ou "de ataque".

Sabendo que sempre haverá uma imensa variedade de estratégias potenciais à disposição de qualquer empresa, devem ser escolhidas aquelas que melhor satisfaçam os seus objetivos e que possam ser efetivamente implementadas com os recursos e as capacidades de sua empresa.

Os objetivos devem ser divididos em subobjetivos para os seus principais produtos, mercados estratégicos e principais áreas de venda, e subplanos devem ser preparados para "produtos", "preços", "promoção" e "distribuição".

O plano para o produto envolve examinar o seu portfólio de produtos e decidir:

- se ele deve ser mudado;
- como deve ser mudado;
- quais estratégias podem ser adotadas; e
- para onde essas estratégias o levarão.

O plano de preços determina a política e as táticas de preços. Estabelece a combinação das políticas de preços e de descontos que melhor se enquadram ao seu portfólio de produtos.

As estratégias devem ser convertidas em programas ou planos de ação para que possam ser executadas. Cada departamento e cada membro da equipe precisa saber sobre suas responsabilidades e conhecer o cronograma para executá-las.

Esses planos de ação individuais depois se combinam e compõem os programas funcionais mais amplos que, por sua vez, compõem o cronograma-diretor. Apenas os programas funcionais mais amplos e o cronograma-diretor aparecerão no plano de marketing escrito.

Questões

1. Estabeleça a distinção entre objetivos e estratégias de marketing. Formule um exemplo de cada.
2. As estratégias podem ser defensivas, de desenvolvimento ou de ataque. Descreva cada uma delas e dê exemplos pertinentes.
3. Explique o conceito de matriz BCG e sua aplicação. Como são classificados os produtos na matriz?

4. As estratégias de preço estão relacionadas aos objetivos. De que forma as diversas estratégias de preço ajudam a atingir os objetivos de marketing? Como as estratégias são classificadas e definidas? Dê exemplos de produtos ou serviços que ilustram as principais estratégias de precificação.

Exercício

Considere uma estratégia de penetração por preço ou por desnatamento, discuta qual estratégia você defenderia para os seguintes cenários e quais são seus argumentos:

1. A entrada tardia de um restaurante McDonald's em um país onde a rede Burger King tem o domínio de mercado.
2. Um renomado consultor de estratégia que foi sondado por uma multinacional para auxiliá-la a desenvolver seu planejamento estratégico para os próximos dez anos.

Estudo de caso

Indústria aposta em celulares mais baratos

"Existem no Brasil quase 92 milhões de aparelhos celulares. Boa parte das vendas que estão sendo feitas hoje pelo varejo está voltada para o cliente que busca um novo modelo, mais moderno. Os telefones de R$ 1.500 continuarão a orbitar as campanhas mundiais de mídia dos fabricantes, mas o que se verá é uma tentativa de vender equipamentos mais populares para o consumidor que nunca fez uma ligação via celular.

No final de 2006 chegaria às lojas do país o celular modelo Motofone, da Motorola, com 9 mm de espessura – o modelo Razr, o mais fino da empresa, tem 14 mm –, com poucas funções e de baixo preço. Deverá custar nas lojas entre R$ 110 e R$ 149. No mercado hoje, o modelo mais em conta custa R$ 69. Mas, nesse caso, é preciso arcar com uma mensalidade obrigatória de R$ 83,90 a R$ 349,90.

O aparelho apenas faz ligações e envia mensagens, deve atender as classes C e D, mas também a classe B, para aquele consumidor que não tem a necessidade de comprar um aparelho com tantos recursos tecnológicos.

A Nokia lançou no segundo trimestre modelos mais acessíveis, para mercados como o brasileiro e o chinês, onde os níveis de penetração do aparelho estão em crescimento, mas ainda são relativamente baixos. Como os da Motorola, eles têm design atraente e poderiam, à primeira vista, até se passar como produto de alto valor agregado. O recém-lançado da Nokia, o modelo 1112, com display branco, tem preço sugerido de R$ 121 e pesa 80 gramas.

Essa oferta de modelos mais baratos não representa uma reversão da estratégia das grandes companhias em focar as operações na venda de celulares de maior valor agregado. Na verdade, continua sendo aí o pote de ouro das companhias — é nesse segmento que os fabricantes conseguem difundir a imagem de marca atrelada às inovações tecnológicas. São os aparelhos de preços salgados, objeto de desejo de certos consumidores, que estão conduzindo a "renovação da frota" de telefones já vendidos no país."

Fonte: Extraído e adaptado da *Folha de S.Paulo* – 23/08/2006.

Pergunta

Comente as estratégias de produto, preço e comunicação utilizadas pelas duas fabricantes de celular citadas no texto.

Capítulo 8

Os planos de distribuição, propaganda e promoção

Promoção significa fazer chegar a mensagem certa à pessoa certa. Envolve as vendas pessoais, a propaganda e a promoção de vendas. Porém, antes de planejar propaganda e promoção de vendas, é necessário escolher os canais de marketing corretos para produto e negócio dentre aqueles que estão à disposição. Isso faz parte do plano de distribuição. Um plano de distribuição sempre fará parte do plano de marketing mas, em muitas empresas, a distribuição é tão importante que há um plano de distribuição distinto dentro do plano corporativo (ver o Capítulo 1, Figura 1.1).

O plano de distribuição

A distribuição física de bens é apenas um dos aspectos da distribuição definida pelos planejadores de marketing. A distribuição envolve:

- canais de marketing;
- distribuição física; e
- serviço ao cliente.

Canais de marketing

Os canais de marketing são os meios que uma empresa pode escolher para entrar em contato com seus clientes potenciais. Se eles não conhecerem o produto, não o comprarão. Existe uma ampla variedade de diferentes canais que uma empresa pode utilizar. Variam da venda impessoal à venda direta. A Figura 8.1 mostra uma seleção típica de canais de marketing disponíveis.

A venda direta é um canal caro e normalmente se restringe a bens de produção de alto valor. (Porém, tem uma exceção, como os vendedores de porta em porta, embora essa técnica seja muito menos comum hoje do que há dez ou vinte anos). A maior parte dos gastos em propaganda é utilizado nos bens de consumo, especialmente nos itens de compra repetida de baixo preço, como a alimentação e os materiais de consumo doméstico. Os bens de consumo normalmente são vendidos por meio de distribuidores, atacadistas e varejistas, e não por meio de venda direta, mas ainda é necessário que a empresa tenha uma equipe de vendas para vender a esses distribuidores, atacadistas e varejistas.

Figura 8.1 Canais de marketing.

As características do produto que você vende têm considerável influência sobre o mix de canais de marketing que escolhe. A Figura 8.2 mostra como as características do produto influenciam a escolha entre a venda direta e a venda por meio de um distribuidor.

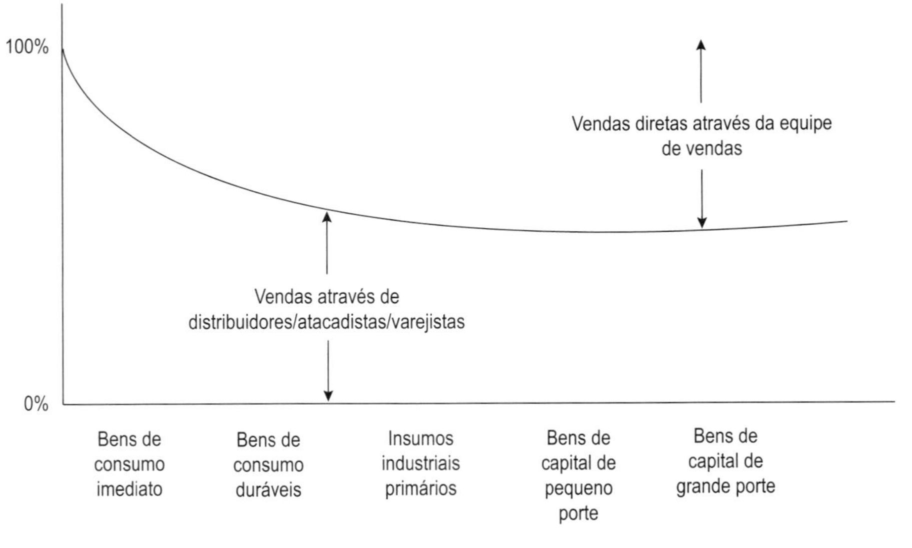

Figura 8.2 A influência das características do produto sobre os canais de distribuição.

A quantidade de níveis de canais de distribuição também afeta os preços por causa do nível de desconto que precisa ser embutido na estrutura de preços.

O consumidor compra para satisfazer uma necessidade, que consiste em um conjunto de partes objetivas e subjetivas. As necessidades objetivas são itens como, comer, ir de A até B, fabricar um produto final a um certo custo para vendê-lo no mercado. As necessidades subjetivas são emocionais, como o prestígio ou a segurança. São coisas como o desejo de ser visto comprando produtos que mostram que você tem dinheiro. Atualmente, temos observado que a aquisição e consumo de itens de luxo, muitas vezes, envoltos em uma aura de glamour e exclusividade, e a incansável busca pelo corpo perfeito traduzem alguns dos desejos sociais que mobilizam as pessoas e movimentam a economia.

O conjunto de necessidades objetivas e subjetivas variará consideravelmente de mercado para mercado. No caso dos bens de consumo, o comprador está, em grande parte, preocupado com necessidades subjetivas, como satisfação emocional, embora também leve em consideração as objetivas, como qualidade e preço. Por exemplo, os produtos de consumo de "marca própria" comercializados pelos grandes supermercados. A menos que a qualidade seja semelhante à do produto de marca consagrada, o consumidor não o comprará, mesmo que seja mais barato. Os alimentos de luxo são comprados quase exclusivamente por motivos emocionais. O mesmo é verdadeiro em relação aos carros de luxo.

O comprador industrial toma suas decisões de compra baseado principalmente em considerações objetivas – desempenho, preço, entrega e qualidade de fabricação do produto. Entretanto, também existem considerações subjetivas, como a imagem do produto e a confiança que o comprador tem no vendedor e na empresa com a qual está negociando.

Nos casos em que os produtos e os preços são semelhantes, as considerações subjetivas emocionais determinarão qual produto será comprado. Essa escolha será consideravelmente influenciada pelas informações que a empresa fornece e pela maneira como são apresentadas.

A Figura 8.3 mostra como as necessidades objetivas e subjetivas influenciam as decisões de compra dos serviços, dos bens de consumo e dos bens de produção.

Conclui-se que ainda que a venda por contato pessoal possa influenciar tanto as considerações subjetivas como as objetivas do cliente, ela é mais efetiva nas vendas industriais, nas quais as considerações objetivas e o conhecimento técnico do produto são mais importantes. O comprador de um carro esportivo tem mais probabilidade de ser influenciado em sua escolha pelo prestígio do produto e pela propaganda do que pelo vendedor no *showroom* que esteja apenas reforçando a mensagem da propaganda.

Vendas diretas

Em um mundo perfeito, a venda direta, com o vendedor frente a frente com o cliente, daria à empresa a máxima possibilidade de transmitir sua mensagem e fechar a venda. No mundo real, isso não é possível porque não há uma boa relação custo-benefício. Todas as empresas utilizam um misto de técnicas de venda diretas e indiretas.

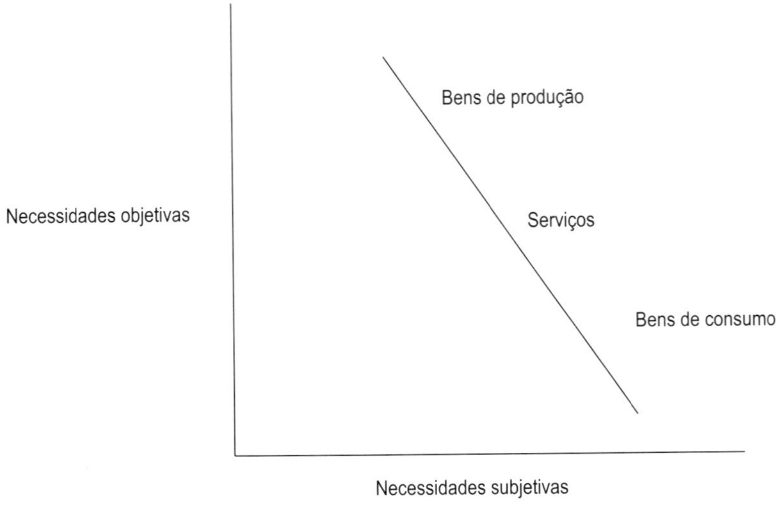

Figura 8.3 O efeito das "necessidades" nas decisões de compra.

As vantagens da venda pessoal são:

- Ela permite uma comunicação de mão dupla entre o comprador e o vendedor. O comprador pode fazer perguntas sobre o produto ou o serviço e o vendedor pode apresentar informações em resposta a essas perguntas.
- O vendedor pode construir a apresentação de acordo com as necessidades individuais do cliente. A mensagem de vendas é personalizada.
- O vendedor pode conhecer e ser conhecido pelos clientes.
- O vendedor pode negociar diretamente o preço, a entrega e os descontos.
- O vendedor pode fechar a venda.
- O vendedor pode monitorar a resposta do cliente ao serviço recebido da empresa, como entrega, qualidade e serviço de pós-venda.

Distribuidores

Na indústria dos bens de consumo, os distribuidores podem ser varejistas, atacadistas, ou também empresas que vendem para atacadistas. No mercado de bens de consumo, em geral, é o fabricante que realiza campanhas de propaganda para fazer que o cliente conheça o produto. Essa muitas vezes é a única maneira pela qual o fabricante pode transmitir sua mensagem ao cliente. O sistema de atacado/varejo significa que o fabricante pode fazer negócios com um número menor de intermediários e pode fazer entregas maiores. O fato de os atacadistas e varejistas manterem estoque reduz a necessidade de o fabricante fazer isso. Os atacadistas também utilizam o conhecimento que têm do mercado e dos contatos com os clientes.

O fabricante concede ao atacadista um desconto para revendedores, que é sobre a lista de preços. Na maioria dos casos, o desconto é substancial porque tem de cobrir os custos de armazenagem, compra a granel, redistribuição para os varejistas ou consumidores finais e, naturalmente, o lucro do distribuidor. Desse modo, ainda que o fabricante economize os custos da venda direta, estes são parcialmente compensados pelo desconto que precisa conceder ao distribuidor. Normalmente também são oferecidos descontos pela quantidade aos distribuidores que fazem pedidos grandes.

Os canais de distribuição disponíveis para os bens de consumo são mostrados na Figura 8.4.

No caso dos serviços, a situação é diferente. Não há produto na prateleira e, dessa forma, não há necessidade de atacadistas e varejistas. A empresa que fornece o serviço pode vendê-lo diretamente ao consumidor final ou por meio de um intermediário. O intermediário pode ser um agente comissionado, como um agente de viagens ou agências de organização e hospedagem, ou o detentor de uma franquia, como é o caso da **5 à Sec** ou muitas cadeias de fast-food. A Figura 8.5 mostra os canais de distribuição para os serviços.

Em relação aos bens de produção, não é comum utilizar distribuidores no atacado/varejo, como acontece nos bens de consumo. As vendas diretas aos clientes geralmente constituem uma proporção maior das vendas do que no caso dos bens de consumo, mas a utilização de agentes comissionados e distribuidores é amplamente difundida. Esses agentes comissionados muitas vezes são chamados de "representantes do fabricante". A diferença mais comum é que um distribuidor mantém estoques, e um agente ou representante não. A Figura 8.6 mostra os canais de distribuição para os bens de produção.

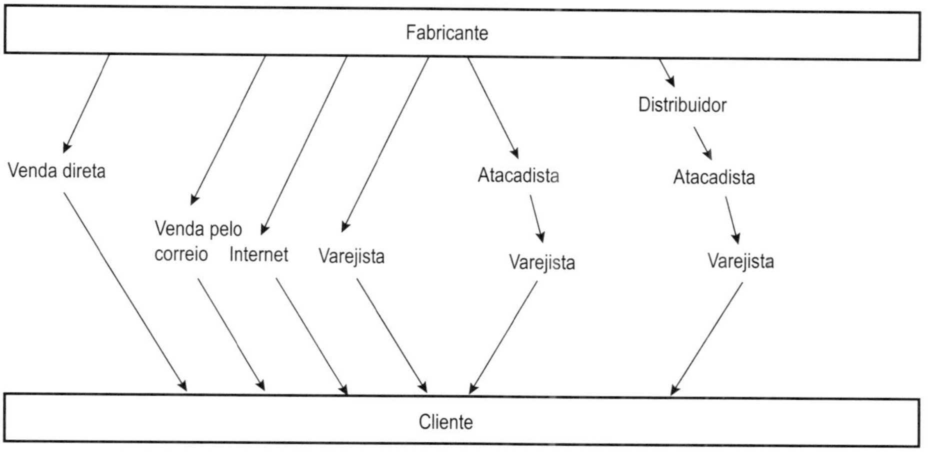

Figura 8.4 Canais de distribuição para bens de consumo.

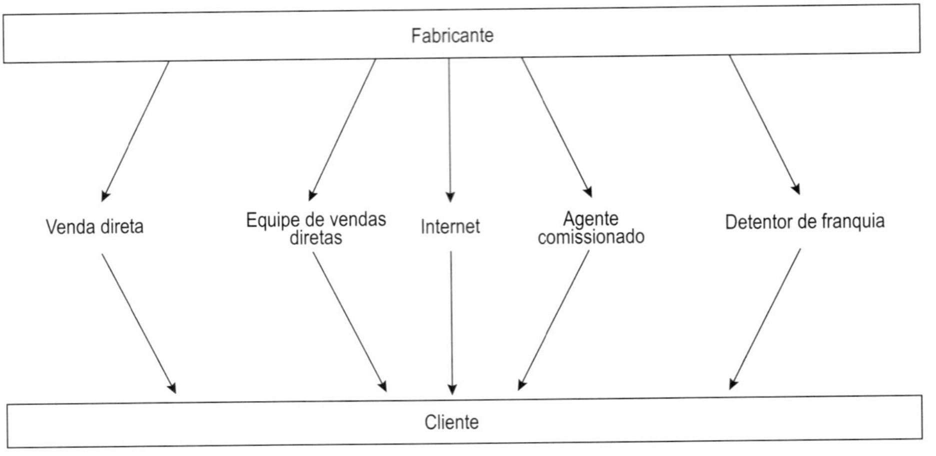

Figura 8.5 Canais de distribuição para os serviços.

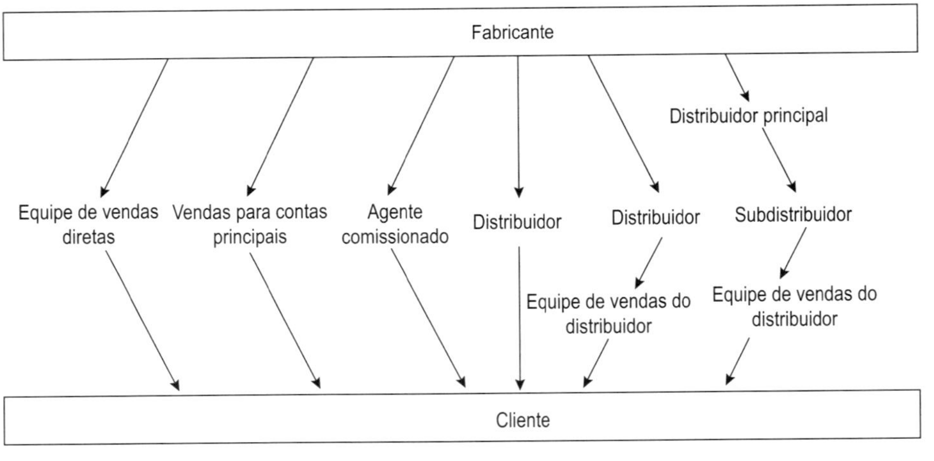

Figura 8.6 Canais de distribuição para bens de produção.

A maior parte dos fabricantes de bens de produção tem uma equipe de vendas diretas. Na área dos bens de produção, muitas vezes existem "contas principais" que são atendidas de maneira diferenciada dos clientes menores. Os agentes comissionados agem em nome de uma série de fabricantes de produtos diferentes, mas relacionados uns aos outros. O pedido normalmente é feito ao fabricante pelo cliente, com o pagamento de uma comissão ao agente. O distribuidor assume o papel de vendas do fabricante e a maioria dos distribuidores tem suas próprias equipes de venda que fazem os negócios com os clientes. Normalmente, o distribuidor mantém um estoque suficiente para atender a área geográfica pela qual é responsável. Pode ser um distribuidor exclusivo ou não. Em grandes áreas geográficas, os distribuidores oficiais têm seus próprios subdistribuidores. Nos mercados de exportação, as vendas em conjunto com agentes comissionados ou por meio de distribuidores são os métodos mais comuns. A maioria dos distribuidores vende uma variedade de produtos; desse modo, um produto não recebe o mesmo tratamento exclusivo da equipe de vendas do distribuidor que teria com a própria equipe de vendas da sua empresa.

Uma equipe de vendas diretas pode ser estruturada:

- por produto;
- por área; e
- por conta.

Os distribuidores podem ser designados na mesma base.

Telemarketing

O telemarketing é um método de vendas complementar às atividades da equipe de vendas. Envolve vender e comercializar por telefone em vez de utilizar o contato físico.

O telemarketing se beneficiou dos avanços nas telecomunicações e informática para agregar uma gama cada vez maior de serviços de marketing, e expandir-se para centrais de atendimento e relacionamento com o cliente. A internet e o e-mail são plenamente utilizados no contato com o cliente. Os setores financeiro, varejo, telecomunicações, seguros, saúde e editoras são os que mais utilizam as centrais de relacionamento no contato com o público.

As principais vantagens do telemarketing são:

- custo menor que o da equipe de vendas diretas;
- libera o tempo da equipe de vendas ao reduzir as atividades de contato pessoal rotineiras;
- aumenta a freqüência dos contatos com os clientes; e
- permite que contas inativas sejam reativadas.

Mala-direta

As campanhas de mala-direta envolvem o envio de informações sobre um produto específico pelo correio a clientes potenciais que façam parte de um *mailing list*. São mais utilizadas nas indústrias de bens de produção e de serviços do que nas de bens de consumo. Confiam seu sucesso na precisão do *mailing list*, e um baixo índice de retorno (cerca de 2%) é considerado bastante normal.

As vendas pelo correio significam que os clientes fazem pedidos por telefone ou por correspondência, em resposta a propagandas ou campanhas de mala-direta. Envolve, também, as encomendas feitas por meio de catálogos de pedidos. Os produtos pedidos são entregues posteriormente, pelo correio ou por um serviço de entrega direta em domicílio. As vendas pelo correio são quase exclusivamente utilizadas para bens de consumo.

Internet/Sites

A internet fornece um novo e importante canal de distribuição para bens de consumo e serviços. A maioria das grandes cadeias de supermercados possui um sistema de compra on-line, no qual os consumidores podem fazer seus pedidos para sua compra semanal e recebem a entrega na porta de casa. Quartos de hotel e pacotes de viagem também podem ser reservados on-line, diretamente do fornecedor de turismo do hotel/pacote ou através de sites especializados. Livros e CDs, além de carros e eletrônicos também podem ser comprados de diversos sites especializados.

Uma conseqüência desses sites é a diminuição dos preços, pois agora o consumidor pode navegar pela web e comparar os preços dos diferentes fornecedores.

Distribuição física

O custo de distribuir fisicamente os produtos é considerável. Em muitas empresas, isso chega a contabilizar até 20% do custo do produto. Seja o seu produto uma barra de chocolate, um carro ou um sistema de limpeza industrial, ele tem de ser entregue ao cliente. Esta é uma parte importante do processo de fornecer produtos e fazer que cheguem ao lugar certo na hora certa. Envolve transporte do produto, armazenagem, manutenção do estoque, comunicação dentro da rede de distribuição e a maneira como o produto é embalado para distribuição.

Armazenagem e localização da fábrica

A logística de fazer o produto chegar ao mercado é um fator importante no momento de determinar onde construir uma nova fábrica. A proximidade aos seus principais mercados é tão importante quanto a qualidade da infra-estrutura de transporte. Eis por que a provisão de boas ligações ferroviárias através do território brasileiro e latino-americano é tão fundamental para as indústrias locais e corredores de exportação.

Se o seu produto for uma máquina industrial de elevado valor, a localização de sua fábrica talvez não seja tão importante quanto para aqueles que fabricam produtos de valor menor. Um pequeno aumento nesse preço de venda não é muito relevante. Isso torna viável projetos de grande porte, como o do Airbus, com produção de diferentes partes da aeronave na Inglaterra, França, Alemanha e Espanha, e construção de plataformas de petróleo no Brasil, com fornecedores de várias partes do mundo e de diferentes especialidades contribuindo para o projeto.

A logística pode envolver o fornecimento tanto de matérias-primas como de produtos acabados. Por isso, uma fábrica de açúcar estará situada próxima a plantações de cana-de-açúcar, como no interior paulista, e uma fábrica de celulose normalmente se localiza perto do suprimento de madeira necessário à sua operação, como na Bahia e no Rio Grande do Sul. Normalmente, transportar quantidades menores de produtos acabados de alto valor em longas distâncias tem um custo-benefício melhor do que transportar grandes volumes de matérias-primas de baixo valor. A exceção ocorre quando se pode efetuar uma entrega a granel por meio de grandes veículos de transporte a granel, como é o caso dos minérios e do petróleo bruto.

As decisões relativas à distribuição física normalmente tomadas no planejamento de marketing referem-se à combinação de números de armazéns e métodos de transporte. Isso envolve aumentar ou diminuir o número de armazéns. Para qualquer organização, sempre haverá uma combinação ideal de armazéns e métodos de transporte. O sistema de armazéns pode pertencer a sua empresa, aos seus distribuidores ou a uma empresa independente de logística contratada por você.

Com a melhoria das ligações de transporte rodoviário e o aumento do tamanho dos caminhões nos últimos anos, muitas grandes empresas com seus próprios distribuidores no varejo, como as lojas de artigos “faça você mesmo” e as grandes redes de supermercado, têm descoberto que há uma melhor relação custo-benefício em ter somente um ou dois armazéns centrais onde as mercadorias são recebidas dos fornecedores, classificadas, armazenadas e depois entregues por caminhão diretamente às suas grandes lojas. Esses são os chamados centros de distribuição, situados em pontos estratégicos no Brasil e no exterior. Eles ajudam a cortar custos e aumentar a agilidade no processo de distribuição de bens de consumo.

As empresas que abastecem uma grande variedade de distribuidores, de grandes redes de supermercados a pequenas lojas de esquina, descobrem que é preciso ter um número maior de armazéns de distribuição regionais e que algumas entregas podem ser feitas por meio de caminhões menores ou peruas.

Manutenção de estoques

Todas as empresas querem ter estoques suficientes de produtos acabados disponíveis para atender à procura dos clientes, mas isso tem de ser compensado pelo custo da manutenção do estoque. Nas épocas em que as taxas de juros estão elevadas, as empresas tentam reduzir os estoques devido aos altos encargos dos juros. Os produtos acabados precisam ter garantia e sempre há o risco de que o produto armazenado se deteriore antes de chegar ao cliente.

Transporte

As empresas têm de decidir qual a maneira que proporciona o melhor custo-benefício de transportar seus produtos. Isso envolve escolher entre comprar ou arrendar sua frota de veículos ou se é mais barato contratar uma empresa de transportes terceirizada.

Comunicações

É necessário um sistema de comunicação eficaz dentro da rede de distribuição para evitar problemas ou erros no processamento dos pedidos e no faturamento.

Embalagem

A forma como os produtos são embalados para transporte pode ter um grande impacto sobre o custo da distribuição. É necessário tomar decisões quanto ao tamanho e à forma dos itens individualmente, como são embalados juntos ou dispostos em pallets, se os pallets podem ser empilhados individualmente e se possuem o tamanho e a forma ideais para o transporte em contêineres.

Serviço ao cliente

Para o plano de distribuição, só estamos interessados nos aspectos do serviço ao cliente que afetam a distribuição. Refere-se à disponibilidade do produto para o cliente.

A distribuição preocupa-se em fazer que o produto esteja no lugar certo (para o cliente) na hora certa. Teoricamente, é importante ser capaz de oferecer 100% de disponibilidade dos produtos aos seus clientes. Na prática, não há jeito de a maioria das empresas conseguir isso de maneira lucrativa. A diferença de custo entre oferecer uma disponibilidade de 90% e uma disponibilidade de 100%, provavelmente, é um fator de, pelo menos, 3 para 1. Contudo, é pouco provável que o cliente seja capaz de perceber a diferença. A diferença entre um serviço efetuado no mesmo dia e um serviço efetuado em uma hora talvez não seja importante para a maioria dos clientes, mas envolve custos consideravelmente mais altos para a empresa que oferece este último tipo de serviço. É preciso descobrir um equilíbrio entre os custos e os benefícios envolvidos no serviço ao cliente. Os custos da disponibilidade extra não devem exceder a receita adicional que será obtida como resultado.

Montar um plano de distribuição envolve escolher sua composição de canais de marketing, decidir como distribuir o produto e estabelecer o nível de serviço ao cliente que você deseja atingir.

Os dois exemplos dados a seguir mostram a forma que o plano de distribuição final poderia assumir para dois tipos diferentes de empresas. A primeira é uma empresa que vende barras de chocolate (bens de consumo) e a segunda é uma que vende válvulas industriais (bens de produção).

1. A empresa de chocolate

Canais de marketing

A empresa de chocolate não pensará no telemarketing ou na mala-direta, pois esses canais não são aplicáveis a esse tipo de produto. Utilizará uma combinação de vendas diretas (para os atacadistas) e distribuição (os distribuidores venderão a pequenos varejistas). Realizará uma campanha de propaganda nacional do produto para dar sustentação a esses canais.

Distribuição física

A empresa fabrica esse produto em apenas uma fábrica. Distribui o produto por meio de sua própria frota de caminhões para quatro armazéns regionais. Esses armazéns mantêm um estoque de uma semana do produto, mas esses estoques são aumentados nas épocas da tradicional demanda sazonal. A distribuição para grandes atacadistas e distribuidores também é realizada por meio de sua própria frota de caminhões e é feita duas vezes por semana. A empresa tem um banco de dados computadorizado integrado e em tempo real, que mostra os estoques de todos os armazéns o tempo todo. Os pedidos dos atacadistas são inseridos no mesmo banco de dados, a papelada dos pedidos e as faturas são enviadas eletronicamente para os armazéns e impressas nos próprios armazéns. O produto é empacotado, cinqüenta barras por caixa, dez caixas são colocadas em uma caixa maior e essas caixas maiores são colocadas em grupos de dez em um pallet e envoltas por *shrink*.

Serviço ao cliente

As entregas são feitas duas vezes por semana para os grandes atacadistas.

2. A empresa de válvulas industriais

Canais de marketing

A empresa de válvulas industriais utiliza um misto de vendas diretas (para grandes contas e empreiteiros) e distribuidores (que mantêm estoque de válvulas e peças de reposição e atendem ao mercado). Recentemente, começou a utilizar o telemarketing para contatar clientes inativos.

Distribuição física

A empresa fabrica todas as válvulas em sua fábrica no interior de São Paulo e mantém um estoque de componentes e peças de reposição na fábrica. Não estoca válvulas acabadas e só fornece por encomenda. Os distribuidores da empresa operam com um desconto de 30% sobre a lista de preços da empresa e isso financia os estoques de válvulas e peças de reposição que mantêm. A empresa tem duas peruas, mas não são utilizadas para entregar os produtos aos clientes. As entregas são feitas por transportadoras locais. As entregas mais urgentes são feitas por meio de serviços nacionais de entrega rápida, tais como Sedex, DHL, Gollog, UPS e TNT. A empresa opera um sistema ERP (do inglês, Enterprise Resource Planning – planejamento de recursos da empresa) com um banco de dados computadorizado que inclui o processamento de pedidos e o faturamento. Além disso, a empresa opera um banco de dados computadorizado para sua rede de distribuição e pode orientar um distribuidor sobre onde pode encontrar determinado componente (com outro distribuidor) se não o tiver em estoque. As válvulas são fornecidas envoltas em *shrink* em um pacote retangular de poliestireno, etiquetado com detalhes de tamanho e materiais de construção. As peças de reposição são fornecidas como "kits de reposição", também envoltos em *shrink*.

Serviço ao cliente

Os clientes são encaminhados ao distribuidor mais próximo e o banco de dados do cliente, que atende à rede de distribuição, dirá ao distribuidor onde ele pode obter um componente caso não tenha em seu próprio estoque.

O plano de propaganda e promoção

Como já indicamos, seu plano de propaganda e de promoção envolve o pessoal, a propaganda e as promoções.

Pessoal

Depois de escolher sua combinação de canais de distribuição, determine as exigências de pessoal de seu plano. Se estiver pretendendo vender em outro lugar por meio de uma equipe de vendas diretas, precisará de mais vendedores do que se todas as suas vendas forem feitas por distribuidores. Mesmo que elas sejam feitas por distribuidores, ainda assim, você precisará de gerentes de vendas regionais para cuidar do atendimento a eles.

Seu produto, até certo ponto, determina os canais que você utiliza. Se você vender usinas de energia que valem $ 500 milhões cada, utilizará sua própria equipe de vendas e agentes locais quando necessário, porque ninguém estoca usinas de energia e não existem peças de reposição para uma usina de energia. As peças de reposição são itens individuais da própria usina de energia.

Se vender presilhas industriais com um valor individual inferior ao de mercado, não venderá diretamente aos seus clientes. Venderá a distribuidores com estoque que o revenderão aos consumidores finais.

Na análise de situação, você deve ter realizado uma análise SWOT de seu departamento de vendas, o que indicou os pontos fracos que precisam ser melhorados. É necessário detalhar sua estrutura de vendas atual e a estrutura proposta em seu plano. Também é necessário indicar quais pessoas já estão em seu quadro de funcionários e quais serão acrescentadas.

Pode ser que não precise de uma equipe adicional para pôr em prática seu plano: seus recursos atuais podem ser adequados. Talvez não precise reestruturar seu departamento de vendas e de marketing. Isso é importante. Funcionários extras são dispendiosos e uma reestruturação pode ser fatal em curto prazo. É necessário examinar seus recursos de pessoal e como são estruturados, e propor mudanças apenas quando for realmente necessário.

Sua empresa pode estar corretamente estruturada, mas a cobertura em certas áreas pode ser fraca. Se seu plano envolver aumentar as vendas de exportação de um nível baixo, certamente precisará pensar em aumentar a equipe de vendas de exportação. Se uma parte importante de seu plano for entrar em um novo setor, é provável que precise recrutar uma pessoa com conhecimento nessa área.

No exemplo a seguir, analisamos uma empresa de válvulas de controle. Seu mercado tradicional tem se concentrado nas indústrias químicas e petroquímicas. Vende diretamente aos consumidores finais com sua equipe de vendas diretas e também por meio de distribuidores que armazenam o produto para revenda. Vende dessa forma há muitos anos. O departamento de vendas atual é mostrado na Figura 8.7. Recentemente, começou a fazer incursões na indústria hidráulica, que é um setor totalmente diferente dos seus mercados tradicionais. Como parte de seu plano de marketing, é proposto mudar sua estrutura de vendas para a estrutura mostrada na Figura 8.8, o que envolve a designação de um gerente de vendas/produto para o novo mercado (saneamento) e um gerente de vendas para os distribuidores, a fim de administrar e ampliar a rede de distribuidores.

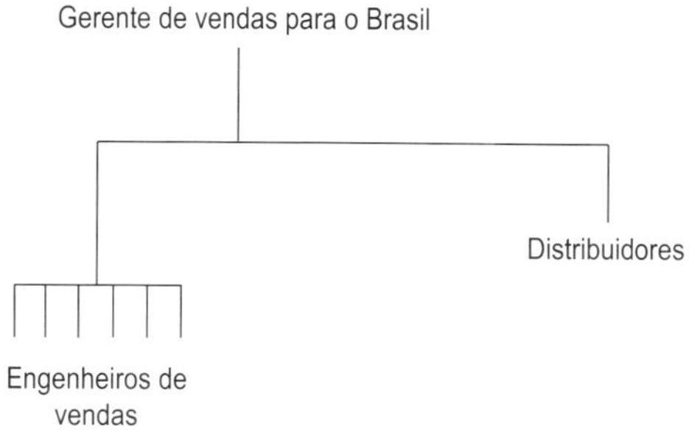

Figura 8.7 Departamento de vendas atual.

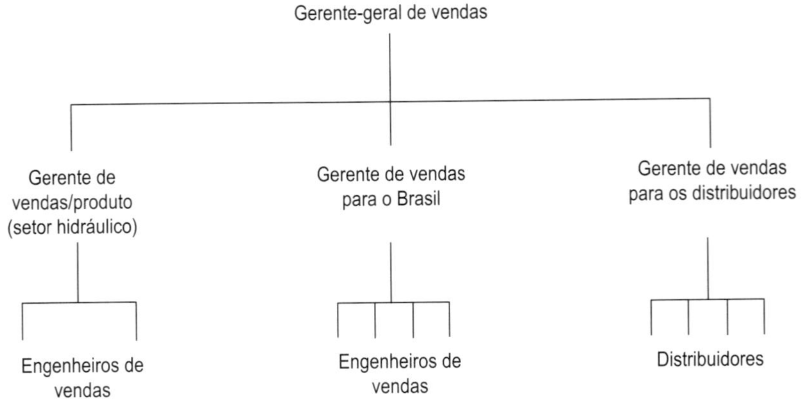

Figura 8.8 Novo departamento de vendas proposto.

Partindo desse ponto, a empresa produz uma lista dos integrantes da equipe de vendas atuais e adicionais, como é mostrado na Tabela 8.1. O custo dos três empregados adicionais será incluído no orçamento e no demonstrativo de resultados em uma parte posterior do plano, este assunto será analisado no Capítulo 10.

Tabela 8.1 Quadro de pessoal de vendas existente e novo.

Posição	Pessoal Existente	Pessoal Novo	Total
Gerente-geral de vendas		1	1
Gerente de vendas para o Brasil	1		1
Gerente de vendas para os distribuidores		1	1
Gerente de vendas para o setor hidráulico		1	1
Engenheiros de vendas	6		6
Total	7	3	10

Propaganda

O objetivo da propaganda é fazer que a mensagem chegue ao cliente. A propaganda opera em três níveis – informa, convence e reforça das seguintes maneiras:

- Informa os clientes potenciais sobre a empresa e seus produtos. Esta é a criação da percepção.
- Convence os clientes dos benefícios dos produtos e lhes diz por que devem comprar seus produtos em vez de outros. Cria o desejo de compra ou de posse do produto. Esta é a fase de persuasão.
- Reforça as atitudes positivas existentes nos atuais clientes.

A propaganda para informar normalmente se refere à promoção de novos produtos e serviços. A propaganda para persuadir e reforçar é o que a maioria das pessoas entende como propaganda. Há também o lado de relações públicas da propaganda – as assessorias de imprensa que incluem as relações com a mídia, as exposições e os sites corporativos.

As relações com a mídia são uma parte importante do plano de propaganda. Envolvem o custo da formação de *lobbies* e da manutenção do networking, mas esses custos são baixos em comparação com os custos da compra de espaço publicitário. Quando utilizamos a mídia para chamar a atenção para a empresa, seus produtos e serviços, é importante ressaltar que os meios de comunicação não estão trabalhando para a empresa, mas para seus telespectadores, ouvintes, assinantes ou leitores. Por conseguinte, você não pode presumir que, se colocar grandes quantidades de anúncios em revistas, jornais ou periódicos, automaticamente conseguirá uma cobertura editorial para seus produtos. A maioria dos editoriais, seja em um artigo no caderno de informática da *Folha de S.Paulo* ou em uma revista especializada, só cobrirá produtos novos e revolucionários. O produto deve valer a notícia.

Contudo, muitas empresas conquistam considerável publicidade para si mesmas e para seus produtos por meio de assessorias de imprensa utilizando *releases* para fornecer informações sobre novos produtos ou serviços, ou melhorias nos produtos existentes a publicações especializadas sobre seu setor. De fato, há muitas publicações comerciais ou especializadas que precisam publicar artigos informativos sobre produtos e empresas que abastecem seu setor. Freqüentemente ficam muito satisfeitas em receber contatos de empresas dispostas a publicar esse tipo de artigo.

O uso de exposições (feiras comerciais) é outro meio de tornar a empresa e seus produtos conhecidos por seus clientes potenciais. O custo das exposições pode ser elevado e tende a ser ainda mais elevado para grandes empresas, que precisam montar grandes estandes a fim de promover sua "imagem correta". As empresas menores podem montar estandes pequenos sem parecer que estão reduzindo custos ou sendo sovinas. A maioria das empresas limita o número de exposições de que participam e, com novas exposições surgindo a cada ano, muitas vezes, é difícil determinar qual vale a pena. Muitas empresas só expõem nas mais bem relacionadas a seu setor. Porém, ainda que uma exposição possa ser um excelente lugar para lançar um produto, faz que a concorrência conheça imediatamente seus planos. Por esse motivo, muitos lançamentos de produtos agora acontecem em hotéis ou na própria empresa, com uma seleta platéia de grandes clientes potenciais convidados.

Praticamente todas as empresas do mundo já despertaram para a necessidade de manter seu próprio site, e fazem referência a ele em suas propagandas e em sua literatura de vendas. Um site é uma excelente maneira de fazer que a empresa e seus produtos sejam conhecidos pelos clientes potenciais. Notícias e detalhes de novos produtos são expostos de maneira proeminente, e é possível fazer o *download* de relatórios anuais, catálogos e informações técnicas. Muitas empresas também têm uma seção no site para que os visitantes se registrem antes de fazer o *download* de informações mais detalhadas, e isso proporciona um certo nível de "interatividade" e a possibilidade de fazer um acompanhamento do cliente.

A propaganda direta é cara e deve ser utilizada como uma parte integrante do esforço total de marketing. Precisa ter um alvo eficaz. Não existe fundamento em fazer uma propaganda em rede nacional de televisão de um lava-rápido de automóveis local. Isso é óbvio, mas há muitas armadilhas que não são tão óbvias.

A expansão dos canais pagos, das rádios comerciais e da internet mudou radicalmente o composto de propaganda nacional. Uma vez que a propaganda na televisão e na mídia impressa de cobertura nacional é muito dispendiosa, a maior parte delas refere-se a bens de consumo com grandes vendas anuais ou serviços, como a atividade bancária e de seguros de grandes empresas. Embora a propaganda institucional também ocupe esses meios de comunicação, refere-se principalmente ao anúncio da imagem corporativa de grandes empresas, como Petrobrás, Ambev e Unilever.

As empresas de bens de consumo podem facilmente obter informações de marketing relativas a seus produtos (ou a produtos equivalentes) para os tipos de pessoas que os compram. No Capítulo 3, discutimos os sistemas de classificação de empresas e produtos. As empresas que vendem espaços de propaganda também oferecem publicações contendo detalhes dos perfis, tanto dos leitores como dos telespectadores. A Tabela 8.2 mostra os jornais de maior circulação nacional em 2005, de acordo com o IVC – Instituto Verificador de Circulação. A partir de dados como esses é possível segmentar melhor a comunicação de um determinado produto.

A lógica de anunciar carros da Rolls-Royce em jornais de qualidade em vez de utilizar a imprensa popular pode ser vista claramente na pesquisa de leitores. Informações de pesquisa semelhantes sobre a idade dos leitores indicam quais jornais são os melhores para anunciar programas de investimento para pessoas com idade acima dos 65 anos ou negócios imobiliários para quem tem menos de 25 anos.

A propaganda de bens de capital ou de produção utiliza canais muito mais diretos e específicos que a propaganda de bens de consumo imediato ou de consumo duráveis. Os produtos, em geral, destinam-se a um número muito menor de consumidores finais e os anúncios normalmente são colocados em revistas técnicas específicas do setor.

Uma empresa que vende equipamentos para a produção de alimentos anunciaria em revistas como a *Revista Nacional da Carne*; uma empresa de equipamentos para a indústria de celulose e papel anunciaria na *Revista Química e Derivados*. Cada indústria e cada setor industrial tem sua própria imprensa especializada e seus departamentos de propaganda normalmente podem fornecer detalhes sobre a circulação por número, área e tipo de leitor (gerente de fábrica, engenheiro, administrador etc.).

Os objetivos de sua propaganda precisam ser estabelecidos e realistas. É necessário definir o público que deseja atingir, como e por que precisa atingi-lo. Uma empresa que diz "nunca sabemos até que ponto nossa propaganda é bem-sucedida", não está planejando nem monitorando corretamente sua propaganda e pode estar

Tabela 8.2 Classificação dos maiores jornais do Brasil em circulação no ano de 2005, de acordo com o IVC (Instituto Verificador de Circulação).

Os Maiores Jornais Brasileiros em Circulação em 2005				
	Título	**Editora**	**Circulação**	**Formato**
1	Folha de S.Paulo	Empresa Folha da Manhã	307.937	Standard
2	O Globo	Infoglobo Comunicações S/A	274.934	Standard
3	Extra	Infoglobo Comunicações S/A	274.015	Standard
4	O Estado de S.Paulo	S/A O Estado de S. Paulo	230.859	Standard
5	Zero Hora	Zero Hora Editora Jornalística S/A	178.234	Tablóide
6	Correio do Povo	Empresa Jornalística Caldas Junior	167.723	Tablóide
7	Diário Gaúcho	Zero Hora Editora Jornalistica S/A	152.495	Tablóide
8	O Dia	Editora O Dia S/A	151.835	Standard
9	Lance	Areté Editorial S/A	116.478	Tablóide
10	Agora São Paulo	Empresa Folha da Manhã	80.574	Standard

Fonte: Instituto Verificador de Circulação (IVC) – circulação média diária no periodo de jan. a dez. 2005.

jogando dinheiro fora. Não é possível medir o sucesso de sua publicidade diretamente pelas vendas, mas há muitas técnicas para medir a eficácia de uma campanha.

Nas indústrias de bens de consumo, o efeito da propaganda muitas vezes é medido por meio de pesquisas com consumidores. No caso dos bens de produção, é uma questão de anotar o número de respostas ou “respostas do leitor” de cada anúncio colocado na imprensa especializada.

Para a sua campanha de propaganda, você precisa responder às seguintes perguntas:

- Qual é o seu público-alvo?
- Qual é a sua mensagem?
- Que resposta quer obter de seu público-alvo?
- Qual é a melhor maneira de obter essa resposta?
- Qual é o meio de comunicação que tem o melhor custo-benefício para sua propaganda?
- Quando você deve anunciar?
- Quanto tempo deve demorar a campanha de propaganda?
- Como medirá os resultados?
- Quanto dinheiro gastará?

Você deve amarrar seus objetivos de propaganda aos de marketing. Se achar que precisa gastar $ 500 mil em propaganda como uma de suas estratégias para atingir um objetivo de marketing específico, mas apenas $ 300 mil foram alocados, precisará pensar em outras estratégias que o ajudem a atingir seu objetivo de marketing ou, então, mudá-lo.

É importante gastar dinheiro em propaganda de maneira lógica. Se estiver vendendo equipamento industrial e seu orçamento permitir um gasto de $ 100 mil em uma campanha, você não gastará essa importância em um anúncio de televisão de alguns minutos ou em um anúncio de página inteira em um grande jornal de circulação nacional. Gastará essa quantia em um período de seis a doze meses, anunciando em diversas revistas/jornais comerciais. O mesmo anúncio repetido toda semana ou todo mês em um número limitado de canais de televisão é mais eficaz do que diferentes anúncios únicos em diversos canais.

O exemplo dado na Figura 8.9 é o cronograma que poderia ser adotado para uma campanha de propaganda de um fabricante industrial de equipamentos para o setor de plásticos.

Anúncios na Imprensa															
Aplicação: Setor de plásticos										Ano: 20X6					
Mídia	Nº	Preço por Inserção	Custo Total	J	F	M	A	M	J	J	A	S	O	N	D
		$	$				X						X		
Revista Plástico Moderno	2	18.000	36.000												
Revista Pack	2	15.000	30.000					X						X	
Plásticos em Revista	3	8.000	24.000			X				X			X		
Anuário Brasileiro do Plástico	1	20.000	20.000		X										
Custo total			110.000												

Figura 8.9 Cronograma de anúncios na imprensa.

É necessário tomar cuidado ao decidir em quais edições de várias revistas colocar o anúncio. Os editoriais das revistas, em geral, são definidos para o ano todo. Esses programas devem ser verificados e, quando possível, os anúncios devem ser colocados quando as revistas apresentarem reportagens sobre produtos semelhantes. A empresa também poderia tentar obter espaço editorial para seus produtos.

Uma empresa que vende bens de consumo, como chocolate ou cereais para café-da-manhã, normalmente teria uma diversificação muito mais ampla da cobertura de propaganda, mas ainda seria uma campanha coordenada. É necessário tomar cuidado para obter a melhor combinação de propaganda pela TV, por cartazes ou pela imprensa. Se você pensar que as Casas Bahia vendem 280 TVs de plasma por mês, e que a média de consumo de cerveja no Brasil é de cerca 50 litros por habitante por ano e de 5,6 litros de cachaça por ano, pode avaliar que os orçamentos de propaganda de tais produtos provavelmente são de vários milhões por ano.

Promoção de vendas

A promoção de vendas abrange mais ou menos tudo o que você pode fazer para dar aos clientes um incentivo palpável para comprar seu produto. No Brasil, promoção de vendas em geral significa uma oferta especial para o cliente ou para o vendedor, a fim de ajudar a promover as vendas. É amplamente utilizada nos bens de consumo e o valor gasto em promoção de vendas no Brasil é estimado em mais de $ 5 bilhões, com uma proporção semelhante aos gastos em propaganda.

O espetacular crescimento do uso da promoção de vendas data do final da década de 1960 e seus gastos, em muitos mercados, quintuplicou em termos reais nesse período. Isso reflete uma mudança, nas economias ocidentais, do "puxar" as compras para o "empurrar" as vendas. Com a difusão dos supermercados, hipermercados e estabelecimentos *self-service*, atualmente há uma imensa quantidade de marcas de quase tudo competindo pelos mesmos consumidores. É preciso mais incentivo para fazer que as pessoas comprem determinado produto.

Uma promoção de vendas deve ter os seguintes elementos:

- ser uma oferta especial, e não parte da comercialização normal;
- a oferta deve dar ao cliente uma vantagem palpável; e
- ser projetada para atingir um aumento das vendas durante um período específico.

Uma promoção de vendas normalmente conterá uma das seguintes palavras-chamariz: "grátis", "economize" ou "ganhe".

A promoção de vendas não pode ocupar o lugar da propaganda ou das vendas e não pode mudar as tendências de longo prazo na vida de um produto ou marca. Pode, entretanto, estimular um cliente a se comportar mais de acordo com os interesses econômicos do fabricante, e também:

- aumentar o volume de vendas em curto prazo;
- estimular o movimento do estoque;
- estimular a compra repetida;
- aumentar a percepção/fidelidade/freqüência de compra do cliente;
- aumentar a penetração no mercado de novos produtos;
- estimular picos de compra; e
- descartar modelos antigos antes de introduzir um novo modelo.

Nas indústrias de bens de consumo, as formas de promoção de vendas mais comuns são os cupons concedendo "$ 0,50 de desconto em sua próxima compra do produto", refrigerante gratuito acompanhando uma refeição ou pizza, "três pelo preço de dois" ou "volume adicional de 10% pelo mesmo preço". Outros planos oferecem gratuitamente itens, como DVDs, Ipods, viagens, utensílios para casa se for enviado um certo número de embalagens (mostrando a prova de compra) mais uma quantidade nominal para cobrir os gastos de postagem e embalagem. As empresas petrolíferas em algumas partes do mundo são famosas pelas quantidades de gasolina distribuídas gratuitamente em seus planos promocionais.

Os fabricantes também organizam planos promocionais de vendas para seus funcionários, nos quais o prêmio é algo como uma viagem para duas pessoas, para o vendedor ou distribuidor do ano. Está se tornando cada vez mais comum as empresas vincularem parte dos salários de suas equipes de vendas ao desempenho comparado ao orçamento. Também é comum os fabricantes realizarem promoções de vendas com duração limitada, em eventos como Copa do Mundo, sorteios e promoções em supermercados. Um exemplo foi o das Casas Bahia na Copa do Mundo de 2006. A fim de estimular as vendas, a rede prometeu aos participantes de sua promoção duas TVs de plasma de 42 polegadas pelo preço de uma, caso o Brasil se sagrasse campeão. A rede vendeu os dois mil aparelhos em apenas uma semana, volume que normalmente comercializaria em sete meses.

As promoções específicas podem ser uma boa maneira de obter vendas adicionais para produtos específicos. É impressionante como as pessoas trabalham arduamente ou o que estão preparadas a fazer para obter "alguma coisa em troca de nada".

As promoções de vendas muitas vezes são mal-administradas e consideradas apenas como mais uma despesa de propaganda ou de marketing geral. De fato, uma promoção de vendas precisa aumentar a contribuição das vendas do produto para a empresa. Se um produto der uma contribuição de $ 1, uma promoção de vendas que ofereça um desconto de $ 0,10 em sua próxima compra precisará conseguir um aumento de 10% nas vendas só para alcançar a mesma contribuição. É necessário um aumento de mais de 10% nas vendas para que a promoção comece a ser bem-sucedida.

Da mesma forma que você precisa estabelecer objetivos para as campanhas de propaganda, também precisa fixar seus objetivos para as promoções de vendas. Os objetivos para uma promoção de vendas podem ser:

- aumentar as vendas em X%;
- introduzir um novo produto;
- estimular as compras repetidas;
- combater a concorrência;
- deslocar os picos de compra; e
- aumentar as vendas fora da estação.

Para ser eficaz, uma promoção de vendas precisa ter um tempo de duração bem definido, mas limitado. Se o produto sempre for oferecido com um desconto de 10%, este acabará se tornando o preço do mercado.

Uma típica campanha de promoção de vendas para um fabricante de sobremesas geladas de sorvete poderia ser da seguinte maneira:

Objetivo: Estimular as vendas da "Delícia Ártica" durante o inverno, quando são tradicionalmente baixas. Espera-se que a promoção aumente o valor dos produtos vendidos em 10% e que haja vantagens adicionais para a empresa. A promoção será capaz de:

- manter a produção nos níveis normais;
- reduzir os custos de estocagem (armazenagem a baixa temperatura); e
- melhorar o fluxo de caixa.

A promoção envolverá a venda da "Delícia Ártica" em embalagem nova e especial. Os pacotes trazem um cupom que pode ser trocado por um desconto de 10% no preço de pacotes adicionais da "Delícia Ártica" (apenas um comprovante por pacote) até o final da oferta. Para promover a oferta, a empresa pedirá que as lojas tenham um estoque maior de "Delícia Ártica" e, em troca, fornecerá gratuitamente painéis de exibição especiais e cartazes promocionais. A empresa também realizará uma campanha de propaganda pela mídia impressa e pela TV para apoiar a promoção.

Ao preparar seu plano de marketing, os detalhes de cada uma de suas campanhas de propaganda e promoção de vendas serão incluídos em seus planos de ação. Os custos totais de cada campanha precisam ser incluídos no plano de promoção e propaganda com o custo das relações públicas promocionais e das exposições. Deve haver um programa global de promoção e propaganda e programas adicionais que mostrem os gastos de cada parte das campanhas de propaganda e promoção de vendas.

A Figura 8.10 mostra o tipo de plano de promoção e propaganda que poderia ser incluído no plano de marketing de uma nova barra de chocolate de uma empresa de chocolates.

Programa de Promoção e Propaganda para 20X6						
Propaganda	Tipo	TV	Imprensa	Cartazes	Na loja	Comentários: Todas as campanhas devem
Big Bar	Lançamento	X	X	X	X	coincidir e começar em 1º de abril
Promoção						
Big Bar	Lançamento				X	$ 0,10 de desconto na compra seguinte Duração de três meses a partir de 1º de junho
Exposições						
Big Bar	ChocoExpo					Lançar no comércio em fevereiro

Figura 8.10 Programa de promoção e propaganda para uma nova barra de chocolate de tamanho grande.

Haveria um programa adicional mostrando os gastos com cada parte das campanhas de propaganda e promoção. O programa de gastos para as exposições é mostrado na Figura 8.11.

Custos da Exposição	
Nome da exposição:	ChocoExpo
Local:	Anhembi (São Paulo)
Data:	6-8 de novembro de 20X7
Tamanho do estande:	64 m^2 (8 m x 8 m)
Contratante do estande:	J.R.M. Eventos e Promoções
	Custos
	$
Aluguel do espaço para o estande	8.000
Projeto, abastecimento e construção	10.000
Arte-final, painéis fotográficos	5.000
Aluguel de carpetes, móveis, luzes, telefones etc.	3.000
Contas/despesas de hotel para os funcionários do estande	2.000
Total	28.000

Figura 8.11 Programa de gastos para uma grande exposição.

Resumo

A implementação de um plano de marketing exige promoção, que significa levar a mensagem certa para as pessoas certas, o que envolve vendas pessoais, propaganda e promoção de vendas.

Antes de montar seu plano de propaganda e promoção, é necessário escolher os canais de marketing corretos para seu produto e seu negócio dentre aqueles que estão à disposição. Isso faz parte do plano de distribuição e será preciso determinar a combinação entre vendas diretas e distribuição por meio de distribuidores, atacadistas, varejistas etc. As características do produto influirão na combinação de canais utilizada.

Além da escolha dos canais de marketing, o plano de distribuição também inclui a distribuição física dos produtos e o serviço ao cliente.

Depois que o plano de distribuição estiver completo, é possível planejar a promoção de vendas e a propaganda e determinar as necessidades de pessoal. O plano de promoção e propaganda deve incluir detalhes da atual estrutura de seu departamento de vendas e quaisquer mudanças propostas para a implementação do plano de marketing.

A propaganda informa, convence e reforça as idéias sobre os produtos. Além de simples anúncios, inclui atividades de relações públicas promocionais, como as relações com a mídia, as exposições e os sites corporativos. É dispendiosa e deve ser utilizada como parte integrante do esforço total de marketing. Precisa ter um alvo eficaz e os resultados devem ser monitorados. O mesmo se aplica à promoção de vendas. São ofertas especiais para os clientes ou para os vendedores, a fim de ajudar a promover as vendas de um produto específico.

O plano de promoção e propaganda deve incluir os detalhes, programas e custos das campanhas de propaganda e promoção de vendas que estão incluídas no plano de marketing.

Questões

1. No que consiste a distribuição? Dê exemplos de canais de marketing.
2. Identifique e compare os principais componentes de um sistema de distribuição física.
3. Como os varejistas identificam seus mercados? Como os atingem?
4. Identifique os componentes de um mix de promoção. Que fatores influenciam a escolha de um determinado mix promocional?

Exercício

Escolha estratégias de promoção para os seguintes produtos e serviços:

- óleo de oliva extra-virgem;
- empresa de consultoria tributária;
- calçados de couro de peixe;
- empresa de locação de escritórios temporários;
- caneta Mont Blanc.

Explique suas escolhas.

Estudo de caso

Carrefour e CVC irão vender viagens no supermercado

"A rede francesa Carrefour vai reforçar sua atuação na área turística. Ontem, a segunda maior varejista do país – que conta hoje com sete lojas de turismo e vende, basicamente, passagens aéreas – fechou uma parceria com a CVC e passa a oferecer cerca de 500 pacotes turísticos.

A bandeira Turismo Carrefour, criada em 2001, será mantida. A CVC irá cuidar da parte comercial e operacional e a marca não será agregada às lojas. A rede de varejo pretende investir R$ 5 milhões no relançamento do seu braço de turismo, cuja meta é atingir 100 lojas dentro dos hipermercados ao final de três anos. Atualmente, o Carrefour conta com 135 hipermercados e deveria chegar a 150 até o final de 2006.

Não haverá diferença de preços em relação aos pacotes oferecidos nas 200 lojas da CVC. O diferencial está na conveniência de termos lojas abertas diariamente, das oito da manhã às dez da noite, além do uso do cartão Carrefour e da integração com outros serviços, como promoções de revelação de fotos.

Para a CVC, que transportaria em 2006 1,4 milhão de passageiros, a parceria representa a porta de entrada no grande varejo e a proximidade com milhares de consumidores, pois um dos grandes problemas da indústria de turismo é a *distribuição*. A estimativa da CVC é vender 20 mil pacotes nas lojas do Carrefour ainda este ano.

A venda de pacotes de viagem tem atraído cada vez mais os varejistas, principalmente por ser um produto que também pode ser vendido a prazo, como roupas e eletrônicos.

A C&A foi uma das primeiras a explorar esse segmento no Brasil e a fechar uma parceria com uma operadora: a TAM Viagens. Agora, já estão nesse negócio o Submarino, o Carrefour e as Casas Bahia. O primeiro varejista a entrar nesse ramo foi o Pão de Açúcar, em 1974. Além de distribuir, também montava os pacotes e até fretava aviões, como uma operadora. Com a reestruturação do grupo nos anos 1990, o negócio foi fechado.

A idéia de criar a Turismo Carrefour foi importada da França, onde existe desde 1990 a Vacances, uma das dez maiores agências do país, com cerca de 100 lojas. No Brasil, a divisão de turismo da varejista nasceu para reduzir as despesas da companhia com viagens."

Fonte: Extraído e adaptado de *Valor Econômico on-line* – 19/07/2006.
URL: http://www.valoronline.com.br

Perguntas

1. Comente a estratégia de distribuição e integração das empresas Carrefour e CVC.
2. Como você vê a estratégia de agregar serviços a um negócio já existente, como farmácias e postos de gasolina em grandes supermercados?

Capítulo 9

Áreas de vendas – diferentes abordagens para diferentes mercados

Nem todos os produtos são iguais, e regiões ou países diferentes requerem abordagens diferentes.

Tipos básicos de produtos

Do ponto de vista do marketing, há três tipos básicos de produtos. São eles:

- bens de consumo;
- bens de produção; e
- serviços.

Naturalmente, existem alguns produtos que poderiam estar em todas as três categorias. As tintas são um exemplo. Podem ser compradas tanto por consumidores como por empresas industriais e também podem fazer parte dos serviços prestados por uma empresa de decoração de ambientes. Também é verdade que nem todos os bens de produção são bens de capital e que alguns bens de consumo, como casas ou carros, são de capital para o comprador. Todavia, essas definições amplas se mantêm na maioria dos casos, e os princípios de marketing fundamentais se aplicam igualmente ao marketing dos bens de consumo, de produção e serviços. Apenas a maneira como os princípios são aplicados é que assume uma forma diferente.

Bens de consumo

O mercado dos bens de consumo é caracterizado por possuir um grande número de clientes. Por sua própria natureza, eles em geral são itens produzidos em série, de forma idêntica.

Há dois tipos básicos: os não duráveis e os duráveis.

- *Bens de consumo não duráveis – às vezes chamados de bens de conveniência.* São itens como alimentos, fumo, bebidas e cosméticos, que têm um giro rápido e tendem a ser rapidamente consumidos.
- *Bens de consumo duráveis* – são itens como carros, móveis, vestuário e produtos elétricos, cujas compras são menos freqüentes e que serão utilizados pelo cliente por um longo tempo.

Presume-se que, em geral, o consumidor seja o usuário final que pode ou não ser quem de fato compra as mercadorias. Um consumidor pode comprar um aparelho de televisão. Uma barra de chocolate pode ser comprada por uma mãe para ser consumida por seus filhos ou para seu próprio consumo.

Dentro da indústria dos bens de consumo, diferentes técnicas de marketing foram desenvolvidas para os não duráveis e os duráveis. Por exemplo, um fabricante de carros pode querer transmitir ao cliente o fato de que seu modelo não enferrujará durante os próximos sete anos, mas um fabricante de chocolates não deseja que os clientes se lembrem de suas barras de chocolate por ficarem sete anos na prateleira. O fabricante de chocolates quer que os clientes se lembrem de itens como o sabor e o tamanho da barra de chocolate e o fato de não derreter nas mãos. O fabricante de carros quer que o cliente se lembre de itens como o design, a velocidade e a confiabilidade.

Até recentemente, a maioria dos livros sobre marketing, pesquisa de mercado e planejamento de marketing se concentrava na indústria de bens de consumo. Por causa do tamanho do mercado de bens de consumo, os dados sobre o consumidor são o tipo de informação disponível mais amplamente coletado e analisado.

A maioria dos mercados de bens de consumo é segmentado, isto é, existem mercados dentro de mercados. Os consumidores podem ser classificados por características, como idade, sexo, grupo socioeconômico ou ocupação. Essas características têm uma relação com os tipos de programa de televisão que assistem e com os jornais que lêem. Uma vez que é dispendioso anunciar e vender em escala nacional, é importante que as empresas saibam que tipo de cliente provavelmente comprará seus produtos e encaminhar sua campanha de propaganda de acordo. Uma empresa que vende carros de luxo tem mais probabilidade de anunciar no jornal *Valor Econômico* do que no *Agora*. Igualmente, é pouco provável que uma empresa que vende skates anuncie no *Valor Econômico*.

No campo dos bens de consumo, é fácil descobrir que tipo de cliente provavelmente comprará um tipo específico de produto e descobrir que tipo de propaganda tem mais probabilidade de atingir esses clientes, por meio de técnicas de pesquisa de mercado, como aquelas mostradas no Capítulo 3. A rede de abastecimento dos bens de consumo muitas vezes é bastante extensa. A Figura 9.1 mostra a rede de abastecimento de um cereal para o café-da-manhã. A maior parte da propaganda seria voltada para o cliente e para o consumidor.

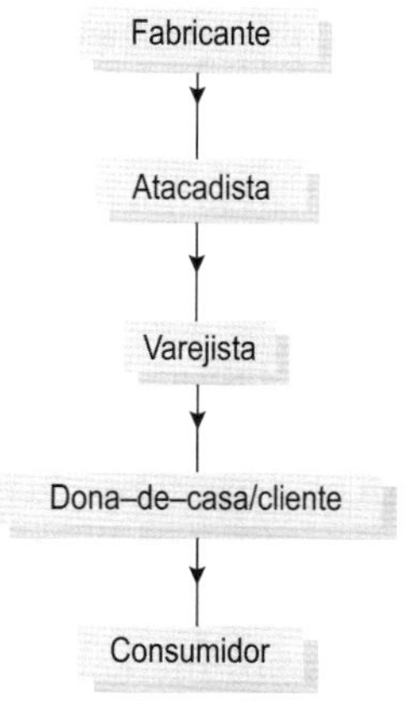

Figura 9.1 Rede de abastecimento de um cereal para o café-da-manhã.

Bens de produção

Bens de produção são quaisquer produtos vendidos por empresas industriais para fabricantes, fornecedores, empreiteiros ou órgãos governamentais. Os produtos normalmente são incorporados a outros produtos, utilizados dentro do próprio negócio da empresa ou revendidos.

Os bens de produção podem ser matérias-primas, componentes ou bens de capital. O consumidor final do produto final talvez tenha pouco interesse nas matérias-primas ou nos componentes utilizados em sua fabricação. Incluem as válvulas e tubulações de uma fábrica de sabão, bem como os produtos químicos utilizados na mesma fabricação.

Os mesmos princípios de marketing se aplicam aos bens de produção e aos de consumo. Entretanto, é muito mais difícil aplicar esses princípios aos mercados industriais, porque as informações sobre os mercados industriais não estão disponíveis com a mesma facilidade que aquelas referentes aos mercados de bens de consumo. Isso ocorreu porque os mercados industriais são mais específicos. Há um número limitado de clientes potenciais para rolamentos de esferas e eles provavelmente são diferentes dos clientes potenciais para chuveiros industriais. As empresas que estão nessas áreas, portanto, têm de realizar pesquisas de mercado individualmente. Na comercialização dos bens de consumo, os clientes que compram barras de chocolate são os mesmos clientes que compram sabão em pó, de forma que a mesma informação de pesquisa de mercado pode ser útil para as empresas que vendem ambos os produtos. A demanda por bens de produção deriva, em última análise, da demanda por bens de consumo porque os consumidores dos bens de produção geralmente são os fabricantes dos bens de consumo. Ainda que as ligações entre os dois sejam complexas, se as vendas dos produtos do setor de laticínios aumentarem muito, as empresas industriais que fornecem equipamentos para a indústria de laticínios poderão esperar que suas vendas também tenham um aumento.

É fato que o marketing dos bens de produção e *particularmente o marketing dos bens de capital* é mais difícil que o marketing de outros tipos de produto, uma vez que há um número menor de clientes individuais e que cada mercado industrial tem suas características específicas.

Cem anos atrás, havia poucos fabricantes de bens de produção e os produtos praticamente se vendiam sozinhos. Ainda há muitas empresas de bens de produção que equivocadamente acreditam que produtos de qualidade e bem projetados se vendam por si mesmos. Isso pode ter sido verdadeiro há cem anos, mas não ocorre mais. Atualmente há uma feroz competição internacional e todos os produtos – inclusive os bens de produção – precisam de um marketing eficaz.

Trinta anos atrás, em seu livro *Marketing Management*, G. B. Giles declarou:

> "Embora tenha tido um movimento, por parte de alguns fabricantes na área dos bens de consumo, no sentido de namorar o consumidor final – a dona de casa –, quase não tem havido esforço da parte dos fabricantes de equipamentos de capital e matérias-primas industriais, que são produzidos para o uso por outros fabricantes, para descobrir as necessidades do cliente. Não é incomum encontrar altos executivos dessas indústrias temerosos de que seus clientes possam considerá-los uma organização de vendas."

Infelizmente, ainda hoje há muitas empresas que seguem a filosofia: "Não se pode vender máquinas da mesma forma que se vende sabão". Embora os detalhes sejam diferentes, as etapas de preparação de um plano de marketing são semelhantes, quer o seu produto seja sabão ou máquinas.

A cadeia de suprimento na venda de bens de capital é menor que a cadeia de suprimento na venda de bens de consumo, e o número de clientes individuais para o produto é consideravelmente menor.

Os bens de capital muitas vezes são vendidos diretamente aos consumidores finais – isso quase nunca ocorre com os bens de consumo, os quais normalmente são vendidos por meio de complexas redes de distribuição. Um fornecedor de barras de chocolates pode ter 30 milhões de clientes finais, ao passo que é improvável que uma empresa que fornece bens de capital tenha mais do que alguns milhares de clientes para seus produtos.

A Figura 9.2 mostra a rede de abastecimento de um fabricante de bens de capital que fornece componentes para outras empresas que montam máquinas, e também fornece máquinas prontas para empresas que as utilizam para fabricar seus produtos.

Por causa da diversidade e da complexidade dos mercados de bens de produção, não há muito conhecimento especializado externo como no setor dos bens de consumo, e as empresas precisam confiar muito em seus próprios empregados para obter informações de mercado ou interpretação das informações externas. No setor industrial, o número dos principais participantes e competidores em qualquer setor específico geralmente é pequeno.

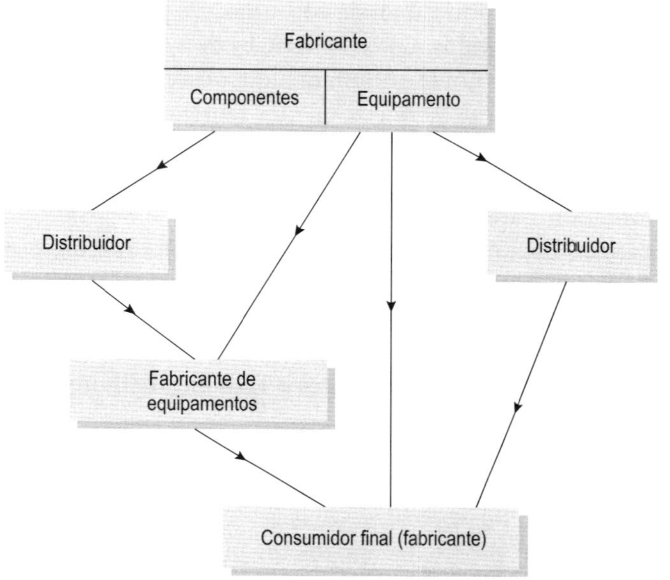

Figura 9.2 Rede de abastecimento de um fornecedor de bens de capital.

Serviços

O terceiro tipo básico de produto é o serviço. Não nos referimos ao serviço aos clientes prestado pela maioria das empresas de renome em conjunto com seus produtos, mas ao serviço como um produto em si mesmo.

Os serviços abrangem desde os serviços financeiros, como as operações bancárias e de seguros, à limpeza de janelas e à execução de reparos elétricos. Diferem dos bens de produção e de consumo no sentido de que, no setor de serviços, não há nenhum produto tangível e o produto não pode ser posto em uma prateleira. Este é um fato importante, que influi na maneira pela qual os serviços são comercializados.

Em uma empresa prestadora de serviços, muitas das atividades funcionais são diferentes daquelas existentes em uma empresa manufatureira. Uma vez que não há "produto", não há necessidade de funções de armazenagem, distribuição ou controle de qualidade. Também não há necessidade de departamentos de engenharia, pesquisa e desenvolvimento, compras ou produção. Dado que o "produto" é vendido, uma empresa prestadora de serviços precisa ter funções de finanças, operações, vendas e marketing.

Uma vez que o produto não é posto na prateleira, uma organização prestadora de serviços deve ser capaz de obter trabalho continuamente. Como não há um produto de fato, a propaganda utilizada para promover os serviços é diferente daquela utilizada para os bens de produção ou de consumo. Os produtos vendidos pelas organizações prestadoras de serviços são os benefícios de seus serviços.

Não se pode deixar de notar que em qualquer edição das *Páginas Amarelas* sempre haverá mais indicações de serviços que de fabricantes. Isso acontece porque os fabricantes normalmente têm métodos de propaganda de custo-benefício mais eficaz. A maioria dos serviços é, por sua própria natureza, local e as *Páginas Amarelas* são o "guia do comprador" para os serviços locais.

Em uma organização prestadora de serviços, seu marketing precisa pelo menos produzir vendas suficientes com margens adequadas para garantir a sobrevivência e, de preferência, produzir melhores vendas para facilitar os lucros e o crescimento. É necessário maximizar o volume e a qualidade dos contatos com os clientes, atraindo mais, convertendo mais, satisfazendo mais e fazendo melhores contatos. Os meios para conseguir isso são:

- melhorar os contatos com os clientes existentes;
- melhorar os contatos com clientes potenciais conhecidos que não utilizam seus serviços; e
- identificar e fazer contato com novos clientes potenciais.

Como o serviço não é um produto tangível, é fácil que seus clientes potenciais fiquem confusos quanto àquilo que você realmente está oferecendo. Portanto, pense – *qual é, de fato, o seu serviço?* Como isso se compara a:

- Qual você acha que é o seu serviço atualmente?
- O que seus compradores conhecem de seu serviço?
- O que seus não compradores acham ou conhecem de seu serviço?

Como exemplo, pense em uma empresa fotográfica que oferece um "serviço de revelação de filmes em 1 hora". Se a empresa não tiver sempre os recursos para realmente oferecer esse serviço em épocas de pico do ano, haverá diferentes percepções do serviço que ela está oferecendo.

A empresa acha que está oferecendo um serviço de revelação de filmes em 1 hora. De fato, está oferecendo um serviço de revelação de 1 a 2 horas. Seus não clientes sabem, por experiência, que ela não pode garantir um serviço de 1 hora, e seus clientes estão preparados para tolerar isso.

O sucesso no setor de serviços depende de sua imagem e reputação. A propaganda, a mala-direta e os contatos pessoais, por conseguinte, são importantíssimos.

Em seu planejamento de marketing, tenha em mente que o lucro total e a margem de lucro é que são importantes, e não o seu movimento. Isso se aplica a todos os setores, mas é especialmente importante no setor de serviços. As grandes empresas manufatureiras industriais têm elevadas despesas gerais a recuperar, e até mesmo o negócio marginal, que não apresenta nenhum lucro, pode ao menos recuperar as despesas gerais. Ainda que existam exceções, como as cadeias de hotéis e as empresas aéreas, que têm despesas gerais elevadas, muitas empresas prestadoras de serviços são relativamente pequenas, com despesas gerais baixas, e seus custos de mão-de-obra perfazem uma grande parte de seus custos totais. É necessário pensar em maneiras de afastar negócios marginais e maximizar negócios mais lucrativos.

Abordagem para mercados selecionados

Da mesma forma que os princípios básicos de marketing precisam ser adaptados às diferenças entre os bens de consumo, bens de produção e serviços, também é preciso levar em consideração as diferenças regionais e geográficas. Não é possível fornecer informações detalhadas sobre todos os mercados geográficos, mas as observações a seguir dão algumas linhas gerais sobre os mercados industriais mais importantes.

Algumas diferenças são óbvias – em países de clima frio e temperado vende-se mais chocolate do que em países de clima quente e, nestes mesmos países, vende-se mais sorvete do que em países de clima frio. Outras diferenças não são tão óbvias: as diferenças entre as várias regiões do mesmo país normalmente não são tão marcantes como aquelas entre países diferentes.

No planejamento de marketing, é importante levar em consideração a adequação de um produto a um tipo específico de mercado.

Ferramentas agrícolas simples podem encontrar um mercado pronto, tanto em países em desenvolvimento como nos desenvolvidos, mas bens de capital sofisticados têm mais probabilidade de encontrar um mercado em países desenvolvidos. Embora artigos de luxo sejam vendidos em países em desenvolvimento, o tamanho do mercado para eles será proporcionalmente maior nos países mais ricos e industrializados.

A medida da riqueza de um país é seu produto nacional bruto ou produto interno bruto (PNB ou PIB). A Tabela 9.1 mostra o PIB para os principais países no ano de 2005, de acordo com as estatísticas do Banco Mundial.

Tabela 9.1 PIB Total 2005.

Posição	Economia	(em milhões de dólares)
1	Estados Unidos	12,455,068
2	Japão	4,505,912
3	Alemanha	2,781,900
4	China	2,228,862
5	Reino Unido	2,192,553
6	França	2,110,185
7	Itália	1,723,044
8	Espanha	1,123,691
9	Canadá	1,115,192
10	Brasil	794,098
11	Coréia do Sul	787,624

Tabela 9.1 PIB Total 2005 (*continuação*).

Posição	Economia	(em milhões de dólares)
12	Índia	785,468
13	México	768,438
14	Rússia	763,720
15	Austrália	700,672
16	Holanda	594,755
17	Suíça	365,937
18	Bélgica	364,735
19	Turquia	363,300
20	Suécia	354,115
21	Arábia Saudita	309,778
22	Áustria	304,527
23	Polônia	299,151
24	Indonésia	287,217
25	Noruega	283,920
26	Dinamarca	254,401
27	África do Sul	240,152
28	Grécia	213,698
29	Irlanda	196,388
30	Irã	196,343
31	Finlândia	193,176
32	Argentina	183,309
33	Hong Kong	177,722
34	Tailândia	176,602
35	Portugal	173,085
36	Venezuela	138,857
37	Malásia	130,143
38	Israel	123,434
39	República Tcheca	122,345
40	Colômbia	122,309
41	Cingapura	116,764
42	Chile	115,248
43	Paquistão	110,732
44	Hungria	109,154
45	Nova Zelândia	109,041
46	Emirados Árabes Unidos	104,204
47	Argélia	102,257
48	Nigéria	98,951
49	Romênia	98,559
50	Filipinas	98,306
51	Egito	89,336

Tabela 9.1 PIB Total 2005 (*continuação*)

Posição	Economia	(em milhões de dólares)
52	Ucrânia	81,664
53	Peru	78,431
54	Kuwait	74,658
55	Bangladesh	59,958
56	Cazaquistão	56,088
57	Vietnã	52,408
58	Marrocos	51,745
59	República Eslovaca	46,412
60	Líbia	38,756
61	Croácia	37,412
62	Equador	36,244
63	Eslovênia	34,030
64	Luxemburgo	33,779
65	Guatemala	31,683
66	Belarus	29,566
67	Tunísia	28,683
68	Qatar	28,451
69	República Dominicana	28,303
70	Angola	28,038
71	Sudão	27,699
72	Servia e Montenegro	27,059
73	Bulgária	26,648
74	Síria	26,320
75	Lituânia	25,495
76	Omã	24,284
77	Sri Lanka	23,479
78	Líbano	22,210
79	Costa Rica	19,432
80	Quênia	17,977
81	Camarões	16,985
82	El Salvador	16,974
83	Uruguai	16,792
84	Costa do Marfim	16,055
85	Latvia	15,771
86	Panamá	15,467
87	Chipre	15,418
88	Islândia	15,036
89	Trinidad e Tobago	14,762
90	Iêmen	14,452
91	Uzbequistão	13,667

Tabela 9.1 PIB Total 2005 (*continuação*).

Posição	Economia	(em milhões de dólares)
92	Estônia	13,107
93	Bahrein	12,995
94	Jordânia	12,861
95	Iraque	*12,602*
96	Azerbaijão	12,561
97	Tanzânia	12,111
98	Etiópia	11,174
99	Gana	10,695
100	Jamaica	9,696
101	Bosnia-Herzegóvina	9,369
102	Botsuana	9,350
103	Bolívia	9,334
104	Uganda	8,712
105	Albânia	8,379
106	Senegal	8,318
107	Paraguai	8,152
108	Gabão	8,055
109	Honduras	7,976
110	Nepal	7,346
111	Zâmbia	7,257
112	Afeganistão	7,168
113	Congo	6,974
114	Turcomenistão	6,774
115	Moçambique	6,630
116	Maurício	6,447
117	Geórgia	6,395
118	Namíbia	6,126
119	Macedônia, FYR	5,762
120	Malta	5,570
121	Bahamas, The	5,502
122	Chade	5,469
123	Camboja	5,391
124	Burkina Fasso	5,171
125	Mali	5,098
126	Congo	5,091
127	Madagáscar	5,040
128	Nicarágua	4,911
129	Armênia	4,903

Tabela 9.1 PIB Total 2005 (*continuação*).

Posição	Economia	(em milhões de dólares)
130	Papua-Nova Guiné	4,731
131	Benin	4,287
132	Haiti	4,245
133	Cisjordânia e Faixa de Gaza	3,454
134	Nigéria	3,405
135	Zimbábue	3,364
136	Guiné Equatorial	3,231
137	Barbados	2,976
138	Moldova	2,906
139	Laos	2,855
140	Fiji	2,810
141	Suazilândia	2,731
142	Guiné	2,689
143	Quirguistão	2,441
144	Tadjiquistão	2,326
145	Ilha de Man	2,265
146	Togo	2,203
147	Ruanda	2,131
148	Maláui	2,072
149	Mauritânia	1,888
150	Mongólia	1,880
151	Lesoto	1,453
152	República Centro-Africana	1,369
153	Suriname	1,342
154	Serra Leoa	1,193
155	Belize	1,105
156	Cabo Verde	1,024
157	Eritréia	986
158	Antígua e Barbuda	905
159	Butão	840
160	Santa Lúcia	825
161	Malvinas	817
162	Burundi	800
163	Guiana	783

Tabela 9.1 PIB Total 2005 (*continuação*).

Posição	Economia	(em milhões de dólares)
164	Djibuti	702
165	Seychelles	694
166	Libéria	548
167	Gâmbia	461
168	Granada	454
169	São Cristóvão e Névis	453
170	São Vicente e Granadinas	428
171	Samoa	399
172	Comores	382
173	Timor Leste	349
174	Vanuatu	341
175	Guiné-Bissau	301
176	Ilhas Salomão	286
177	Dominica	279
178	Tonga	244
179	Micronésia	232
180	Palau	145
181	Ilhas Marshall	144
182	Kiribati	76
183	São Tomé e Príncipe	57
Samoa Americana		..
Andorra		..
Aruba		..
Bermuda		..
Brunei		..
Ilhas Cayman		..
Ilhas do Canal		..
Cuba		..
Ilhas Faroë		..
Polinésia Francesa		..
Groenlândia		
Guam		..
Coréia do Norte		...
Liechtenstein		..
Macau		..

Tabela 9.1 PIB Total 2005 (*continuação*).

Posição	(em milhões de dólares)
Mayotte	..
Mônaco	..
Mianmar	..
Antilhas Holandesas	..
Nova Caledônia	..
Ilhas Marianas do Norte	..
Porto Rico	..
San Marino	..
Somália	..
Ilhas Virgens Norte-Americanas	..
Mundo	44,384,371
Renda baixa	1,391,362
Renda média	8,535,129
Renda média baixa	4,869,491
Renda média alta	3,665,404
Renda baixa e média	9,926,393
Ásia Oriental e Pacífico	3,032,573
Europa e Ásia Central	2,190,933
América Latina e Caribe	2,455,621
Oriente Médio e Norte da África	632,570
Sul da Ásia	995,809
África Subsahariana	615,216
Renda alta	34,466,198
União Européia	9,812,963

Fonte: http://siteresources.worldbank.org/DATASTATISTICS/Resources/GDP.pdf
Base de dados de indicadores de desenvolvimento Mundial, World Bank, 1 jul. 2005.

Apoio a exportadores

A Apex Brasil é uma agência de incentivo a exportações criada pelo governo brasileiro. Seus objetivos são inserir empresas brasileiras no cenário internacional, prepará-las para exportar, abrir novos mercados e manter os já conquistados, divulgar e consolidar a Marca Brasil.

No site da Apex (http://www.apexbrasil.com.br) é possível obter informações sobre eventos internacionais, centros de distribuição operando no mundo, inteligência comercial, projetos e sua elaboração, entre outros.

Outra iniciativa do governo brasileiro é o Aprendendo a Exportar (www.aprendendoaexportar.gov.br). O site apresenta um passo a passo para o pequeno e médio exportador, abordando os setores de alimentos, artesanato, confecções, flores e plantas ornamentais, máquinas e equipamentos e móveis. No site é possível utilizar simuladores de Siscomex e preço de exportação.

O Ministério do Desenvolvimento, Indústria e Comércio, através do Portal do Exportador (www.portaldoexportador.gov.br), disponibiliza informações sobre legislação, obtenção de crédito, logística, oportunidades de negócios e notícias de comércio exterior.

Os principais parceiros comerciais do Brasil são Estados Unidos, Argentina, China, Alemanha, México, Japão, Itália, Chile, Holanda e França. As principais exportações brasileiras são soja, carne, minérios, combustíveis, aeronaves, café e componentes de veículos automotores.

Observe nas tabelas a seguir para onde são embarcados a maioria dos produtos brasileiros, por país e por bloco econômico.

Tabela 9.2 Principais destinos das exportações brasileiras.

Principais Regiões de Destino US$ milhões FOB			
	2005	**2004**	**Var. (%)**
Total Brasil	118.308	96.475	22,6
União Européia	26.493	24.160	9,7
EUA (inclusive Porto Rico)	22.741	20.341	11,8
Ásia	18.552	14.564	27,4
Aladi (exclusive Mercosul)	13.702	10.787	27,0
Mercosul	11.726	8.912	31,6
África	5.977	4.245	40,8
Oriente Médio	4.286	3.687	16,2
Demais mercados	14.830	9.778	51,7

Fonte: MDIC/ Secex.
Elaboração: Associação de Comércio Exterior do Brasil.

Tabela 9.3 Principais países de destino US$ milhões FOB.

Ordem			2005	2004	Var.(%)
2004	2005	Total Brasil	118.308	96.475	22,6
1	1	Estados Unidos	22.472	20.038	12,1
2	2	Argentina	9.915	7.373	34,5
4	3	China	6.834	5.440	25,6

Tabela 9.3 Principais países de destino US$ milhões FOB. (*continuação*)

Ordem			2005	2004	Var.(%)
3	4	Países Baixos (Holanda)	5.283	5.917	-10,7
5	5	Alemanha	5.023	4.036	24,5
6	6	México	4.064	3.948	2,9
9	7	Chile	3.612	2.546	41,9
8	8	Japão	3.476	2.768	25,6
7	9	Itália	3.224	2.904	11,0
14	10	Rússia	2.917	1.658	76,0
11	11	Reino Unido	2.591	2.117	22,4
10	12	França	2.503	2.190	14,3
15	13	Venezuela	2.216	1.465	51,3
13	14	Bélgica-Luxemburgo	2.196	1.931	13,7
12	15	Espanha	2.173	1.984	9,5
17	16	Canadá	1.944	1.199	62,1
16	17	Coréia do Sul	1.869	1.429	32,7
38	18	Bahamas	1.488	488	205,1
19	19	Colômbia	1.406	1.038	35,4
20	20	África do Sul	1.369	1.036	32,2
24	21	Arábia Saudita	1.203	826	45,7
28	22	Índia	1.137	652	74,5
21	23	Portugal	1.015	962	5,5
18	24	Irã	968	1.133	-14,5
22	25	Paraguai	961	872	10,2
		Demais países	26.421	20.527	28,7

Fonte: MDIC/Secex.
Elaboração: Associação de Comércio Exterior do Brasil.

A União Européia (UE) e outros blocos econômicos

Há três grandes blocos econômicos no mundo que, juntos, contabilizam quase três quartos do comércio mundial. São eles: América do Norte (Estados Unidos/Nafta), Pacífico Asiático (Japão/Países Asiáticos) e a União Européia (UE). Metade dos negócios mundiais acontece dentro da UE. Até mesmo o comércio exterior da UE é maior que o comércio exterior dos Estados Unidos e do Japão juntos. Sua população é maior que a dos Estados Unidos e seu produto nacional bruto conjugado é maior que o do Japão e quase o mesmo que o dos Estados Unidos.

A Figura 9.3, a seguir, apresenta dados comparativos do comércio mundial em 2005, de acordo com a Organização Mundial do Comércio (OMC).

Exportações Mundiais por Região, Ano 2005 (Em bilhões de dólares e percentuais)								
	Valor	Percentual			Variação Percentual Anual			
	2005	1990	2000	2005	2000-05	2003	2004	2005
Mundo	10.159	100,0	100,0	100,0	10	17	22	13
América do Norte	1.478	16,6	19,5	14,5	4	5	14	12
Estados Unidos	904	11,6	12,5	8,9	3	5	13	10
Canadá	359	3,8	4,4	3,5	5	8	16	14
México	214	1,2	2,7	2,1	5	3	14	14
América do Sul e Central	355	3,1	3,1	3,5	13	15	30	25
Brasil	118	0,9	0,9	1,2	17	21	32	23
Argentina	40	0,4	0,4	0,4	9	15	17	16
Europa	4.372	49,6	42,0	43,0	11	19	20	8
União Européia (25)	4.001	–	38,9	39,4	10	19	19	7
Comunidade dos Estados Independentes (CIS)	340	1,7	2,3	3,3	18	27	36	28
Federação Russa	244	–	1,7	2,4	18	27	35	33
África	298	3,1	2,4	2,9	15	25	30	29
África do Sul	52	0,7	0,5	0,5	12	23	26	13
Oriente Médio	538	4,1	4,3	5,3	15	22	32	35
Ásia	2.779	21,8	26,4	27,4	11	18	25	16
China	762	1,8	4,0	7,5	25	35	35	28
Japão	595	8,5	7,6	5,9	4	13	20	5
Índia	95	0,5	0,7	0,9	18	16	32	26
Hong Kong, Coréia do Sul, Malásia, Cingapura, Taiwan e Tailândia	983	7,8	10,4	9,7	8	15	24	12
Outros								
Membros da OMC (149)	9.590	95,6	95,8	94,4	10	17	21	13
ASEAN	653	4,2	6,9	6,4	9	17	20	15
Mercosul	163	1,4	1,3	1,6	14	19	28	21

Figura 9.3 Dados comparativos entre as principais regiões econômicas (2005).

A Comunidade Econômica Européia foi fundada em 1957, quando o Tratado de Roma foi assinado pela Alemanha Ocidental, França, Itália, Holanda, Bélgica e Luxemburgo. Depois, uniram-se a esses países Reino Unido, Irlanda e Dinamarca em 1973, Grécia em 1981, Espanha e Portugal em 1986 e Áustria, Finlândia e Suécia em 1995.

No ano de 1991, em Maastricht, líderes da União Européia firmaram os Tratados da União Econômica e da Monetária Européia (Economic and Monetary Union – EMU) e protocolos associados. A União Européia entrou em vigor em novembro de 1993 e a união monetária e econômica, com a criação de uma moeda única, foi introduzida (em doze nações participantes) em 1º de janeiro de 2002.

Atualmente, há 27 países separados constituindo a União Européia, variando desde Luxemburgo, com uma população de menos de 500 mil pessoas, a uma Alemanha com uma população de mais de 80 milhões de pessoas. O bloco europeu conta com uma população de 500 milhões de pessoas.

Com a criação do mercado comum em 1992, a expansão para a União Européia em 1995 e para a unidade monetária européia em 2002, a UE atualmente é o "mercado doméstico" para todas as empresas que operam na região. Empresas com sede na Inglaterra podem vender diretamente a clientes em Roma ou Frankfurt e empresas francesas podem entrar em concorrências por contatos de coleta de refugos em Londres. Ainda existem alguns obstáculos, mas atualmente há um crescente movimento entre os membros da UE no sentido da defesa de padrões europeus em vez de padrões nacionais.

O Acordo de Livre Comércio da América do Norte (North American Free Trade Agreement – Nafta) foi ratificado em 1993, mas é bem menos abrangente que os tratados da União Européia. É um tratado que visa eliminar, gradualmente, quase todas as restrições de comércio e investimentos entre Estados Unidos, Canadá e México, no prazo de quinze anos. Diferentemente da UE, que é um mercado único, o Nafta é bem menos integrado. Os trabalhadores não podem se mover livremente entre os países; os membros do Nafta, diferentemente dos membros da UE, tomam medidas anti-dumping uns contra os outros; e os Estados Unidos, o Canadá e o México estabelecem suas próprias tarifas, ao contrário da União Européia, que tem uma tarifa única de importação.

O grupo do Pacífico é ainda menos unido e, ao passo que o Nafta e a UE são embasados em tratados, na Ásia, a integração econômica é baseada nas forças de mercado.

Embora haja conversas sobre a ampliação das áreas de livre comércio entre a UE e o Nafta, a tendência real é no sentido de regionalização do comércio com uma perspectiva de rápido crescimento dos negócios intra-regionais. Muitas empresas estão respondendo a essa tendência regionalizando a abordagem de vendas e marketing nas três áreas das Américas, Europa e Pacífico Asiático.

Alemanha

A Alemanha tem uma das maiores economias da Europa. Tem uma base industrial muito ampla, de forma que é extremamente improvável que você não encontre qualquer competição local. Suas práticas comerciais são abertas e, por conseguinte, há uma concorrência de todas as partes do mundo.

Ainda que haja uma série de "regiões industriais" específicas, como a de Ruhr, onde a indústria pesada tende a ser predominante, você encontrará empresas industriais em toda a Alemanha, tanto nas pequenas cidades e vilas como nas grandes cidades. É bastante comum encontrar uma fábrica quase no meio do nada em um pequeno vilarejo. Ainda há um número muito grande de negócios familiares na Alemanha. Isso acontece até mesmo nas grandes organizações.

A Alemanha é uma república constituída de 16 estados (*Länder*). O sistema de distribuição reflete tanto o tamanho como a estrutura federal do país. Agentes e distribuidores que cubram todo o país são raros e a maioria é regional – concentra suas atividades no norte ou no sul do país. Podem insistir que conseguem cobrir toda o país, mas a menos que possuam três ou quatro escritórios filiais, não poderão cobrir, efetivamente, toda a Alemanha. Tipicamente se situam em Hamburgo, Düsseldorf, Frankfurt, Stuttgart, Munique e Berlim.

Em termos de desenvolvimento, o lado leste (antiga Alemanha Oriental) está muitos anos atrás do que era a Alemanha Ocidental e, apesar do investimento maciço, serão necessários pelo menos dez anos para reverter essa situação. Não se pode esperar uma distribuição abrangente ou sofisticada como no lado ocidental, mas, em longo prazo, as oportunidades serão tão excepcionais quanto no outro lado.

A Alemanha é muito forte no setor da engenharia mecânica e da exportação de instalações industriais. Ainda que você não possa fazer substanciais negócios na Alemanha por meio de distribuidores, se quiser se tornar um grande participante do mercado alemão, precisará ter sua própria empresa lá. Isso pode ser conseguido por meio da criação de sua própria empresa ou pela aquisição de uma empresa alemã.

A aquisição, indubitavelmente, é a rota mais rápida se você puder encontrar uma empresa adequada que esteja à venda. Devido à natureza do setor empresarial na Alemanha, com muitos negócios familiares, isso às vezes pode ser difícil.

Os alemães têm uma bem merecida reputação de eficiência e qualidade. Para entrar no mercado alemão, você precisa ser bom no que faz e, para permanecer nele, tem de ser capaz de permanecer à frente tecnicamente. Deve estar preparado para satisfazer as necessidades dos clientes em termos de design, preço, entrega e padrões, e seus catálogos e manuais devem estar disponíveis em alemão.

Nos negócios, os alemães tendem a ser formais (especialmente no sul do país) e pessoas que trabalham juntas há vinte anos ainda se dirigem umas às outras com "Herr Schmidt" (senhor Schmidt) ou "Doktor Schmidt" (doutor Schmidt). Você deve fazer o mesmo. Embora as coisas estejam mudando com a geração mais jovem, utilizar nomes de batismo nos primeiros encontros não é aceitável.

França

A França é o maior país da Europa Ocidental. Vinte por cento da população vive em Paris, que tem assumido uma importância econômica e comercial maior que a de qualquer outra cidade francesa. Paris é o centro das indústrias, das atividades bancárias, de seguros e de comércio exterior. A maioria das empresas francesas de qualquer tamanho tem um escritório em Paris, quer seja o escritório central ou não. Porém, se quiser que seu produto seja vendido em toda a França, seu distribuidor deve ter sucursais em cidades como Lion, Marselha, Bordeaux e Nantes. Caso contrário, você deve pensar em contratar agentes ou distribuidores locais nas regiões. Muitas vezes acontece de uma empresa ter um escritório em Paris e a fábrica principal estar no interior.

A França tem 30% das terras cultiváveis da UE e a agricultura é um setor importante, empregando cerca de 8% da população trabalhadora e contribuindo com algo em torno dos 6% do PNB. O desenvolvimento industrial da França a partir de 1945 favoreceu as indústrias de bens de consumo e a produção de automóveis. A França também tem indústrias nucleares e de defesa bem desenvolvidas. Todavia, ela sofre (da mesma forma que o Reino Unido) por ter uma base industrial restrita, o que significa que, ainda que em muitos setores haja uma dura competição local, há muitas brechas que oferecem potencial às empresas que tenham o tipo e a qualidade certos de produto.

O conhecimento do idioma francês é fundamental se quiser fazer negócios na França. Esse conhecimento pode vir de membros de sua equipe que falam francês ou de membros da equipe do seu distribuidor ou empresa na França que falem inglês.

A maioria das empresas começa contratando um agente ou distribuidor e depois progride e cria seus próprios escritórios de venda quando o volume de negócios justifica.

Há diferenças regionais entre Paris, o oeste e o sul do país, e os negócios tendem a ser conduzidos de maneira mais formal em Paris que nas províncias. Nos negócios, o francês tende a ser distante em vez de formal. Talvez não sejam pontuais, mas esperam que você o seja. Se chegar atrasado a um encontro, será recebido com frieza – se for recebido. É bem verdade que se espera que haja um aperto de mãos no final das reuniões, mas isso é apenas um hábito. Demora muito tempo para haver uma relação pessoal na direção de negócios na França.

Itália

Ainda que Roma seja a capital oficial da Itália, Milão é a capital comercial. A indústria se concentra nas grandes cidades do norte do país e o sul é predominantemente agrícola. Por conseguinte, um distribuidor ou empresa local deve ser estabelecido no norte, onde a maior parte da indústria está localizada.

Engenharia, construção e têxteis são as três maiores indústrias da Itália. A Fiat é o maior fabricante de carros. A indústria italiana é famosa domesticamente e no exterior pelo design e pelo estilo de seus produtos.

Os italianos são menos formais que os alemães e menos distantes que os franceses. São muito conscientes de seu nível e status dentro da empresa, e os títulos são muito importantes. Podem ter um humor instável, mas são sempre charmosos – mesmo quando dizem não. São famosos pela falta de pontualidade e é prudente conferir por telefone antecipadamente se a reunião ainda está agendada. Os italianos adoram pechinchar – especialmente em relação a preços – e não são muito famosos por efetuar os pagamentos prontamente. Contudo, há muitas oportunidades comerciais na Itália e a perseverança compensará em longo prazo.

Estados Unidos

Os Estados Unidos são a maior economia mundial e o PIB de apenas um estado – a Califórnia – o classificaria entre as dez maiores nações do mundo se fosse um país separado. Uma vez que o próprio mercado americano é tão grande, muitas empresas podem conseguir viver muito bem sem exportar. Muitas empresas americanas só atuam em um estado ou região dos Estados Unidos.

Em um país onde cada estado individualmente, muitas vezes, é maior que vários países europeus, a distância é um problema. Não é possível montar uma empresa em Nova Jérsei e supor que essa empresa será capaz de vender o produto em todos os Estados Unidos. Qualquer empresa deve ter uma boa rede de distribuição e é muito comum uma empresa ser "grande" na Costa Leste, mas desconhecida na Costa Oeste. Se optar por vender nos Estados Unidos por meio de uma empresa local, provavelmente descobrirá que isso restringirá seu negócio às áreas geográficas em que essa empresa é forte.

Uma vez que a chave para o sucesso nos Estados Unidos é a distribuição, muitas empresas criam suas próprias empresas para dirigir suas redes de distribuição. Não estou sugerindo que seja melhor sua própria empresa colocar vendedores na rua para cobrir uma área maior que um distribuidor, mas que seja capaz de planejar em base nacional. Você pode designar gerentes regionais para as várias regiões dos Estados Unidos (qualquer coisa em torno de dois a doze gerentes regionais é comum), e, portanto, eles seriam responsáveis pela contratação de distribuidores e representantes nas principais cidades de sua região. E, ainda, conseguir mais de cem distribuidores em todo o país e as contas desses distribuidores seriam administradas por seus gerentes regionais.

Os distribuidores nos Estados Unidos tendem a ser bem-sucedidos em indústrias específicas, como a aeroespacial, química, de papel e celulose ou de tratamento de água. Se seu produto for vendido em duas indústrias completamente diferentes, você provavelmente terá de dirigir dois grupos de distribuidores totalmente distintos para essas indústrias.

Os custos de se estabelecer nos Estados Unidos são elevados e os custos de dirigir uma organização com abrangência nacional não são desprezíveis, mas as recompensas também são elevadas se tiver sucesso.

Com o advento do Nafta, atualmente é possível construir uma unidade industrial de baixo custo no México para fabricar produtos para o mercado norte-americano.

Japão

A economia do Japão está em segundo lugar apenas em relação à dos Estados Unidos em tamanho. Contabiliza cerca de dois terços do PIB total da região do Pacífico Asiático.

Depois do drástico crescimento e da valorização do iene nos anos 1980, a bolha estourou e, nos anos 1990, o Japão esteve quase continuamente em recessão ou estagnação. Isso provocou muitas mudanças no Japão e em suas indústrias. O país já estava deixando de lado as antigas indústrias com chaminés e se deslocando para as indústrias de alta tecnologia. O ambiente de recessão extinguiu o conceito do "emprego para a vida toda" e muitas grandes empresas japonesas foram obrigadas a se reestruturar e a demitir funcionários. As aquisições totais ou parciais de empresas japonesas, como a Renault comprando uma boa parte da Nissan, jamais teriam sido cogitadas alguns anos antes. Outro impacto dos tempos difíceis foi uma vontade maior de pensar em importar bens e componentes para reduzir custos. Portanto, as possibilidades são boas para empresas que fabricam bens e componentes de qualidade a preços razoáveis. O Japão é o maior fabricante do mundo de veículos motorizados e é uma grande força no setor dos semicondutores, produtos eletrônicos, ferramentas automatizadas e robôs industriais.

Tóquio é o centro comercial e financeiro do Japão. As sedes da maioria das corporações japonesas estão localizadas na região da grande Tóquio. O grosso da indústria e da população japonesa situa-se na planície costeira, de Tóquio a Osaka.

O ritmo da realização de negócios no Japão é muito mais lento que nos Estados Unidos ou na Europa. Muita importância é dada às relações pessoais e em fazer as coisas da maneira adequada. A menos que você tenha visitado o Japão, é difícil entender como ele é totalmente diferente de qualquer outro país do mundo. Durante trezentos anos, até 1868, o Japão esteve completamente isolado do restante do mundo. Nessa época, desenvolveram soluções diferentes para muitos problemas, e essas soluções normalmente eram diferentes das adotadas no restante do mundo. Nos últimos cem anos, os japoneses se modernizaram, mantendo o que havia de melhor do antigo e incorporando o que havia de melhor do novo, que vinha de fora.

Se quiser fazer negócios com o Japão, precisa compreender o protocolo comercial japonês. Existem muitos livros sobre esse complexo assunto e é necessário ler um antes de começar a negociar com os japoneses. No Japão, o "rosto" é importantíssimo. A língua japonesa é muito complicada e exige pelo menos um ano de estudo em tempo integral para obter uma capacidade de conversação razoável. Os japoneses ficarão extremamente satisfeitos se um estrangeiro fizer uma tentativa de aprender algumas simples palavras, mas as tentativas de utilizar um conhecimento limitado de uma língua em uma conversa de negócios normalmente são contraproducentes. Devem ser utilizados intérpretes em todas as transações comerciais.

A conclusão é que não se pode apenas entrar em um avião e voar até o Japão para fazer um negócio. A Apex, a Câmara do Japão (www.camaradojapao.org.br/) e a Embaixada Brasilera em Tóquio (http://www.brasemb.org.jp/) podem fornecer uma grande quantidade de informação e material de apoio para os exportadores brasileiros interessados em ingressar no mercado japonês. Além disso, a Organização de Comércio Exterior do Japão (Japan External Trade Organization – Jetro) tem escritórios nos principais países industrializados para ajudar a promover as importações para o Japão. Há um site: www.jetro.gov.jp.

Ainda existem barreiras para fazer negócios no Japão, mas estão sendo derrubadas o tempo todo. A maior barreira é o complexo sistema de distribuição, que é um problema tanto para as novas empresas japonesas quanto para os exportadores. Para fazer qualquer coisa no Japão você precisa de uma presença local – seja um distribuidor ou uma empresa local. A maneira mais comum de negociar com o Japão é encontrar um distribuidor e, com o crescimento do negócio, pensar em criar uma empresa em *joint venture*.

Muitas empresas têm se surpreendido com a rapidez com que fizeram progressos no mercado japonês nos últimos anos.

China e Pacífico Asiático

A China é um gigante industrial, comercial e financeiro no cenário global atual, e tem trazido mudanças à dinâmica da economia mundial. Ela tem se mostrado um competidor feroz, com taxas de crescimento e investimento impressionantes, e que tem atraído cada vez mais empresas ocidentais a estabelecer *joint ventures* com sócios locais, e impulsionado o crescimento da economia mundial como um todo. A China é o maior importador mundial de soja e derivados, e o maior produtor de aço do mundo.

São 1 bilhão e meio de pessoas vivendo em uma economia que vem se abrindo aos mercados internacionais, ao sistema bancário, às inovações tecnológicas e à captação de investimentos. É a segunda maior economia do mundo, atrás apenas dos Estados Unidos.

Embora tenha havido problemas esporádicos no crescimento de muitas nações do Pacífico Asiático, a maioria continua a apresentar facilmente taxas médias de crescimento duas vezes maior que as das economias ocidentais.

Ainda que haja algumas características comuns, como a ética trabalhista chinesa, os laços familiares, os valores budistas e confucionistas, é importante entender que cada um desses países é individual em relação à história e à cultura.

Mercosul

O Mercado Comum do Sul (Mercosul) foi criado pelo Tratado de Assunção (1991), e assinado pelos quatro países membros: Argentina, Brasil, Paraguai e Uruguai. A Bolívia e o Chile são países associados ao Mercosul. Os objetivos do Mercosul são a livre circulação de bens, capitais e pessoas, através da eliminação dos direitos alfandegários e das restrições não tarifárias; a adoção de uma tarifa externa e política comum em relação aos outros países que não integram o Mercosul; a coordenação para assumir posições únicas em discussões e acordos econômicos, comerciais, regionais e internacionais; as condições adequadas de concorrência entre os países; e a harmonização das legislações.

O bloco representa um mercado potencial de 200 milhões de habitantes e um PIB acumulado de mais de 1 trilhão de dólares. É a quarta maior economia do mundo, atrás do Nafta, da União Européia e do Japão. É também um grande pólo de atração de investimentos do mundo. O Mercosul representa cerca de 70% do território, 64% da população e 60% do PIB da América do Sul.

Resumo

Há três tipos básicos de produto: bens de consumo, bens de produção e serviços. Também pode haver um elemento de serviço nos bens de produção ou nos bens de consumo. Ainda que os princípios fundamentais de marketing se apliquem a todos esses tipos de produtos, são aplicados de maneira diferente.

Os mercados de bens de consumo são caracterizados por serem mercados grandes, com um grande número de clientes. Devido ao tamanho dos mercados, os dados referentes ao consumidor são amplamente coletados e analisados e estão prontamente disponíveis.

Os bens de produção normalmente são vendidos a empresas que os incorporam a outros produtos, utilizam-nos em seus negócios ou revendem-nos. As informações sobre os mercados de bens de produção não são tão prontamente disponíveis, como as informações sobre os bens de consumo, porque os mercados industriais são mais específicos, com um número menor de clientes.

Os serviços diferem dos demais tipos de produtos no sentido de que não há um produto tangível para vendido e o produto não é colocado em prateleiras. Os produtos vendidos pelas empresas prestadores de serviços são os benefícios de seus serviços.

Assim como os princípios básicos de marketing precisam ser adaptados às diferenças entre bens de consumo, bens de produção e serviços, as diferenças regionais e geográficas também devem ser atendidas. É preciso considerar o tamanho e a importância dos diferentes mercados geográficos. A União Européia, a América do Norte e o Pacífico Asiático são os principais blocos comerciais, que contabilizam entre si cerca de três quartos do comércio mundial.

Questões

1. Os produtos podem ser classificados em três tipos básicos: bens de consumo, bens de produção e serviços. Estabeleça a diferença entre eles e cite alguns exemplos.

2. Quais são os principais desafios na comercialização de serviços?
3. Compare o mix de marketing de um bem de consumo com o de um bem de produção. Quais são as principais diferenças dos mixes de marketing entre eles?
4. Quais são os principais blocos no comércio internacional?

Exercício

Faça uma pesquisa sobre os programas de fomento à exportação no Brasil, como o programa Brasil Exportador, e os programas promovidos pela Apex e pelo Sebrae. Quais são as principais ações e os tipos de apoio promovidos por esses programas? Relate um caso de sucesso.

Estudo de caso

Acesita busca mercado nas Américas

"A Acesita, siderúrgica controlada pela grupo Arcelor Mittal, desenhou um plano estratégico para manter a liderança entre as mais rentáveis produtoras de aços inoxidáveis do mundo. Até 2010, a empresa pretende ampliar sua presença nos países das Américas do Sul e Central e reduzir gradativamente as vendas na Ásia, além de difundir o consumo interno de inox, que hoje é de 1,1 quilo por habitante, ou cerca de 180 mil toneladas.

O mercado interno de inoxidáveis pode alcançar, até 2010, cerca de 270 mil toneladas. No restante da América do Sul, o consumo pode subir das 94 mil toneladas para 122 mil.

A China vai representar expansão de 15% do suprimento de aço inox no mundo daqui a três anos, e vai se tornar auto-suficiente. A competição entre os produtores de aços especiais vai ficar ainda mais difícil. A Ásia representa 36% das exportações totais da empresa; as Américas do Norte e Central respondem por 18%. O restante é dividido entre América do Sul e Europa.

A empresa pretende fazer uma série de ajustes na sua linha de produção, adaptando seus produtos às exigências do mercado sul-americano. Além disso, pretende cortar custos de produção em até 30% e melhorar a rede de distribuição e de prestação de serviços. A estratégia, porém, não deverá envolver a ampliação da capacidade de produção, pois as instalações atuais são suficientes para abastecer o mercado até 2010.

Para fortalecer a rede de distribuição na América do Sul, a empresa vai instalar uma unidade de serviços na Colômbia, com capacidade de processamento de 2 mil toneladas mensais. Os investimentos de US$ 5 milhões serão divididos entre a Acesita, a Arcelor Stainless (divisão de inoxidáveis da Arcelor) e um sócio local. A empresa pretende instalar ou adquirir unidades semelhantes no Chile e na Argentina e também na região Sul do Brasil.

A Acesita também pretende estimular a utilização do aço inox nas cadeias industriais de segmentos, como o da construção civil, transformadores e motores, eletroeletrônicos de linha branca e cutelaria, e busca reduzir o uso de níquel na produção de inoxidáveis, por conta dos altos preços da commodity no mercado internacional."

Fonte: Extraído e adaptado de *Valor Econômico on-line — 23/08/2006.*
URL: http://www.valoronline.com.br

Pergunta

Comente a estratégia da Acesita para aumentar sua presença na América Latina e sua decisão estratégica de não estar presente na China.

Capítulo 10

Orçamentos e demonstrativos de resultados

Ao realizar o processo de planejamento de marketing e preparar seu plano, foi visto como determinar as estratégias e preparar os planos, de ação a fim de pôr em prática suas estratégias e atingir seus objetivos. Aprendeu-se a estabelecer objetivos realistas. Mas o que dizer de suas estratégias e planos de ação? Podem ser exeqüíveis e têm uma boa relação custo-benefício? Se o custo de implementação de suas estratégias e de execução de seus planos de ação for maior que a contribuição que a previsão de vendas adicionais trará aos lucros da empresa, esqueça o plano – a não ser que consiga tecer outras estratégias para atingir os mesmos objetivos.

Como é possível concluir que seu plano de marketing vale a pena? Esta é a parte mais difícil de todo o processo, e não é raro encontrar planos de marketing com objetivos, estratégias e planos de ação sem qualquer cálculo de custos ou tentativa de avaliar o custo-benefício daquilo que está sendo proposto.

Neste capítulo, examinaremos a elaboração de orçamentos e quais técnicas podem ser utilizadas para determinar se cursos de ação específicos apresentam boa relação custo-benefício.

Há muitas analogias entre o processo global de elaboração do orçamento e o processo de planejamento de marketing. Ambos envolvem planejar, medir e controlar atividades futuras. Antes de estudarmos a maneira de determinar o custo e avaliar seu plano, vamos examinar mais detalhadamente o processo global de elaboração do orçamento e alguns dos termos e métodos contábeis utilizados nesse processo.

O processo orçamentário

Quando uma empresa prepara seus orçamentos, há três etapas principais para o processo global:

1. o estabelecimento de objetivos financeiros;

2. o planejamento orçamentário; e
3. o controle orçamentário.

Primeiro, os objetivos são estabelecidos. São os objetivos empresariais para o período orçado (normalmente um ano) e referem-se a itens, como crescimento, lucro e retorno sobre o capital. Esses objetivos são, então, traduzidos em planos orçamentários. O processo é mostrado na Figura 10.1.

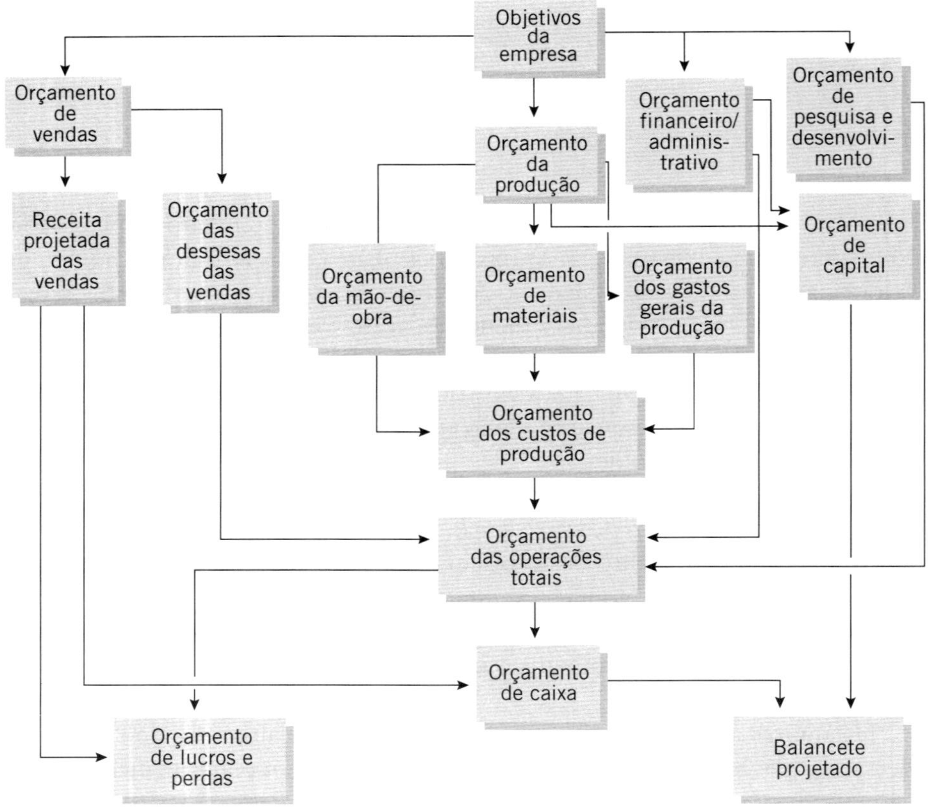

Figura 10.1 O processo de elaboração orçamentária da empresa.

Depois que a diretoria tiver determinado os objetivos financeiros globais para a empresa, o orçamento anual pode ser preparado. Até que a previsão de entrada de pedidos tenha sido acordada, os demais departamentos não podem prosseguir com a preparação de seus planos orçamentários. A previsão de entrada de pedidos determina o nível previsto de vendas faturadas, que, por sua vez, determina a quantidade de mão-de-obra e de matéria-prima que a empresa utiliza. As taxas de recuperação dos gastos gerais podem ser estabelecidas e os planos orçamentários individuais podem ser gradualmente agrupados até formar o orçamento global da empresa. Isso parece simples, mas, na prática, as somas iniciais raramente se compensam e o processo é iterativo, com ajustes no movimento de vendas, no mix de produtos e no orçamento das despesas até que os objetivos globais da empresa sejam atingidos.

O processo de elaboração orçamentária da empresa produz o orçamento utlizado no plano de negócios da empresa e, quando é posto em operação, é utilizado para controlar as atividades da empresa. Deve ser regularmente monitorado e, se necessário, devem ser tomadas atitudes corretivas.

A previsão da receita das vendas, das despesas das vendas e do custo das vendas adicionais terão um impacto sobre o demonstrativo de resultados, e é importante entender o que é isso.

Demonstrativo de resultados

O demonstrativo de resultados (ou de lucros e perdas) é uma síntese do sucesso ou do fracasso das transações de uma empresa durante certo período. Apresenta a receita gerada e os custos incorridos. Um típico demonstrativo de resultados é mostrado na Figura 10.2.

Do ponto de vista de nosso plano de marketing, não estamos interessados em nada que esteja abaixo da linha dos lucros operacionais, uma vez que nossas atividades de marketing só afetarão os itens relacionados acima dessa linha no demonstrativo de resultados. Uma análise detalhada de todo o demonstrativo de resultados e outros aspectos dos resultados da empresa está além do escopo deste livro, mas é importante entender alguns dos principais itens relacionados.

Receita de vendas

Representa a receita total das vendas obtida ao longo do ano em função das operações comerciais normais da empresa.

Custo das vendas

Representa os custos diretos de fabricação do produto vendido. Os custos referem-se principalmente à mão-de-obra e às matérias-primas.

Lucro bruto

Quando o custo das vendas é deduzido da receita de vendas, o número resultante é o lucro bruto. Isso fornece uma comparação direta entre o valor de venda do produto e os custos de sua produção. Essa "margem" tem de ser suficiente para cobrir todos os outros custos e despesas gerais incorridos na condução do negócio.

			$
	Receita		6.000
menos	Custo das vendas		4.000
	Lucro bruto		2.000
menos	Custos de distribuição	100	
	Despesas operacionais	800	
			900
	Lucro operacional		1.100
	Receita de investimentos	50	
menos	Juros pagos	100	
			50
	Lucro líquido antes dos impostos		1.050
	Imposto sobre as atividades ordinárias		500
	Lucro sobre as atividades ordinárias depois dos impostos		550
	Lucro no ano fiscal		550
	Dividendos		350
	Transferência para fundos de reserva		200

Figura 10.2 Demonstrativo de resultados típico de uma empresa.

Outros custos

Incluem os custos de distribuição e as despesas administrativas e operacionais. Isso inclui o custo de administração do departamento de marketing e vendas com os custos de propaganda e promoções. Também incluiria os salários do pessoal do escritório central, as taxas, a eletricidade, a depreciação e o custo de pesquisa e desenvolvimento.

Lucro operacional

No nosso caso, este é o número principal nas contas. É o resultado líquido das operações do ano, quando a receita total das vendas é comparada com as despesas incorridas para recebê-la. É a medida derradeira da validade ou não de manter o negócio.

Fazendo o orçamento do custo de um plano de marketing

Seu plano de marketing é uma parte do plano de negócios da empresa, seja ele um plano para suas atividades de marketing para um único produto, um único mercado ou para todos os seus produtos em todos os seus mercados. O diretor de marketing e de vendas tem a responsabilidade de agrupar todos os planos de marketing separados e formar o plano global de marketing da empresa. Por conseguinte, devemos pensar não apenas em como preparar o orçamento de vendas para o plano global de marketing da empresa, mas também em como estimar o custo dos planos de marketing individuais e calcular seu efeito sobre o plano de negócios global da empresa.

A Figura 10.1 mostrou o processo global de elaboração orçamentária da empresa. Na elaboração do orçamento e avaliação dos planos de marketing, precisamos levar em consideração apenas uma parte de todo esse processo. A Figura 10.3 mostra a parte mais importante na avaliação dos planos de marketing.

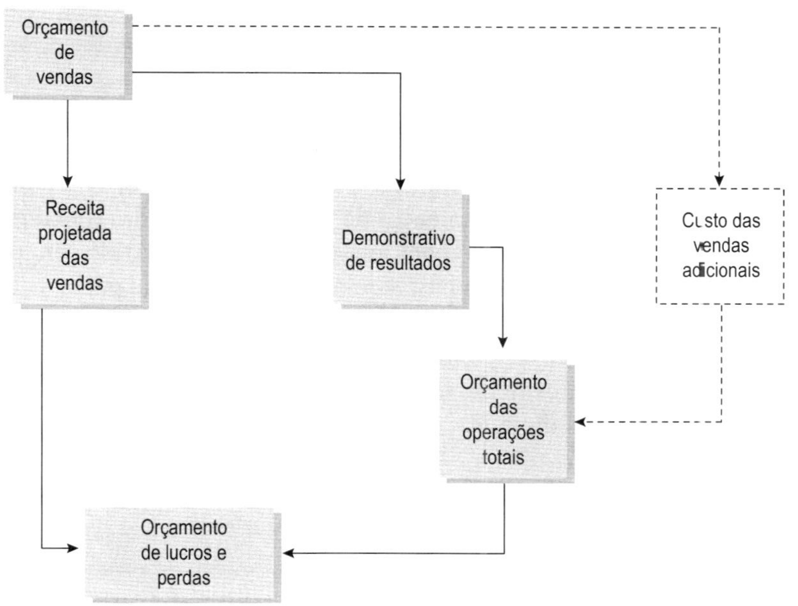

Figura 10.3 Elaboração orçamentária para as vendas adicionais.

Somente se seu produto for novo ou se estiver prevendo consideráveis aumentos nos negócios a partir de seu plano é que os investimentos de capital também poderão ser necessários.

É claro que seu plano de marketing – seja para um único produto ou para todos os seus produtos – incluirá os números previstos para o movimento de vendas e para as despesas operacionais. No Capítulo 7, refletimos sobre como determinar as estratégias e preparar e estimar os custos dos planos de ação. Os custos desses planos de ação devem ser incluídos na previsão das despesas operacionais.

Há uma diferença na maneira como a elaboração orçamentária é executada para o plano global de marketing da empresa e para os planos de marketing referentes a produtos e mercados individuais ou novos produtos.

O plano global de marketing da empresa

A elaboração orçamentária do plano global de marketing da empresa faz parte do processo orçamentário global incluído no plano de negócios, e precisa ser executado pelos departamentos de marketing e vendas em parceria com outros departamentos da empresa. Requer que o orçamento de vendas seja preparado primeiro, porque as despesas não podem ser planejadas até que a fonte e a quantidade de receita tenham sido estimadas. O orçamento de vendas consiste em duas partes – receita projetada das vendas e despesas estimadas de vendas.

Receita projetada das vendas

O volume de vendas previsto foi estimado anteriormente na preparação do plano, tendo como base o tamanho do mercado, o crescimento previsto, os preços de vendas dos produtos e o impacto da concorrência. Constitui um dos objetivos fundamentais do plano de marketing. Os departamentos de marketing e vendas trabalhará de acordo com a previsão de entrada de pedidos, que devem ser convertidos em previsões de vendas unitárias e vendas faturadas para terem alguma utilidade para os departamentos financeiro e de produção na preparação de seus orçamentos. A distribuição do orçamento ao longo do ano também é importante. As Figuras 10.4 e 10.5 mostram a previsão de vendas e o orçamento de vendas para um fabricante de televisores, aparelhos de DVD e câmeras digitais.

Previsão de Vendas para 20X3						
Produto	Preço Unitário	Trimestre				Total
	$	1 Unidade	2 Unidades	3 Unidades	4 Unidades	Unidades
APARELHOS DE TV	200	5.000	4.000	4.000	7.000	20.000
CÂMERAS	300	3.000	2.000	1.000	4.000	10.000
APARELHOS DE DVD	500	200	400	400	1.000	2.000

Figura 10.4 Exemplo de previsão de vendas para ser utilizada no orçamento de vendas.

Orçamento de Vendas para 20X3					
Produto		Trimestre			Total
	1 $	2 $	3 $	4 $	$
APARELHOS DE TV	1.000	800	800	1.400	4.000
CÂMERAS	900	600	300	1.200	3.000
APARELHOS DE DVD	100	200	200	500	1.000
TOTAIS	2.000	1.600	1.300	3.100	8.000

Figura 10.5 Exemplo de orçamento de vendas.

Devido ao pico das vendas no período anterior e posterior ao Natal, o escalonamento das vendas dessa empresa é importante para a produção e também para o fluxo de caixa.

Despesas estimadas de vendas

A estimativa das despesas de vendas inclui todas as despesas operacionais incorridas pelos departamentos de marketing e vendas. Podem ser agrupadas sob os seguintes tópicos:

- salários;
- custos de recrutamento;
- custos de viagens e diversões;
- custos da utilização de automóveis;
- propaganda;
- exposições e feiras;
- catálogos e manuais; e
- edição de material de comunicação.

Pode haver tópicos como "despesas de lançamento de novo produto" e "custos de treinamento". Em algumas empresas, os custos de postagem, material de escritório e uma parte dos custos das contas telefônicas e da manutenção de computadores também são cobrados individualmente dos diferentes departamentos. Cada empresa tem sua maneira de decidir quais custos são de responsabilidade da administração e quais são cobrados dos departamentos individualmente. A Figura 10.6 mostra como deve ser preparado um orçamento dos gastos operacionais.

Na Figura 10.6, mostramos o orçamento ou a previsão das despesas operacionais do ano corrente, bem como os aumentos previstos. É incluído um número para a inflação, mas os aumentos (ou diminuições) no orçamento também podem resultar do crescimento ou de necessidades excepcionais em um ano. Nesse caso, uma grande exposição no exterior que só ocorre a cada três anos está incluída sob o título "outros".

Orçamento dos Gastos Operacionais do Departamento de Vendas para 20X4						
Item	20X3	Inflação		Crescimento	Outras Despesas	20X4
	$	%	$	$	$	$
Salários	500	10	50			550
Recrutamento	10	10	1			11
Viagens e diversões	80	10	8		10	98
Custos de utilização de automóveis	20	10	2	5		27
Propaganda	50	10	5		10	65
Exposições e feiras	40	10	4		40	84
Catálogos e manuais	30	10	3		10	43
Itens diversos	50	10	5			55
Total	780		78	5	70	933

Figura 10.6 Exemplo de orçamento dos gastos operacionais.

Essa planilha das despesas estimadas de vendas é incluída no orçamento das despesas operacionais globais da empresa e, a partir disso, o demonstrativo de resultados é preparado.

Planos individuais de marketing

Em um plano de marketing para um produto ou mercado individual, não levamos em consideração o movimento e os custos globais da empresa, mas apenas o movimento adicional gerado pelo plano e os custos associados à sua implementação.

Há uma série de técnicas que permitem avaliar se os negócios adicionais que seu plano produzirá serão lucrativos ou não. Uma das mais simples é estimar o custo de todas as despesas em que pretende incorrer para implementar seu plano e compará-las à contribuição que será gerada pelo movimento das vendas adicionais que dele resultará.

É necessário estimar o custo de todos os planos de ação referentes a todas as diferentes estratégias por meio das quais pretende atingir seus objetivos.

A Figura 10.7 mostra como os números podem ser preparados em um demonstrativo de resultados parcial, baseado somente *nos custos adicionais* da implementação do plano de marketing.

Ao prepararmos o orçamento do demonstrativo de resultados, começamos de cima, com a previsão de vendas. No exemplo mostrado, trata-se de um novo produto, e as vendas são referentes apenas a esse produto. No caso das vendas adicionais em um plano de marketing para uma nova região, a previsão das vendas adicionais seria mostrada. O custo das vendas é o custo direto, em matéria-prima e mão-de-obra, para fabricar a quantidade orçada de produto vendido. O lucro bruto é a "margem" para cobrir os custos e para contribuir com os lucros.

Ao executar o plano de marketing, as despesas operacionais incorridas referem-se a diferentes departamentos. A maioria dos custos refere-se às despesas de marketing e de vendas, mas, se um produto novo ou modificado estiver envolvido, haverá custos envolvidos na realização do projeto, na engenharia e na engenharia de produção.

No caso do novo produto da Figura 10.7, há um pacote de lançamento. No demonstrativo de resultados, ele aparece com um total de $ 50 mil.

	20X6	20X7	20X8
	$ (milhares)	$ (milhares)	$ (milhares)
Vendas	400	600	750
Custos de vendas	240	360	450
Lucro bruto	160	240	300
Engenharia			
Design e desenhos	15		
Testes	5		
Protótipos	20		
Produção			
Engenharia de pré-produção	5		
Marketing e vendas			
Pacote de lançamento	50		
Catálogos e manuais		5	3
Propaganda		5	3
Exposições e feiras		10	5
Salários	10	5	5
Viagens e diversões	6	2	
Amostras	4	2	1
Degustação	10	4	
Gastos operacionais (relativos ao plano)	125	33	12
Lucro operacional (relativo ao plano)	35	207	288

Figura 10.7 Efeito das despesas operacionais adicionais relativas à introdução de um novo produto sobre o demonstrativo de resultados.

Um pacote de lançamento típico poderia incluir:

- Vídeo promocional $16.000
- Catálogos e manuais $10.000

- Propaganda $10.000
- Exposições e feiras $10.000
- Mala-direta $ 4.000

Todos esses itens são incluídos em planos de ação individuais. O plano de ação para a mala-direta é, de fato, aquele mostrado na Figura 7.4 (ver Capítulo 7).

Outros custos associados à execução do plano de marketing também são estimados.

Os custos incorridos pelos departamentos de marketing e vendas representam o custo de itens, como catálogos e manuais, propaganda e exposições e a parte do custo dos salários e despesas de viagens relacionados a esse produto específico. Alguns custos, como os de salários, viagens e diversões, aparecem em queda após o primeiro ano do plano. Isso acontece porque são apenas os custos parciais referentes ao pessoal diretamente envolvido na implementação do plano. Nesse caso, presume-se que essas pessoas só se empenharão em fazer o plano decolar no primeiro ano e que, pouco a pouco, o departamento de vendas normal assumirá o controle. (Os números referentes aos salários são parte dos custos salariais de um gerente de produto que administra uma série de produtos, inclusive este.) Os custos referentes à equipe de vendas normal já estão incluídos no demonstrativo de resultados globais da empresa e, portanto, não precisam ser incluídos novamente neste demonstrativo de resultados parcial.

Presume-se que este seja um produto adicional e que os números referentes ao movimento das vendas ainda não foram incluídos no plano corporativo da empresa ou no demonstrativo de resultados projetado.

Outros métodos de avaliação de planos de marketing

A técnica anterior mostrada é o método mais comumente utilizado pelos departamentos de marketing e de vendas para avaliar seus planos de marketing. O custo das vendas da Figura 10.7 é dado como uma porcentagem fixa das próprias vendas e baseia-se em dados históricos ou, no caso de um produto novo, na melhor estimativa disponível. A menos que você esteja pensando em volumes de vendas muito pequenos, esse método é razoavelmente preciso, mas assume que o custo de produção do produto não varia com a quantidade de produto fabricado. O custo de fabricar mais produtos, na realidade, varia com a quantidade produzida, e a técnica da análise do ponto de equilíbrio é uma das que levam isso em conta ao determinar o volume mínimo de fabricação de um produto para que ele seja lucrativo. Esta técnica é amplamente empregada na preparação de planos de marketing – especialmente em planos para novos produtos. Antes de explicar o que significa a análise do ponto de equilíbrio e como ela funciona, é necessário saber um pouco mais sobre os diferentes tipos de custos e técnicas de estimativa de custos.

Tipos de custos

Todos os custos envolvidos na condução de um negócio podem ser definidos como fixos, variáveis e semivariáveis.

Um *custo fixo* permanecerá constante mesmo que haja uma mudança no nível de atividade da empresa. Isso significa que o custo fixo por unidade de produção se reduz conforme o número de unidades produzidas aumenta. Os custos de marketing, depreciação da fábrica e pesquisa e desenvolvimento são todos exemplos de custos fixos.

Um *custo variável* é aquele que geralmente varia na proporção direta da atividade da empresa, isto é, de acordo com o aumento ou diminuição da fabricação de produtos específicos. Isso significa que seu custo por unidade permanece o mesmo independentemente do número de unidades produzidas. Os custos de mão-de-obra direta e de matéria-prima são exemplos de custos variáveis.

Há também os *custos escalonados*, que são fixados para um certo volume de atividade e saltam para um nível diferente conforme a atividade se intensifica. Exemplos são os custos da equipe de vendas, em que há um aumento escalonado nos custos quando uma pessoa a mais é recrutada.

E, por fim, há também os *custos semivariáveis*, que têm um elemento fixo e um variável. Os custos semivariáveis envolvem itens, como iluminação, aquecimento, energia elétrica e telefones.

Esses tipos de custos podem ser ainda mais subdivididos. Os custos fixos consistem em custos consignados e custos dirigidos. Os custos consignados são aqueles que não podem ser eliminados ou reduzidos sem causar um grande efeito sobre a operação da empresa e uma mudança em seus objetivos – aqui se incluem custos como os salários administrativos e a depreciação da fábrica e do equipamento. Esses custos só podem ser eliminados livrando-se dos funcionários em questão ou do equipamento. Os custos dirigidos, por outro lado, são custos de médio prazo que podem ser aumentados ou reduzidos no curto prazo. Envolvem os gastos com pesquisa e desenvolvimento, programas de treinamento e muitos dos custos de publicidade e marketing incluídos em seu plano de marketing. Dessa forma, os custos da execução de seus planos de ação e de promoção são principalmente custos dirigidos, os quais podem ser considerados à luz do aumento projetado do movimento e do lucro que deles resultarão.

Em sua análise dos custos orçados para seu plano de marketing, é comum separar todos os custos em elementos fixos e variáveis.

Custeio por absorção

A estimativa dos custos por absorção é definida como "um método de custeio no qual os custos fixos e os custos variáveis são alocados a unidades de custo, e as despesas gerais totais são absorvidas de acordo com o nível de atividade". Com esta abordagem de custeio, todos os custos, tanto fixos como variáveis, são distribuídos proporcionalmente a uma unidade de produção de um produto específico. Um exemplo é dado na Figura 10.8.

Produção em unidades	10.000	15.000
Custos variáveis	$ 60.000	$ 90.000
Custos fixos	$ 100.000	$ 100.000
Custos totais	$ 160.000	$ 190.000
Custo por unidade	$ 16	$ 12.67

Figura 10.8 Um exemplo da técnica de custeio por absorção.

O custeio por absorção tem sido tradicionalmente utilizado pelos contadores para valorizar os estoques e adiantar o trabalho, além de preparar a divulgação dos resultados. Ainda é a base da técnica de estabelecimento de preços mais comum – a determinação de preços mark-up, em que o custo total de fabricação de uma unidade do produto dentro do nível de capacidade normal da empresa é calculado e uma porcentagem do preço é adicionada. Porém, tem uma série de desvantagens:

- presume que os preços são simplesmente uma função dos custos;
- não leva diretamente em conta a demanda; e
- baseia-se em custos passados.

Também pode levar à rejeição de negócios lucrativos, uma vez que o custo total por unidade tende a ser considerado o preço de venda mais baixo possível. De fato, o negócio pode ser lucrativo mesmo estando abaixo do nível de custo total por unidade, *se for um negócio adicional e as despesas gerais já tiverem sido cobertas pelos níveis de negócio normais.*

Estimativa dos custos marginais

A estimativa dos custos marginais é definida como “a abordagem de custeio em que somente os custos variáveis são atribuídos às unidades de custo. Os custos fixos não são atribuídos proporcionalmente às unidades ou atividades individuais, mas são fixados a partir da contribuição total gerada”.

É a técnica mais comum na preparação de planos de marketing porque permite que se execute a análise de custo-volume-lucro (CVL) e se determine até que preço é válido ter um negócio adicional marginal.

A estimativa dos custos marginais lida com as relações entre cinco fatores:

- custos variáveis por unidade;
- custos fixos totais;
- nível de produção ou volume;
- preço do produto vendido; e
- mix de produtos vendidos.

Se utilizarmos os números da Figura 10.8 e aplicarmos a técnica da estimativa dos custos marginais, obteremos o resultado mostrado na Figura 10.9.

A estimativa dos custos marginais atribui aos produtos ou serviços somente os custos que variam diretamente com o nível de atividade. Os custos fixos não são atribuídos às unidades de venda ou de produção, mas são tratados coletivamente como os custos para o período de tempo considerado.

	Total	Por unidade
Vendas (10.000 unidades)	$ 200.000	$ 20
Custos variáveis	$ 60.000	$ 6
Contribuição	$ 140.000	
Isso cobre o seguinte:		
Custos fixos de produção	$ 100.000	
Lucro líquido	$ 40.000	

Figura 10.9 Um exemplo da técnica de estimativa dos custos marginais.

Análise do ponto de equilíbrio

A análise do ponto de equilíbrio é uma técnica de estimativa de custos marginais utilizada para avaliar as relações entre a receita de vendas, os custos fixos e os custos variáveis. É amplamente utilizada para avaliar a viabilidade de novos produtos em diferentes níveis de venda. Identifica o ponto em que sua receita total se iguala a seu custo total em relação a um determinado produto. O ponto de equilíbrio determina o número de unidades ou o valor das unidades que você precisa vender para cobrir todos os custos envolvidos na fabricação e na venda do produto. Neste ponto, a empresa não aufere lucro e não tem prejuízo. A análise do ponto de equilíbrio lhe permite preparar estimativas rápidas de como a receita total e o custo total variarão em diferentes níveis de despesas com propaganda, promoção e produção. Permite que você tome decisões sobre o melhor mix de produtos. Também é possível alterar variáveis, como o preço de venda, a fim de avaliar quantas unidades a mais ou a menos devem ser vendidas para chegar ao ponto de equilíbrio.

É necessário ter à disposição as seguintes informações:

- preço de venda por unidade;
- custos variáveis por unidade;
- margem de contribuição por unidade; e
- custos fixos por período.

A partir daí, é possível calcular o número de unidades que precisam ser vendidas para chegar ao ponto de equilíbrio. Você pode fazer isso utilizando a seguinte fórmula:

Vendas = custos variáveis + custos fixos + lucro líquido
Quando o lucro líquido = 0, como no ponto de equilíbrio, então:
Vendas = custos variáveis + custos fixos
Se você tiver os seguintes números:
Preço de venda por unidade = \$ 1.000
Custos variáveis por unidade = \$ 500
Margem de contribuição por unidade = \$ 500
Custos fixos por unidade = \$ 500.000
e o número de unidades vendidas = x, então:
$\$\ 1.000x = \$\ 500x + \$\ 500.000$
$\$\ 500x = \$\ 500.000$
$x = 1.000$

Portanto, o ponto de equilíbrio equivale a 1.000 unidades.
Isso pode ser mostrado graficamente na Figura 10.10.

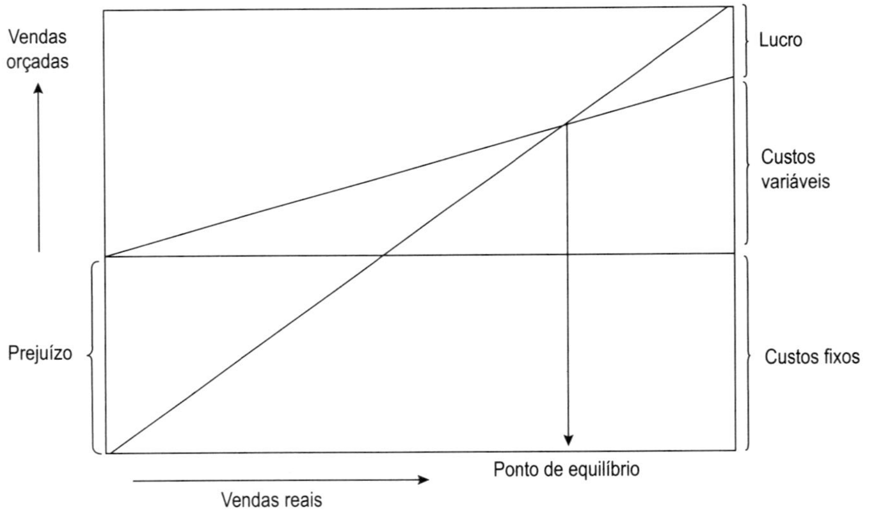

Figura 10.10 Exemplo de análise do ponto de equilíbrio.

Qualquer venda ocorrida acima do ponto de equilíbrio representa lucro para a empresa, e se as vendas não atingirem este ponto, ocorrerá um prejuízo.

Ainda que, normalmente, se presuma que todas as empresas precisam auferir lucros em todos os produtos o tempo todo, isso não acontece necessariamente dessa maneira. A maioria dos produtos tem um preço de mercado e, se você tentar vender a um preço acima desse nível, jamais conseguirá entrar com sucesso no mercado. Isso é particularmente verdadeiro em relação a novos bens de consumo, para os quais é comum fazer provisões de pesados gastos iniciais de propaganda e uma previsão da lucratividade em vários níveis de produção. Pode ser que o produto seja introduzido com prejuízo e só comece a contribuir para os lucros da empresa depois de um ou dois anos.

O ponto de equilíbrio também pode ser calculado pelo uso do princípio do coeficiente de contribuição, que é a contribuição dada pelo produto, expressa como uma porcentagem da receita das vendas. É particularmente útil quando temos uma combinação de mais de uma linha de produto. O ponto de equilíbrio é expresso pela seguinte fórmula:

$$\text{Ponto de equilíbrio} = \frac{\text{custos fixos} \times 100}{\text{coeficiente de contribuição}}$$

Na Figura 10.11, o coeficiente de contribuição é de 50%. Portanto, o ponto de equilíbrio é:

$$\frac{\text{R\$ 80.000 x 100}}{50\%} = \text{R\$ 160.000 em vendas}$$

A combinação pode variar, e isso mudaria o ponto de equilíbrio.

A análise do custo-volume-lucro e a análise do ponto de equilíbrio são conceitos a serem utilizados nas tomadas de decisão e que proporcionarão respostas razoavelmente precisas. Para utilizar qualquer uma dessas técnicas, você precisa fazer suposições sobre os custos e particularmente sobre os custos que são completamente fixos ou completamente variáveis em toda a gama do movimento de vendas existentes em seus cálculos.

	Produto A		Produto B		Total	
	$	%	$	%	$	%
Vendas	100.000	100	100.000	100	200.000	100
Custos variáveis	40.000	40	60.000	60	100.000	50
Contribuição	60.000	60	40.000	40	100.000	50
Custos fixos					80.000	40
Lucro líquido					20.000	10

Figura 10.11 Análise do ponto de equilíbrio para dois produtos.

Análise do *payback*

Outra técnica utilizada com novos produtos é a análise do *payback*, que determina o período de retorno, isto é, o tempo necessário para recuperar o investimento feito.

Para executar a análise do *payback*, é necessário determinar o total de dinheiro investido no projeto e a estimativa de contribuição anual ao lucro. A Figura 10.12 mostra um exemplo de uma análise do *payback*.

1. Despesas	
Pesquisa e desenvolvimento	$ 50.000
Engenharia de produção	$ 30.000
Ferramentas, moldes e acessórios	$ 40.000
Desenvolvimento de mercado	$ 30.000
Lançamento do produto	$ 20.000
Despesas totais	$ 170.000
2. Contribuição anual estimada	
Vendas projetadas por ano	1.000
Contribuição por unidade	$ 100
Total	$ 100.000
3. Payback	1,7 anos

Figura 10.12 Um exemplo de análise do *payback* para um bem de produção.

A análise do *payback* não leva em conta os fluxos de caixa que estejam além do período de *payback*, mas é um método simples especialmente útil para calcular em que velocidade um projeto se pagará quando o investimento for uma mistura de gastos de capital e de receita. Isso é comum na estimativa de custos de lançamentos de novos produtos em que há investimentos em acessórios e peças, mas não é necessário que a empresa invista em novas máquinas. Custos, como os da engenharia de produção, desenvolvimento de mercado e despesas de lançamento do produto, não têm valor residual depois de terem sido gastos. Se forem necessárias significativas quantidades de gastos de capital, podem ser preferíveis outros métodos de avaliação do capital, como o "método do retorno sobre o investimento" (*return on investment* — ROI) ou os "métodos do fluxo de caixa descontado" (*discounted cash flow* — DCF).

Resumo

Uma vez que não há fundamento em continuar seu plano de marketing a não ser que ele aumente os lucros da empresa, você precisa ter a capacidade de avaliar o custo-benefício do plano. É necessário determinar os custos adicionais e certificar-se de que o retorno na contribuição adicional e no lucro justifique os gastos envolvidos.

Ao preparar o plano global de marketing da empresa, é necessário preparar o orçamento de vendas, que consiste na receita projetada de vendas e nas despesas estimadas de vendas, que serão inseridas no orçamento global a ser incluído no plano de negócios da empresa.

Na preparação dos planos de marketing para produtos ou mercados individuais, leve em conta o movimento e a contribuição adicionais gerados pelo plano e os custos associados à sua implementação. Um demonstrativo de resultados parcial deve ser preparado.

Devem ser empregadas técnicas de estimativa dos custos marginais, como a análise do custo-volume-lucro e a análise do ponto de equilíbrio, para avaliar a viabilidade de novos produtos em diferentes níveis de vendas, e a análise do *payback* para determinar o período de retorno para novos produtos.

Questões

1. Quais são as três etapas na elaboração de um planejamento orçamentário? Quais considerações devem ser feitas para verificar se um plano de marketing vale a pena?
2. Como podem ser classificados os tipos de custos que uma empresa possui? Explique cada um deles.
3. Que elementos devem ser conhecidos para se realizar uma análise do ponto de equilíbrio, e por que esta análise é importante?
4. O que é um demonstrativo de resultados? Qual sua finalidade?

Exercício

As vendas mensais de uma empresa são de R$ 1.000.000,00. Seus impostos correspondem a 25% do faturamento. Seus custos variáveis são de 40% da receita bruta. A empresa tem R$ 300.000,00 de custos fixos. Em que nível de vendas essa empresa passa a não ter prejuízo? Se o preço unitário de seus produtos é de R$ 1.000,00, quantas peças ela deverá vender para começar a obter lucro?

Estudo de caso

Cacau Show e sua nova fábrica

"Alexandre Costa, dono da Cacau Show, calcula que o faturamento neste ano chega aos R$ 48 milhões – somando as vendas da fábrica e a receita vinda da divisão de franquias, umas das apostas de Costa para crescer. Das 285 lojas da Cacau Show, apenas dez são próprias. A meta é chegar a 2010 com 1 mil lojas e superar a maior rede de vendas de chocolates do mundo, que tem 385 lojas atualmente.

O desejo de imprimir profissionalismo ao marketing teve um empurrãozinho da concorrência. Em julho passado, a Kopenhagen, famosa pelos chocolates tradicionais e caros, resolveu avançar sobre as classes B e C - exatamente o público consumidor dos chocolates da Cacau Show – com uma linha de produtos mais acessíveis. O empresário afirma que os chocolates são relativamente mais baratos porque mesmo os chocolates mais em conta deles custam o dobro que similares da Cacau Show.

Para ele, não adianta botar a Ivete Sangalo para fazer propaganda e cobrar $ 160 por um quilo de chocolate. A Cacau Show tem uma gestão muito rigorosa, poucos níveis hierárquicos, a diretoria, a gerência e o chão de fábrica e ainda tem na automatização da indústria um importante fator de redução de custos. Por isso nosso produto é honesto, de boa qualidade e bom preço. A expectativa de Alexandre Costa é elevar as vendas em 40%."

Fonte: Extraído e adaptado de *Valor Econômico on-line* – 14/08/2006. http://www.valoronline.com.br

Perguntas

1. Que itens deveriam ser conhecidos para se construir um demonstrativo de resultado da Cacau Show?
2. Comente sobre a estratégia da Cacau Show para enfrentar seus concorrentes.

Capítulo 11

Escrevendo e apresentando o plano de marketing

Depois de ter cumprido todos os estágios do processo de planejamento de marketing detalhados neste livro, você terá coletado todas as informações para seu plano e poderá preparar o documento escrito e garantir que seja transmitido de maneira eficaz ao pessoal relevante em sua empresa.

O plano escrito só deve conter as informações fundamentais a serem transmitidas – deve ser claro e conciso, e os detalhes excessivos ou irrelevantes devem ser excluídos. A ampla gama de informações de pesquisa interna e externa de marketing coletadas ao longo da preparação do plano não deve ser incluída, pois apenas confundirá o leitor. Os detalhes de todos os planos de ação individuais também devem ser excluídos do documento principal. (Os planos de ação mais importantes e as principais informações da pesquisa de marketing podem ser incluídos em apêndices.)

O tamanho do plano varia, pois, obviamente, um plano para um único produto em um único mercado será menor que um plano de marketing completo para todos os produtos da empresa em todos os mercados.

O documento escrito deve ser claro, conciso e de fácil leitura. Embora os itens a seguir possam parecer óbvios, é importante declará-los, pois a apresentação do plano a seus colegas é muito importante:

- Comece cada seção do plano em uma nova página – mesmo que isso signifique que algumas páginas só terão cinco ou dez linhas de texto.
- Ao listar pontos fundamentais, use espaçamento duplo entre as linhas.
- Não tente espremer muitos números em uma única página.
- Não reduza o tamanho dos documentos utilizados em um plano a ponto de dificultar sua leitura.
- Utilize uma fonte de tamanho razoável para imprimir o documento.
- Se o plano for grande demais, simplesmente não será lido, então, não tenha medo, e corte textos desnecessários.
- Não use qualquer jargão que não seja entendido por todos os que receberão o plano, e assegure-se de escrever por extenso todas as abreviaturas na primeira vez que citá-las no documento.

Na Figura 2.2, listamos as seções de um plano de marketing completo. Neste capítulo, examinaremos quais informações devem ser incluídas nas várias seções do plano escrito e como devem ser apresentadas.

Sumário

Um sumário deve ser incluído para que as várias seções do plano sejam localizadas com rapidez e facilidade. A Figura 11.1 mostra como apresentar o sumário.

Sumário

Figura 11.1 Sumário de um plano de marketing completo.

Introdução

Esta é a parte de ambientação do plano – apresenta as razões para sua preparação e delineia seus objetivos e usos. É uma parte importante de planos para produtos ou mercados individuais. No caso do plano de marketing anual, deve ser expandida e incluir uma referência aos principais fatores que afetaram o negócio nos doze meses anteriores.

Para uma empresa que venda, por exemplo, um produto para o setor hidráulico, a introdução do plano pode ser:

> "As vendas no Brasil estagnaram nos últimos anos. A empresa sempre vendeu uma boa quantidade de produtos para o setor hidráulico, mas esta nunca foi sua principal área de atividade. Por isso, sabíamos pouco sobre o setor ou sobre o potencial nele contido para nosso produto. Com a aplicação das regras para o tratamento da água e para o saneamento, o setor está realizando um grande programa de aumento de capital. Com isso, o diretor de vendas/marketing percebeu que precisávamos analisar nossa posição no mercado e nos preparar para crescer a fim de aproveitar o aumento dos gastos no setor."

Resumo

O resumo deve apresentar os pontos fundamentais do plano de maneira clara e concisa. Todas as pessoas que recebem o plano devem ser capazes de compreender a essência do plano a partir desse resumo.

O resumo sempre deve incluir:

- as suposições básicas sobre as quais o plano se baseia;
- os objetivos do plano; e
- o cronograma de implementação do plano.

Para um produto existente, o resumo do plano pode ser:

> "As vendas do produto no mercado brasileiro aumentaram 30% em termos reais nos últimos três anos. Ainda temos uma participação de apenas 5% no mercado total e achamos que, se as condições econômicas permanecerem estáveis, seremos capazes de continuar a conquistar participação em um mercado em expansão. O objetivo deste plano é conseguir um crescimento adicional de 30% em termos reais nos próximos três anos, dando à empresa uma participação de 6% do mercado projetado para 20X4. O plano detalha como isso pode ser alcançado lucrativamente e sem quaisquer investimentos adicionais em instalações, máquinas e equipamentos."

Para um novo produto, o formato do resumo pode ser o seguinte:

> "Com base em nossa análise do mercado e em nossa estimativa dos custos e do preço de venda provável do novo produto, este plano mostra como o produto pode conseguir vendas de $ 1 milhão por ano dentro de três anos e a contribuição seria tal que o período de *payback* seria inferior a dois anos".

Análise da situação

No plano escrito, a análise da situação deve incluir apenas as sínteses das pesquisas externa e interna de marketing e a análise SWOT resultante. São incluídas sob os seguintes títulos:

- suposições;
- resumo das vendas históricas e previstas;
- análise dos mercados estratégicos;

- análise dos principais produtos; e
- análise das principais áreas de vendas.

Haverá uma certa sobreposição entre as análises dos mercados estratégicos, principais produtos e principais áreas de vendas, uma vez que é possível mostrar a combinação de diferentes maneiras. Os principais produtos podem ser separados por mercado e por área de vendas, e os principais mercados podem ser separados por produto e por área de vendas. O importante é apresentar a informação de maneira a realçar os pontos fundamentais que está tentando transmitir àqueles que lêem o plano.

Suposições

Consistem nos fatos e suposições fundamentais sobre os quais o plano se baseia. Devem ser poucas e devem referir-se apenas às questões fundamentais que afetariam significativamente a probabilidade de os objetivos de marketing do plano serem atingidos.

Cada suposição deve ser uma breve declaração factual. Por exemplo:

- A taxa de câmbio US$/R$ permanecerá no limite de R$ 2,10 a R$ 2,20 para US$ 1 durante os próximos doze meses.
- As taxas de juros começarão a ser reduzidas dos níveis atuais até o final do ano.
- O nível atual de restrição às importações de 10% da participação de mercado é respeitado pelos chineses.

Vendas

Nesta parte do seu plano de marketing, as vendas históricas durante os últimos três anos e as previsões de vendas para os próximos três anos devem ser incluídas juntas. Mais detalhes normalmente seriam incluídos em relação à previsão de vendas para os próximos doze meses, uma vez que isso se tornará o orçamento anual para o produto ou área cobertos pelo plano. As previsões para os anos subseqüentes presumirão que os números referentes ao primeiro ano serão atingidos e que podem ser revistos à luz dos resultados reais quando o próprio plano for revisado nos anos subseqüentes. Uma vez que a lucratividade dessas vendas é muito importante, detalhes das margens e da lucratividade do produto também devem ser incluídos nesta seção. O formato de apresentação dessas informações deve seguir as diretrizes apresentadas no Capítulo 4.

É importante indicar se os anos mostrados na previsão são anos calendário ou anos fiscais iniciados em data diferente de 1º de janeiro – algumas empresas utilizam os referenciais de seus países de origem, fechando relatórios anuais para consolidar com os relatórios da matriz. Também é preciso deixar claro quais números anuais são referentes às vendas reais e às previsões. Embora isso fique claro ao escrever o plano, em um prazo de dois ou três anos, as datas dos anos de previsão se tornarão datas concretas e pode haver confusão.

Você deve utilizar as vendas faturadas em vez dos números referentes à entrada de pedidos como base do plano, porque outros departamentos da empresa, como o de produção e o de finanças, só podem operar sobre os números das vendas. Porém, será necessário incluir também os números referentes à entrada de pedidos, porque estes representarão a estimativa de pedidos em função da qual o departamento de vendas trabalhará. Você deve declarar se os números se baseiam nos preços do ano em curso ou se foram corrigidos de acordo com a inflação – se isso aconteceu, o cálculo que você supôs para a inflação deve ser incluído.

A Figura 11.2 mostra um conjunto típico de cálculos de vendas.

Outros exemplos foram mostrados no Capítulo 6, nas Figuras 6.11, 6.12 e 6.13.

Números Referentes às Vendas (Históricas e Previstas)						
	(Todos os valores em milhares de $ no presente)			← projetadas →		
Ano	20X3	20X4	20X5	20X6	20X7	20X8
Brasil	100	60	100	80	100	100
América Latina	318	320	322	320	320	340
Outros	40	80	80	120	130	140
Total	458	460	502	520	550	580

Figura 11.2 Formato da projeção de vendas.

Mercados estratégicos

Nesta seção, você deve incluir as informações históricas e as previsões das vendas da empresa nos principais setores industriais. As informações podem ser apresentadas de duas maneiras:

- mostrando a porcentagem das vendas da empresa em cada mercado; e
- mostrando a participação porcentual dos mercados industriais individuais que a empresa acredita que tem.

Só inclua seus principais mercados – o ideal é entre três e seis setores porque, se vender apenas para um setor, ficará muito vulnerável às mudanças ou flutuações dentro dele.

Este tipo de informação pode ser apresentado em uma tabela, como nas Figuras 11.3 e 11.4, ou em um gráfico, como na Figura 11.5.

Produto: Válvulas	Real – 20X4		Previsto – 20X7	
Indústria	$ (milhares)	%	$ (milhares)	%
Tratamento de água	2.220	28,1	3.600	36,7
Química/Petroquímica	1.600	20,3	1.700	17,4
Papel	850	10,8	1.000	10,2
Alimentos	620	7,9	700	7,1
Outros	2.600	32,9	2.800	28,6
Total	7.890	100,0	9.800	100,0

Figura 11.3 Apresentação das vendas por mercado estratégico.

Mercados Estratégicos da Empresa						
Área: Brasil	Produto: Centrífugas					
	20X3		20X4		20X5	
	Vendas (em milhares)	Participação de mercado	Vendas (em milhares)	Participação de mercado	Vendas (em milhares)	Participação de mercado
Indústria	$	%	$	%	$	%
Açúcar	200	40	250	40	300	40
Produtos químicos	228	14	280	17	400	19
Esgotos	108	23	150	24	210	25

Figura 11.4 Apresentação das vendas e da participação de mercado por mercado estratégico.

Além dos números, é importante que o plano inclua uma narrativa relacionada a cada um dos mercados estratégicos. Deve-se incluir detalhes do crescimento ou da diminuição do mercado e do crescimento ou da diminuição de sua participação de mercado. Os segmentos fundamentais dentro do mercado também devem ser destacados. Você pode ter identificado a indústria alimentícia como um mercado estratégico, mas é pouco provável que seu negócio se espalhe de maneira igual por toda essa indústria. Pode ser que a maioria de suas vendas para a indústria alimentícia vá para os fabricantes de biscoitos ou de manteiga, portanto, isso deve ser declarado na narrativa.

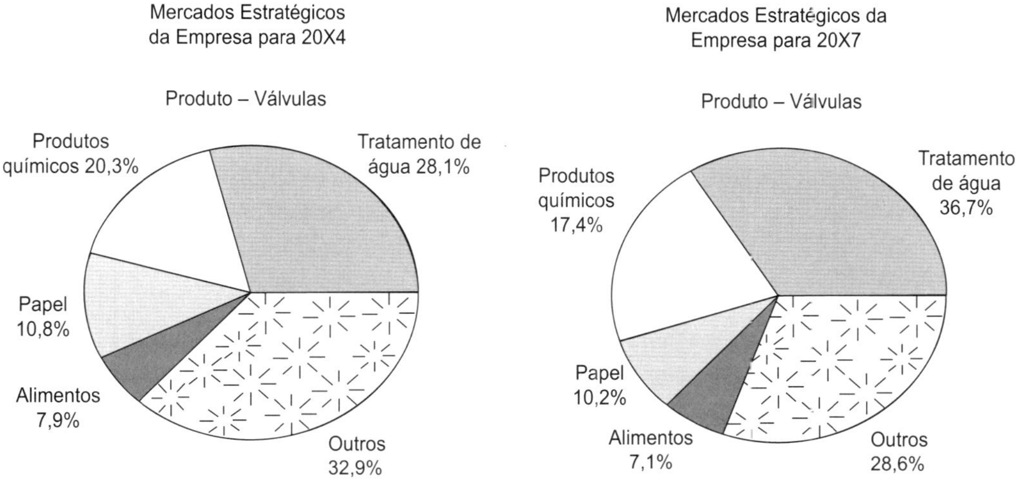

Figura 11.5 Representação gráfica dos mercados estratégicos.

Principais produtos

Esta seção lista seus principais produtos e detalha os fatores comerciais e tecnológicos relacionados a eles. Inclui os resultados da análise SWOT de seus produtos e dos produtos de seu concorrente. Também inclui informações sobre vendas e participações de mercado para produtos individuais. Poderia ser apresentado em um formato semelhante ao da Figura 11.4 ou poderia ser apresentado, para o portfólio de produtos, por meio da abordagem da matriz BCG, como mostra a Figura 11.6.

Para uma empresa que fabrica compotas de frutas, marmeladas e recheios para tortas de fruta, o produto principal poderia ser a compota de fruta inteira. Os pontos fortes e fracos desse produto seriam apresentados como mostra a Figura 11.7.

Principais áreas de vendas

Estas informações são apresentadas da mesma forma que aquelas sobre os mercados estratégicos, mas fornece as informações relativas às principais áreas geográficas de vendas em vez dos setores industriais. As informações podem ser apresentadas em uma tabela, como na Figura 11.8, ou em um gráfico, como na Figura 11.9.

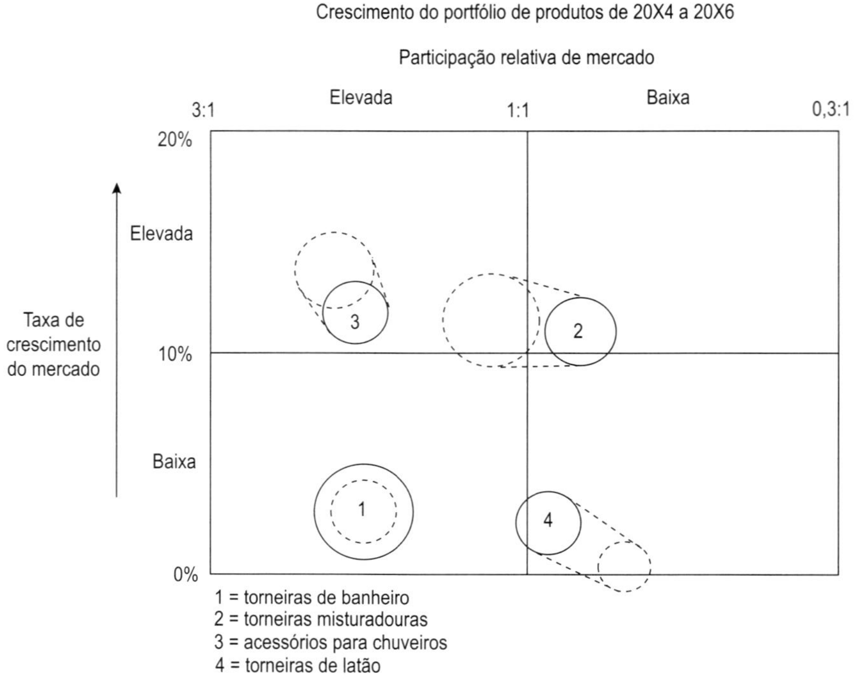

Figura 11.6 Apresentação da matriz do portfólio de produtos.

PRINCIPAL PRODUTO	COMPOTA DE FRUTA INTEIRA
PONTOS FORTES	PONTOS FRACOS
Uso da fruta inteira Elevado conteúdo de frutas Cor clara Visto como produto de qualidade Bom nome de marca	Preço alto Variedade de sabores limitada Baixo volume de produção Uso de corantes artificiais Uso de conservantes artificiais
OPORTUNIDADES	AMEAÇAS
Desenvolver uma variedade maior Desenvolver uma variedade natural, sem corantes/conservantes artificiais	Os concorrentes têm uma variedade de sabores mais ampla Os concorrentes evitam os corantes artificiais Os produtos importados têm preço baixo

Figura 11.7 Apresentação das informações sobre o principal produto de um fabricante de compotas.

Principais Áreas de Vendas				
Produto: Válvulas	Reais – 20X4		Previstas – 20X7	
Áreas	$ (milhares)	%	$ (milhares)	%
Brasil	4.460	56,5	5.520	56,3
Outros Países da América Latina	1.107	14,0	1.215	12,4
Estados Unidos	1.403	17,8	2.042	20,8
Restante do mundo	920	11,7	1.023	10,5
Total	7.890	100,0	9.800	100,0

Figura 11.8 Representação das principais áreas de vendas.

No relatório, é necessário incluir informações sobre o tamanho de cada mercado principal, taxas de crescimento e sua posição em cada mercado atualmente, bem como sua projeção para o futuro. Também deve incluir comentários referentes a seu distribuidor, agente ou outros métodos de distribuição nesse mercado.

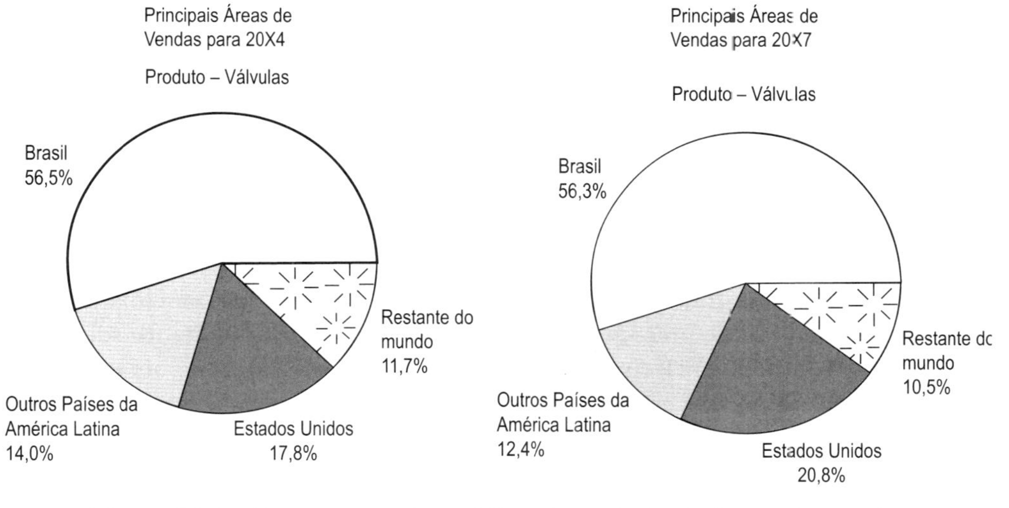

Figura 11.9 Representação gráfica das principais áreas de venda.

▮ Objetivos de marketing

Constituem uma lista dos objetivos a atingir, quantificados em termos da entrada de pedidos, do movimento das vendas, da participação de mercado e do lucro. No plano escrito, devem ser listados apenas os objetivos fundamentais, que são os globais. Um objetivo fundamental pode ser:

> "Aumentar a entrada de pedidos em 5% ao ano em termos reais durante os próximos três anos".

Outros objetivos que contribuem para esse objetivo fundamental podem ser:

> "Aumentar a entrada de pedidos no Brasil em 10% ao ano em termos reais durante os próximos três anos. Manter os atuais níveis de entrada de pedidos no restante da América Latina durante os próximos três anos. Aumentar a entrada de pedidos nos Estados Unidos em 3% ao ano em termos reais nos próximos três anos."

Se os números referentes à entrada de pedidos já estiverem incluídos no plano com os números das vendas, o mesmo objetivo pode ser escrito simplesmente como:

> "Aumentar a entrada de pedidos/vendas faturadas nas quantidades mostradas na seção 3.2 do plano".

Estratégias de marketing

Você deve indicar se está adotando estratégias defensivas, de desenvolvimento ou de ataque – ou uma combinação dos diferentes tipos. As estratégias individuais devem ser agrupadas sob os títulos dos quatro principais elementos do mix de marketing:

- estratégias relacionadas aos produtos;
- estratégias relacionadas ao estabelecimento de preços;
- estratégias relacionadas a propaganda/promoção; e
- estratégias relacionadas à distribuição.

Pode haver uma certa sobreposição entre as categorias individuais, mas isso não importa muito, desde que todas as estratégias sejam listadas. Uma estratégia de estabelecimento de preço para um produto pode ser incluída tanto sob o título "produtos" como "estabelecimento de preços". Uma mudança na organização da equipe de vendas de um produto pode ser incluída sob os títulos "produtos" e "promoção". Outra maneira de declarar as estratégias é fazer uma lista separada das estratégias para cada produto que esteja no plano. Um exemplo disso é dado na Figura 11.10.

Programação de que/onde/como

É o cronograma geral do programa para a implementação dos planos de ação. Cada plano de ação é listado no cronograma geral ou em um cronograma secundário em relação às funções de produto, estabelecimento de preços, promoção ou distribuição. Esses cronogramas indicam a cada departamento e a cada membro da equipe suas responsabilidades e o prazo para levá-las a efeito. Assumem a forma de um gráfico de barras. Um exemplo é mostrado na Figura 11.11.

Produto: Válvula Esférica	
Objetivo: Aumentar a participação no mercado americano de 1% para 4% dentro de três anos.	
Estratégias:	
Produto	• Redesenhar a unidade para o mercado americano e incorporar tamanhos em polegadas e opções de flange em conformidade com a ASA*
Estabelecimento de preços	• Manter os aumentos de preços 2% abaixo da taxa de inflação americana durante os próximos três anos
Promoção	• Manter os cursos de treinamento regionais nos Estados Unidos • Implementar uma grande campanha de propaganda • Expor nas principais exposições dos Estados Unidos
Distribuição	• Criar uma nova rede de vendas com gerentes de vendas industriais e regionais

Figura 11.10 Estratégias para um produto individual.

Cronograma Geral														
Produto: Válvulas esféricas Área: Estados Unidos Ano: 20X4														
Mês	1	2	3	4	5	6	7	8	9	10	11	12	Responsabilidade	
Plano de ação													Deptº	Pessoa
Novo desenho	—	—	—	X									Engenharia	ILT
Estabelecimentos de preços		—	—	—	X								Vendas	AJK
Treinamento					—	—	—	—	—	X			Serviços	EGT
Propaganda					—	—	—	—	—	—	—	X	Vendas	AJK
Exposições						—	—	—	—	—	—	X	Vendas	AJK
Distribuição					—	—	—	—	X				Vendas	AJK

Figura 11.11 Cronograma geral do plano para um produto nos Estados Unidos.

Os planos de ação individuais detalhados não são incluídos no corpo principal do plano de marketing. Podem ser incluídos como um apêndice ao plano principal ou comunicados separadamente àqueles que têm a responsabilidade de colocá-lo em prática.

Promoção de vendas

Sob este título, você deve detalhar seu plano de propaganda e promoção. Isso inclui suas necessidades de pessoal, bem como de propaganda e promoção de vendas.

É necessário definir a combinação de canais de distribuição que serão utilizados e a estrutura de seu departamento de vendas, inclusive quaisquer mudanças que pretenda

* ASA: American Standards Association (Associação Americana de Padrões).

fazer como parte de seu plano. Deve incluir uma lista do pessoal de vendas existente e adicional, bem como um mapa organizacional do departamento de vendas. Exemplos de mapas organizacionais do departamento de vendas e da apresentação do pessoal existente e adicional foram dados no Capítulo 8 (Figuras 8.7 e 8.8 e Tabela 8.1).

Devem ser incluídos os detalhes e os custos de suas campanhas de propaganda e de promoção de vendas, inclusive a programação de propaganda e promoção para os doze meses seguintes.

Orçamentos

O mínimo de informação a ser incluído nesta seção é o custo total de implementação do plano. Este precisa confirmar que o retorno sobre a contribuição e o lucro adicionais justificam a despesa com os planos de ação e o plano de propaganda e promoção. Em muitas empresas, os cálculos relativos à contribuição e ao lucro são realizados separadamente pelo departamento de contabilidade e finanças. Portanto, é comum, nesta seção do plano escrito, citar apenas os custos de implementação do plano e passar o plano de marketing adiante para ser incluído na preparação do plano de negócios ou corporativo escrito da empresa. A desvantagem dessa abordagem é que ela dispensa a necessidade de a organização de marketing e de vendas ser totalmente capaz de justificar os custos de implementação de seu plano.

Se o plano for para um novo produto ou um novo mercado, esta seção inclui os custos adicionais do plano que estivessem além do orçamento normal de marketing e vendas. No caso de um novo produto, sempre deve haver uma justificativa financeira para o produto.

Demonstrativo de resultados

As vendas adicionais orçadas e os custos adicionais orçados terão um efeito sobre o demonstrativo de resultados da empresa. As vendas adicionais projetadas pelo plano e os custos extras envolvidos devem ser apresentados no plano escrito de maneira a mostrar a contribuição adicional que o plano proporcionará aos lucros da empresa. Os números devem ser apresentados como na Figura 10.7.

Controles

É importante ter um sistema adequado de monitoração e controle para medir o desempenho na conquista dos objetivos do plano de marketing e para recomendar a ação corretiva quando necessária. Esse sistema de monitoração e controle deve ser incluído no plano escrito.

O processo de controle envolve:

- Estabelecer padrões – referem-se às vendas e custos orçados e aos prazos para a implementação dos planos de ação.
- Medir o desempenho – comparar o desempenho real com o padrão.
- Propor medidas para corrigir os desvios-padrão – detalhar processos corretivos a serem implementados se a variação do padrão ultrapassar certos limites, que devem ser definidos no plano escrito.

O sistema de controle atuará sobre as pessoas que têm a responsabilidade de implementar o plano, e não sobre prazos e custos. O sistema de controle deve ser fácil de operar e permitir variações razoáveis dos padrões antes de entrar em ação. Quando forem detectadas mudanças no padrão, é necessário investigar e determinar a causa antes de tomar uma ação corretiva.

Os controles devem ser detalhados no plano escrito. Eles podem incluir:

> "Preparar, a cada três meses, um resumo dos custos comparados com o orçamento e do progresso atual tendo em vista a propaganda realizada."
> "Apresentar um relatório sobre a implementação dos planos de ação nas reuniões trimestrais de planejamento de marketing."

Processos de atualização

Ao preparar seu plano de marketing, você terá criado um sistema de planejamento de marketing e o terá executado de maneira estruturada. Uma vez criado, esse sistema de planejamento de marketing pode ser utilizado no futuro.

De forma semelhante, seu plano de marketing não é feito de pedra. Quando o implementa, descobre que as condições econômicas podem mudar, certas estratégias talvez não sejam tão eficazes como pensava e pode haver atrasos na implementação de alguns dos planos de ação. Talvez não seja tão fácil como se esperava recrutar certos funcionários adicionais, enquanto outros podem sair da empresa. De maneira inversa, o plano pode se demonstrar mais bem-sucedido do que você previu, e os níveis de entrada de pedidos previstos para dois anos podem ser alcançados em apenas um ano.

A implementação de seu plano de marketing deve ser monitorada, e se ocorrerem grandes desvios, talvez você precise alterar os objetivos, mudar as estratégias ou rever o cronograma e os orçamentos. Um processo de atualização deve ser incluído no plano escrito. Pode ser uma simples declaração, como "este plano deve ser revisto a cada doze meses". Certamente, todos os planos devem ser atualizados anualmente. Isso se refere tanto a um plano individual para um produto ou mercado individual como a um plano de marketing para todos os produtos em todos os mercados.

Apresentando o plano

Sua tarefa não está terminada quando o plano escrito estiver completo. Ele deve ser apresentado àqueles que o implementarão. Se um plano não for comunicado de maneira adequada, fracassará. Ninguém quer que o plano fique guardado em uma gaveta sem ser utilizado porque ninguém o entendeu. Desse modo, é importante apresentar o plano e certificar-se de que todos o entendam, em vez de apenas enviar uma cópia às pessoas por e-mail. Lembre-se de que as pessoas que contribuirão para o plano se sentirão mais motivadas a ajudar em sua implementação se forem envolvidas no processo de planejamento.

Pode constituir um erro distribuir um plano completo muito amplamente – o gerente de vendas brasileiro não precisa de todos os detalhes do plano de exportação e, da mesma maneira, o gerente de vendas de exportação não precisa de tudo o que se refere ao plano para o Brasil. Além disso, o plano completo é um documento sensível e confidencial, de considerável interesse para os concorrentes, e pode ser danoso para a empresa se ele cair em mãos erradas. Funcionários mudam de emprego e os concorrentes pegam informações com eles. A distribuição do plano completo deve ser por meio de um documento numerado e controlado.

Se dividir o plano global de marketing em subplanos, as várias partes podem ser facilmente distribuídas ao pessoal relevante na empresa. Cada gerente entrega as seções apropriadas do plano às pessoas de seu departamento conforme o necessário. Você deve realizar reuniões para explicar aos diversos gerentes e vendedores como as provisões do plano os afetarão, para garantir que todos entendam o plano e como ele deve ser implementado. Isso também lhe dá a oportunidade de obter feedback de todos os níveis internos da organização.

Obviamente, devem ser fornecidas cópias aos altos executivos da empresa, mas o plano também deve ser distribuído aos chefes de departamento, como os da contabilidade, pesquisa e desenvolvimento e atividade manufatureira que forem afetados ou estiverem envolvidos em sua implementação.

Resumo

O plano escrito é o documento que transmite os detalhes do plano àqueles que o implementarão. Deve conter apenas as informações fundamentais que precisam ser comunicadas. Detalhes excessivos ou irrelevantes devem ser excluídos.

As informações devem ser apresentadas em uma ordem lógica. Devem incluir uma introdução que forneça a ambientação do plano, as razões para sua preparação e seus propósitos e utilidades, além de um resumo que deve apresentar os pontos fundamentais do plano de maneira clara e concisa.

As suposições sobre as quais o plano se baseia devem ser claramente formuladas, e as informações sobre as vendas, os mercados estratégicos, os principais produtos e as principais áreas de vendas devem ser apresentadas.

Os objetivos de marketing são as metas do plano e as estratégias explicam como esses objetivos serão alcançados. O cronograma geral é a agenda para a implementação dos planos de ação.

O plano de propaganda e promoção inclui as necessidades de pessoal, bem como de propaganda e promoção de vendas. O custo total de implementação do plano e sua justificativa devem ser apresentados.

O plano precisa ter um sistema de controle adequado para medir o desempenho na conquista de seus objetivos e para recomendar a ação corretiva, quando necessário. Precisa ser adequadamente comunicado às pessoas que o implementarão. Deve ser apresentado, em vez de apenas enviado por e-mail.

Conclusão

Ao preparar seu plano de marketing, você terá criado um sistema de planejamento de marketing e o terá executado de maneira estruturada. Esse sistema de planejamento de marketing pode ser guardado e utilizado no futuro.

Se você envolver outras pessoas na preparação do plano, ele se tornará o "plano de todos" em vez de apenas o "seu plano" e, dessa maneira, será implementado com mais motivação. A equipe que trabalhou durante o processo de planejamento terá aprendido muito sobre a empresa e seus produtos. Terão um melhor entendimento do mercado e de como a empresa e seus produtos se encaixam nele.

A experiência que terão adquirido tornará o planejamento de marketing de sua empresa mais fácil e mais profissional nos anos futuros. A prática facilita as coisas, mas não as torna perfeitas, e cada vez que o processo de planejamento de marketing for levado a efeito, os resultados melhorarão.

Mesmo com o melhor planejamento do mundo, os mercados ainda são afetados por forças que estão além de seu controle, mas, com um plano de marketing adequado e uma compreensão do processo de planejamento de marketing, você poderá se adaptar às condições mutantes do mundo competitivo em que vivemos.

Questões

1. Quais são as informações que um plano de marketing deve trazer?
2. Comente quais informações relativas a vendas devem estar contidas em seu plano de marketing.
3. Como devem ser formuladas as suposições de seu plano de marketing?
4. Como é possível avaliar o desempenho de um plano mercadológico? O que está envolvido neste processo?

Exercício

Pesquise um exemplo de plano de marketing. Analise se o plano é simples, realista, completo e traz dados concretos e mensuráveis. Faça outros comentários pertinentes sobre o plano. Considere a teoria apresentada no capítulo.

Estudo de caso

Fermento na charmosa caixa azul

"Quando a Tiffany anunciou a troca de comando no Brasil em dezembro de 2005, acreditava-se que a abertura da segunda loja da marca nos Jardins havia canibalizado a operação do Shopping Iguatemi na cidade de São Paulo, e que a joalheria não estaria atingindo as metas no país. O executivo Renato Rabbat assumiu a gerência geral em abril de 2006 com a missão de consolidar a marca. O foco atual é mais voltado para negócios, vender mais e faturar mais.

Como o mercado joalheiro está cada vez mais competitivo e não é mais tão fácil vender mais para os mesmos, uma nova estratégia foi montada para que a Tiffany nacional atenda às expectativas da matriz e agregue novos clientes. A empresa vai reforçar sua atuação na área de presentes de olho nas vendas por atacado. Há parceiros internacionais da Tiffany que ainda não conhecem localmente as linhas de produtos da empresa. Foram estabelecidas cinco frentes de ação, e a Tiffany vai até eles mostrar seus produtos. Nesta linha encontra-se desde isqueiros a marcadores de livro, de bússolas a suporte de giz para as anotações de bilhar. A empresa deseja mostrar que tem possibilidades de brindes a partir de R$ 400 que saem das obviedades do mercado.

Rabbat também reforçou a equipe da loja do bairro dos Jardins, buscando justamente um perfil mais business. Um dos novos funcionários tem experiência em lidar com hotéis, e quer atrair para a loja os executivos de outras cidades brasileiras – os estrangeiros, que se hospedam na região, preferem jóias nacionais.

Os brasileiros não compram jóias nos lobbies dos hotéis, por isso a Tiffany vai buscá-los e fornece um atendimento diferenciado. A loja dos Jardins é diferente, não se beneficia do fluxo do shopping, como a do Iguatemi, pois ela tem mais o perfil para atender os clientes empresariais.

Outro dado relevante é a carga tributária. No México, por exemplo, as jóias importadas pagam 8%, enquanto no Brasil a carga chega a 80%."

Fonte: Extraído e adaptado de *Valor Econômico on-line* – 25/08/2005. http://www.valoronline.com.br

Perguntas

1. Quais são os objetivos e as estratégias de marketing da Tiffany em suas diferentes lojas e para o mercado corporativo? Liste os explicitados no texto e que podem ser inferidos.
2. Realize uma análise SWOT para a Tiffany.

Bibliografia

Ansoff, I. (1975), *Corporate Planning,* Penguin Books, Londres.

Bland, M. (1981), *Be Your Own PR Man,* Kogan Page, Londres.

Courtis, J. (1987), *Marketing Services,* Kogan Page, Londres.

Dudley, J. (1989), 1992 — *Estrategies for the Single Market,* Kogan Page, Londres.

Gabor, A. (1977), *Pricing: Principles and Practices,* Heinemann Educational, Londres.

Giles, G. B. (1966), *Marketing Management,* M&E Handbook, Pitman Publishing, Londres.

Harrison, J. (1989), *Finance for the Non-Financial Manager,* Guild Publishing, Londres.

Kidron, M. e Segal, R. (1984), *The New State of the World Atlas,* Pan Books, Londres.

Small, J. (1986), *Business Ratios,* ICC Business Ratios, Londres.

Spillard, P., 2ª edição, (1975), *Sales Promotion — Its Place in Marketing Strategy,* Business Books, Londres.

St John Bate, J. (1987), *Business Computing with the Amstrad PC 1640,* BSP Professional Books, Oxford.

Standard Industrial Classification of Economic Activities 1992, Her Majesty's Stationery Office (HMSO), Londres.

Standard International Trade Classification, (Revisão 3), Série M, Nº 34/Rev.3, United Nations Publications.

Warren, R. (1988), *How to Understand and Use Company Accounts,* Hutchinson Books, Londres.

Web sites

Reino Unido

www.dti.gov.uk
www.statistics.gov.uk
www.thestationeryoffice.com
www.actionjapan.org.uk
www.britishchambers.org.uk
www.export.co.uk
www.supercatex.co.uk
www.tradepartners.gov.uk
www.euromonitor.com
www.mintel.co.uk
www.companieshouse.gov.uk
www.dnb.com/uk
www.theprospectshop.co.uk
www.eiu.com
www.euromonitor.com
www.frost.com
www.keynote.co.uk www.tradepartners.gov.uk
www.bmra.org.uk
www.caci.com
www.marketresearch.org.uk
www.eiu.com
www.kompass.com
www.oecd.org
www.tremnet.com
www.cim.co.uk
www.ft.com
www.iod.com
www.ismm.co.uk
www.marketing-society.org.uk
www.patent.gov.uk
www.uspto.gov

Brasil

www.valoronline.com.br
www.sebrae.com.br
www.inpi.gov.br
www.desenvolvimento.gov.br
www.ibge.gov.br
www.fao.org
www.abep.org
www.bancomundial.org.br
www.apexbrasil.com.br
www.aprendendoaexportar.gov.br
www.portaldoexportador.gov.br
www.camaradojapao.org.jp
www.brasemb.org.jp
www.jetro.gov.jp

Mundial

www.wtd.org

Índice Remissivo

D

E

F

GRÁFICA PAYM
Tel. (011) 4392-3344
paym@terra.com.br